高校学术文库
体育研究论著丛刊

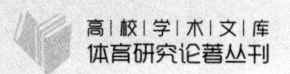

现代体育文化体系解析与发展研究

刘忠举 著

中国书籍出版社
China Book Press

图书在版编目(CIP)数据

现代体育文化体系解析与发展研究 / 刘忠举著.
—北京：中国书籍出版社，2018.6
ISBN 978-7-5068-6918-8

Ⅰ.①现… Ⅱ.①刘… Ⅲ.①体育文化—研究
Ⅳ.①G80-054

中国版本图书馆 CIP 数据核字(2018)第 135060 号

现代体育文化体系解析与发展研究

刘忠举 著

丛书策划	谭　鹏　武　斌
责任编辑	牛　超
责任印制	孙马飞　马　芝
封面设计	马静静
出版发行	中国书籍出版社
地　　址	北京市丰台区三路居路 97 号(邮编：100073)
电　　话	(010)52257143(总编室)　(010)52257140(发行部)
电子邮箱	chinabp@vip.sina.com
经　　销	全国新华书店
印　　刷	三河市铭浩彩色印装有限公司
开　　本	710 毫米×1000 毫米　1/16
印　　张	18.5
字　　数	332 千字
版　　次	2018 年 10 月第 1 版　2018 年 10 月第 1 次印刷
书　　号	ISBN 978-7-5068-6918-8
定　　价	72.00 元

版权所有　翻印必究

目 录

第一章 体育文化的基础理论解析 ……………………………………… 1
  第一节 体育文化的概念与分类 …………………………………… 1
  第二节 体育文化的性质与特征 …………………………………… 5
  第三节 体育文化的结构与功能 …………………………………… 14
  第四节 体育文化的内涵解析 ……………………………………… 22

第二章 体育文化体系的现代化发展解析 ……………………………… 24
  第一节 体育文化的产生 …………………………………………… 24
  第二节 原始体育文化的发展历程 ………………………………… 28
  第三节 现代体育文化的发展状况 ………………………………… 36
  第四节 现代体育文化模式的构建及发展 ………………………… 42
  第五节 体育文化的现代化 ………………………………………… 46

第三章 现代体育文化的国际化发展背景分析 ………………………… 48
  第一节 体育文化的交流 …………………………………………… 48
  第二节 体育文化的传播 …………………………………………… 52
  第三节 体育文化的冲突 …………………………………………… 56
  第四节 体育文化的变迁 …………………………………………… 64

第四章 校园体育文化体系及其现代化发展研究 ……………………… 74
  第一节 校园体育文化的基本理论 ………………………………… 74
  第二节 校园体育文化的发展态势 ………………………………… 89
  第三节 校园体育文化的未来发展走向 …………………………… 99
  第四节 校园体育文化体系的科学构建 …………………………… 101

第五章 休闲体育文化体系及其现代化发展研究 ……………………… 105
  第一节 休闲体育文化的基本理论 ………………………………… 105
  第二节 休闲体育文化的发展态势 ………………………………… 109
  第三节 休闲体育文化的未来发展走向 …………………………… 120

第四节　现代休闲体育文化价值的实现…………………………… 124
　　第五节　休闲体育文化的产业化发展………………………………… 128

第六章　竞技体育文化体系及其现代化发展研究……………………… 138
　　第一节　竞技体育文化的基本理论…………………………………… 138
　　第二节　竞技体育文化的发展态势…………………………………… 144
　　第三节　竞技体育文化的未来发展走向……………………………… 150
　　第四节　竞技体育文化发展的影响因素……………………………… 153
　　第五节　竞技体育文化的现代化发展理念与策略…………………… 155

第七章　社会体育文化体系及其现代化发展研究……………………… 159
　　第一节　社会体育文化的基本理论…………………………………… 159
　　第二节　社会体育文化的发展态势…………………………………… 170
　　第三节　社会体育文化的未来发展走向……………………………… 174
　　第四节　社会体育文化的多元化发展………………………………… 180

第八章　奥林匹克体育文化体系及其现代化发展研究………………… 184
　　第一节　奥林匹克体育文化的基本理论……………………………… 184
　　第二节　奥林匹克体育文化的发展态势……………………………… 193
　　第三节　奥林匹克体育文化的未来发展走向………………………… 202
　　第四节　现代奥林匹克运动的思想体系与文化性…………………… 208
　　第五节　奥林匹克体育文化在中国的发展状况……………………… 215

第九章　民族传统体育文化体系及其现代化发展研究………………… 220
　　第一节　民族传统体育文化的基本理论……………………………… 220
　　第二节　民族传统体育文化的发展态势……………………………… 228
　　第三节　民族传统体育文化的未来发展走向………………………… 236
　　第四节　民族传统体育文化体系的科学构建………………………… 249

第十章　现代体育文化体系的未来发展前景…………………………… 256
　　第一节　现代体育文化发展的未来走向……………………………… 256
　　第二节　现代体育文化的整合与发展………………………………… 258
　　第三节　现代体育文化的全球化发展………………………………… 265
　　第四节　现代体育文化的产业化发展………………………………… 278

参考文献……………………………………………………………………… 285

第一章 体育文化的基础理论解析

文化的形式是多种多样的,体育文化是其中非常具有代表性且发展迅速的文化形式之一,有着自身的显著特点,比如竞争性、传承性、社会性、地域性等,同时,还具有非常重要的功能。这在教育、文化传播、调节、创新等方面都有着一定的体现,这些都是体育文化在现代社会中得以发展的重要原因所在。本章主要对体育文化的概念与分类、性质与特征、结构与功能及体育文化的内涵进行解析。

第一节 体育文化的概念与分类

一、体育文化的概念

在社会发展中,文化是人们生活不可缺少的重要元素,它是社会组成的一个重要参数。社会与文化,两者之间既相互独立,又有着十分密切的内在联系。民族文化精神是由社会制度、社会结构、社会关系、社会运动等不断构筑而形成的,所以,它从根本上对社会的发展起着影响和制约作用。体育文化作为文化的一种表现形式,它与其他文化既有着相同的共性,又有其自身独特的特点。

体育文化是关于人类体育运动的物质、制度、精神文化的总和,是对各种利用身体练习和提高人的生物学和精神潜力范畴、规律、制度和物质设施的综合。它主要包含体育认识、体育情感、体育价值、体育理想、体育道德、体育制度和体育物质条件等。其中体育的技术方法是属于体育认识的范畴,是人类认识过程的一种特殊形式。

它所包含的意义主要有以下几个方面(见图1-1)。

体育文化的概念与传统的《体育理论》《体育概论》中给体育运动所下的定义之间是有着较大差别的。具体来说,体育文化的意义在于:一是把体育运动当作一种文化现象看待和研究;二是通过研究体育活动的文化背景,来观察体育运动与文化的关系;三是确定体育在人类文化中的地位,考察体育运动的文化意义;四是研究具有独立形态价值的体育文化是如何塑造的等。

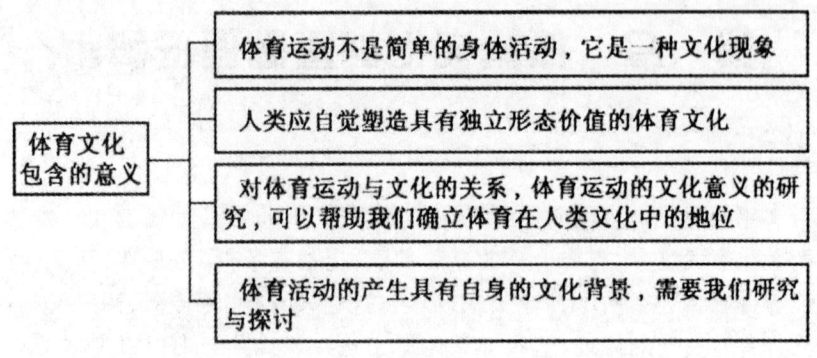

```
                 ┌─ 体育运动不是简单的身体活动,它是一种文化现象
                 │
   体育文化      ├─ 人类应自觉塑造具有独立形态价值的体育文化
   包含的意义    │
                 ├─ 对体育运动与文化的关系,体育运动的文化意义的研
                 │  究,可以帮助我们确立体育在人类文化中的地位
                 │
                 └─ 体育活动的产生具有自身的文化背景,需要我们研究
                    与探讨
```

图 1-1

从体育社会学范畴来讨论体育文化,主要是围绕体育的社会制度、社会意识、价值观念、社会结构、社会控制、社会群体等方面的问题来进行讨论的。

体育被作为一种文化的原因主要有以下几个方面。

(1)体育运动是由人类创造的,经过后天的不断练习习得的,具有非遗传性特点的身体活动。体育运动是对人类思维方式的表达和传递,而非简单的动物本能的肢体活动和嬉戏。体育的产生具有文化意义。

(2)文化的各种特质在体育运动中都有所表现。体育不仅具有外在的身体活动形式,如走、跑、跳、投等,和物态体系,如设施、器材等,而且还具有内在的价值观念、意识形态、行为规范等心理历程,以及心物结合的中间层次的内容。

(3)体育是通过人自身的身体活动,来改变人的自然属性和社会属性,从而实现自然价值和社会价值的转变。体育不再仅仅是物质文化体系,作为一种文化,体育已成为社会上层建筑的一部分。

(4)体育运动具有体现文化的时代性、民族性、继承性、世界性、阶级性等特点的发展历程。

二、体育文化的分类

体育文化的类型是多种多样的,其中,较为常见的有以下几种。

(一)不同性质的体育文化

体育文化可以根据其表现形式和层次的不同,划分为不同性质的体育文化。这些体育文化类型往往由于载体、目的和群体的不同而呈现出不同的特性。较为常见的不同性质的体育文化主要有竞技体育文化、运动服装文化、运动看台文化这几种。

1. 竞技体育文化

竞技体育既具有有形价值,又具有无形价值。其价值主要表现为以下几点。

(1)标志人体的潜能。人类在与自然接触和斗争的过程中,也在认识和改造自我,竞技体育就体现了人类自我力量的不断发挥。在竞技体育这一过程中,每个参加者都向新的高度和新的纪录发起挑战,人类身体的潜能也随之一次次不断地得到提高。值得一提的是,竞技场上的竞争不仅依靠运动员的体能和技能,而且还需要他们的智慧。这就在竞技体育实力的角度使其成为一个社会文明程度的显性标志。

(2)愉悦人的情感。对于观众来说,观看竞技体育比赛可以愉悦身心。竞技体育已经成为娱乐文化的一部分。在合乎社会规范的前提下,进行体育欣赏可以使人的社会情感得到净化和升华,使民众的审美情趣和鉴赏力得到提高。

(3)规范言行。竞技体育的规则确立不仅可以确保参加者在公平竞争的原则下比赛,而且也将遵守规则和守法思想及行为迁移到生活中,观众不但在体育馆乐于接受,而且对奖赏、处罚的理解也延伸到生活中。体育道德为在竞争中守法,确立了一个现代人必不可少的规范。

(4)社会仪式的确立。竞技体育往往伴随着升国旗、奏国歌以及圣火传递、裁判员和运动员宣誓等仪式,成为一种留存竞技体育的文化痕迹,对人们社会心理的聚合和民族尊严的维护都十分重要。

(5)体现文明的建筑。竞技体育的高级别比赛需要在现代化的体育设施内进行,通过体育建筑设施以及配套的公路交通、通信广播、旅馆饭店的水平可以直接反映出城市的现代化水平和发达程度。由于体育建筑具有社会容量大、国际影响大、摊得开、举得高等特点,再加上体育雕塑、壁画烘托,成为城市建设的"时装模特儿"。社会的风貌可以通过体育建筑的形式和风格来反映,体育建筑常常作为一种文化影响人们的心理。

2. 运动服装文化

运动服是以实用为原则,为运动而设计的服装,适用范围较为狭窄。但在实际生活中,许多情况下的运动服并不是以实用为准则,具有适应性强、流行范围广等特点,是其他类型的服装所不能比拟的。早期运动服的设计注重美感与实用,女式运动服是性别特征的表现和展示,男式运动服则往往是社会地位的象征,随着时代的进步,现代运动服逐步加入到时装的潮流中。

3.运动看台文化

在运动赛事中,观众具有临时性、流动性大的特点,聚集在一起观看运动比赛,同竞技者发生双向关系,对竞技体育的发展产生直接影响。这个群体通过自己特殊的构成方式、心态和行为表现,从而形成了一种特定的群体文化。用运动看台文化这个概念,表示竞技体育赛事进程中入场直视或非直视的观众的心理和行为的总体,它是一个由看台和传媒联结起来组成的,形成一种具有共同心理需求的特殊社会集群和社会文化现象。看台文化是体育文化必不可少的组成部分,它是由物质的看台建筑与观众守则、观众心态和行为等构成的文化统一体。

(二)不同民族、不同地缘的体育文化

体育文化共同特点就是带有浓厚的民族心理、国民性、宗教信仰和地域色彩,使得许多体育文化成为民族、国家、宗教信仰圈、地域文化的有机组成部分。

从地缘角度来看,正是散裂的地缘分布,使希腊人长期以来习惯于城邦制小国寡民的政治格局,甚至养成了一种城邦崇拜情结,根本未能表现出实现任何形式的政治统一的能力。古代奥运会之所以能在希腊举办 1 000 多年,可能是由于先天不足的地缘和政治条件,迫使希腊人不得不举办古代奥运会。地理和社会条件与奥运会的关系可以比作为"苦痛与抗争"。

(三)不同地理位置的体育文化

由于人类生活和生存的地域、环境和条件的不同,导致了不同的劳动方式和生活条件的差异,产生了不同的社会心理和行为方式,最终形成了不同的文化心态和文化形态。作为社会文化形态的一部分,体育文化在不同的地理环境中呈现出不同的特色和发展过程。具体来说,不同地理位置的体育文化主要有以下几个方面。

1.洋际间的体育文化

洋际间的体育文化经历了几个重要的关键点:苏伊士运河的开通打通了通向大洋的走廊;巴拿马运河使封闭圈被彻底打破;美国成为洋际体育文化的集散地。一体化、泛社会、高科技、大规模是洋际间体育文化的主要特点。但洋际间体育文化也存在一些弊端,主要表现为:目的与手段的分离、

竞技体育与大众体育的背离、肉体与精神的背离、规模与容量的背离。

2. 海域体育文化

人类体育文化发展的后期形态就是海域体育文化。海域体育文化主要经历了爱琴海——海域体育文化产生；地中海——海域体育文化复兴；大不列颠——海域体育的确立三个阶段。海域体育文化具有两重性、竞技性、外向性、规范性、胜汰性等特点。

3. 河流地域的体育文化

河流地域的体育文化是早期文化发展的一般形态，河流地域的劳动、生产方式哺育了早期体育形式，通过国家机构的调节作用促进了体育文化的发展和沉淀。河流地域的体育文化主要具有整合性、内向性、竞技性、情感性、礼仪性等特点。

(四)不同运动项目的体育文化

浓厚的体育文化意味都孕育在许多流行时间长和传播范围广的体育项目中，可以依据项目本身建立起一整套能够反映出社会文化某一方面的稳定规律的体育文化规范，如风靡全球的健美操，拳击，具有鲜明民族风格的斗牛，美国国民性的棒球、篮球、橄榄球、冰球，北欧国家极具地域色彩的冰雪体育，足球，中国武术、龙舟、秋千、风筝等项目，都可以在其体系中建立起一系列名为体育文化的内容。

运动项目的体育文化不仅是由项目特有的运动形式所决定和组成的，它还包括项目产生和发展的社会文化背景，项目组织的制度和规范，项目兴盛的社会心理原因等多种文化因素。因此，在探讨项目体育文化的内涵时，既要兼顾项目的运动方式所蕴含的文化特质，又要对影响项目发展的社会文化环境加以考量，两者缺一不可。

第二节　体育文化的性质与特征

一、体育文化的性质

体育文化属于文化的重要组成部分，除了具有文化的一般性质外，它还具有自己独特的性质。总体来说，体育文化的性质主要有以下几个方面。

(一)人类性与民族性

1. 人类性

体育文化的人类性是指一个民族的体育文化中所寓有的普遍性的品格能够为世界其他民族所理解或吸收,人类具有超越民族界限的共同的同一需求和理想是其动因。除此之外,体育文化的人类性还表现在一个民族的体育文化中最能代表它的精神风貌、最有生命力的要素所具有的世界性的价值和意义,如中华民族传统养生文化中所追求的生命质量的特性,是人类所共有的,它有着超越地域、语言、民族、国家界限的力量。

2. 民族性

体育文化的民族性是指一定民族在历史上由于生存环境、生存区域、生产和生活方式、文化积累和传播等的不同而产生不同于其他民族的体育文化。体育文化的民族性是建立在社会历史和文化传统的基础上,这是因为同样的地域空间也会有相同的体育文化存在,不同的地理环境只是间接地影响不同民族的体育文化,这种影响作用越到发达社会越不明显。比如,以欧美体育为代表的西方体育文化,因人种复杂、变迁多,性格外向,思想活跃,追求个性解放,故擅长像拳击、橄榄球等身体接触激烈的体育项目;以中华体育为代表的东方体育文化,因地理环境和多民族的特点,加上天人合一、和谐发展等的思想,故擅长像体操、跳水、乒乓球等对抗性偏弱的非身体接触的项目。

民族的语言、心理、性格以及在此基础上形成的体育文化模式是体育文化民族性的核心内容。不同的语言、心理、性格导致生活方式和体育文化的差异,这些差异又内化于民族的心理和性格等因素中,固化了体育文化的民族性。

每个民族的体育文化都是经过历史的变迁,在相对固定的地域内逐步发展起来的。从这个意义上来讲,任何体育文化都具有民族性。但是,一个民族的体育文化发展到一定阶段,必然要突破牢笼向外部扩散,这就增加了同其他民族体育文化接触的可能性,二者之间的交流也越来越频繁。

(二)地域性与世界性

1. 地域性

体育文化的地域性是指体育文化受到地理环境的局限而呈现出的不同特征。世界各个国家或民族的体育文化都存在较大的不同,各自具有独立的特征。原始社会的体育文化尽管具有诸多共性,但也具有一个地域性。即不同地理条件的地域体育文化具有不同的体育运动形式。草原、河流等居住地的运动项目各不相同。与中国的地大物博不同,欧洲资本主义国家的体育文化受地域的影响较小,但也受其一定的影响。如美国流行棒球和橄榄球,挪威盛行冰雪运动项目等。

2. 世界性

体育文化的世界性是指体育文化不论具有何种特征,不论如何发展和变化,在整体上都是属于世界的,具有世界性。世界历史发展的目标是将世界联结成为一个整体,体育文化的发展也不例外。资本主义社会的体育文化以商业竞争和工业化为背景,追求竞技运动的成熟和商业化是一般特征,这是其世界性;落后性、平等性、混合性是原始社会世界各地的体育文化共同的特征,这就是它的世界性。

(三)时代性与永恒性

1. 时代性

体育文化的时代性是指体育文化的内容和形式随时代的变化而发生变化的特征,它反映的是世界各民族在相同的时代或相同的社会发展阶段上的体育文化共同需求。由于各国及各民族的生产力发展不同,而生产力的发展又具有阶段性的特点,因此这就使得体育文化具有了时代特性。对于体育文化的三个层面(物质文化、制度文化、精神文化)来说,物质层面的变化快于制度层面的变化,制度层面的变化又快于精神层面的变化,他们在不同时代都具有不同的体育运动方式、价值观念和组织制度。因此,没有一个特定的标准来衡量体育文化。我们在评价体育文化时,必须站在历史的角度审视问题,既要看到其进步性,又要看到其时代的局限性。如唐朝与汉朝的人体健美观不同,前者"以肥为美",后者"以瘦为美",这导致了两个时代体育文化的差异、舞蹈的差异、女性参与体育方式和心态的差异。

2. 永恒性

体育文化的永恒性表现在体育文化的发展是生生不息的,永恒不断地发展着。体育文化的发展不仅具有时代性,也有永恒性。体育文化的这两个特性不是两个实体,而是一个实体的两个方面、两种属性。体育文化之所以有永恒性的东西,是因为人类体育文化发展有着共同的东西,有着客观的普遍的追求。

(四)群体性与社会性

1. 群体性

体育文化的群体性主要表现在以下两个方面。

第一,表现在体育文化的传播上,体育文化是人类在后天的社会生活中通过不断合作,以群体性的途径而获得的。

第二,表现在任何体育文化的产生都是群体创造的产物。需要注意的是,即使是个人创造的体育文化,也必须经由群体接受、丰富才能成为体育文化。

体育文化是一种超个体的存在,它是在群体的氛围中不断发展的。体育文化通过群体得以广泛流传,其传播的速度和范围要优于其他物质形态。由此可见,体育文化传播的群体性是体育文化发展的主要动力。

2. 社会性

体育文化的社会性主要表现在以下三个方面。

第一,对于受动者而言,体育文化的社会性表现在体育文化具有创造性,这是体育文化社会性的深层意蕴。因为人类社会的存在和发展,是以人的创造性活动为基础的。

第二,对于个体性而言,体育文化体现和凝结着人类共同活动的力量和价值,是一种"社会遗产"或社会财富。

第三,对于自然界而言,自然界本身不会产生体育文化,一般自然物也不是文化,人作为自然存在物所具有的生物遗传进化也不具有体育文化的性质。只有人化自然才是文化,体育文化只存在于社会中。

(五)变异性与继承性

1. 变异性

体育文化的变异性是指体育文化在历史发展的过程中发生内容、结构甚至模式变化的属性。体育文化发展的主要动力就是传播与交流,没有传播和交流,体育文化就是死水一潭,难以得到发展和进步。体育文化的变异并非总是积极的,或全部是积极的。历史发展的曲折性就表现在体育文化发展的方向是进步的,但在前进过程中会有挫折。如中国体育文化经历过几次明显的变异,从先秦崇尚"武勇"的体育文化到汉代变成了"废力尚德"的体育文化,从汉代和唐代激烈的足球文化到宋代成为单球门的游戏。这些都体现了体育文化的变异性。

2.继承性

体育文化的继承性是指体育文化经过不同时代仍然保留着原有某些特质的属性。与其他文化形态一样,体育文化也具有通过语言、图像、文字等媒体在人们的意识领域和社会价值体系中传承的特性。当然,体育文化由于以身体动作为基本形式,因此身体是其主要传承形式,而依附于体育文化之上的独有的语言和文字也具有强大的传承功能。这就使得体育文化具有了继承的特性。

(六)普遍性与阶级性

1.普遍性

体育文化的普遍性,实际上就是指不同阶级都具有自己相对独立的体育文化形式和思想。在原始社会,任何人都有平等享有体育的权利,可以普遍地参与体育的生产和分配活动。而到了阶级社会以后,尽管统治阶级利用自身的特权占据对体育文化的支配权,但是,体育作为人们日常生活中一种重要的生活方式,不同阶级、地位、职业的人们都有自己的体育生活。这就体现出体育文化的普遍性。

2.阶级性

从实质上来说,体育文化的阶级性是体育文化的支配问题,即哪个阶级支配体育文化的生产与分配。马克思和恩格斯认为:"一个阶级是社会上占统治地位的物质力量,同时也是社会上占统治地位的精神力量。支配物质生产资料的阶级,同时也支配着精神生产的资料,因此,那些没有精神生产资料的人的思想,一般是受统治阶级支配的。"[①]在人类进入文明时代以后,体育文化的阶级性发生了一定的变化,体育文化的支配权经过了奴隶主、封建贵族和近代资产阶级等三个统治阶级。

纵观整个体育发展史,体育都体现出了阶级性的性质。如在奴隶社会和封建社会,体育都体现出统治阶级享有体育特权,民间体育受其支配的普遍现象。具体来说,中国历史上曾有朱元璋对民间下棋和踢球的禁令,埃及法老也有百姓不准射杀狮子,而自己却可以为所欲为的例子。这些都充分说明了体育文化具有阶级特性。

---

① 易剑东.体育文化学[M].北京:北京体育大学出版社,2006.

(七)科学性与经验性

1. 科学性

体育文化的科学性,实际上就是指体育文化的运作和发展必须依靠科学指导的属性。人体首先是一个客观的物质存在物,具有客观性和规律性。其自身的成长和改造规律必须由科学来指导。从竞技运动来说,运动水平的提高和纪录的不断突破都是建立在对人体运动规律和自然界变化规律的科学认识和合理掌握基础上。在现代社会,随着体育竞技运动的快速发展,大量的先进的科学器材和设施以及科学的训练方法和手段被应用到体育运动中,极大地提高了运动员的运动成绩,这就是体育文化科学性的例证。

2. 经验性

体育文化的经验性,则是指体育文化作为人类文化的一种形式总会具有依据经验进行生产和传承的属性。同时,体育文化的生产和传承也具有社会性,体育文化的价值也指向整个人类社会的自由发展。对于体育文化而言,人类对体育文化这种事物的认识水平和改造能力是有限的,这时就需要运用以往的经验对体育文化加以改进和塑造。如西周的尊礼、敬鬼神的文化,是当时对自然界和宇宙认识的局限带来的经验认识所导致的。

这里需要强调的是,体育文化的经验性也与自身以身体为传承形式的直观显性特点便于模仿有关。除此之外,人类的其他文化,如文学和法律等不具有体育文化的这种特性,因而较少地以经验来指导。

(八)一致性与差异性

1. 一致性

体育文化的一致性是指各民族体育文化间存在着相同之处,一致性普遍存在于体育文化中。体育文化的一致性表现在体育的结构形式、运动方式、组织形式、运动观念等方面都具有一致性。不少人类的体育文化现象,尽管其来源、思路等存在着较大的不同,但结构往往是相同或者相似的。如中国宋元的"捶丸"与欧洲中世纪的高尔夫球十分接近。虽然两者产生的历史背景、文化环境等都存在着较大的差异,但是在运动器械、运动形式等方面却具有一致性,存在着极为相似的地方。

2. 差异性

体育文化的差异性是指各民族体育文化间存在的不同之处,指体育文化的多样性。体育文化的差异性既体现在体育文化的运动形式上,也体现在组织形式上,还表现在不同的体育行为模式和体育观念、价值标准上。导致体育文化产生差异性的因素主要有年龄、职业、性别、社会地位、受教育状况、阶级地域、种族等。

二、体育文化的特征

体育文化也有区别于其他文化的特别显著的征象和标志,也就是所说的体育文化的特征。作为人类社会文化的一种,体育文化除了具备一般文化的特征之外,还具有一些与其他文化不同的特征,具体表现在以下几个方面。

(一)主体和客体的同一性特征

根据人的活动所作用对象的不同,可将人类的各种文化活动分为:物质文化、制度文化、精神文化。三者所分别对应自然、社会和人。体育文化作为一种文化,人是体育文化作用的对象,但人既有自然属性,又有社会属性,是一个综合体。因此,人的活动主体与客体的同一性是体育文化最基本的特征。身体运动是体育的基本表现形式,以增强体质为基本目的,进而达到塑造健康体魄、完善而自由的人的目标。改造人的身心是体育文化活动的内容,体现出鲜明的自我超越的色彩。如同硬币有正面和反面一样,体育文化活动主体和客体的同一也会有反面的作用,对于人的身心发展产生消极影响,如竞技体育的同类、同性相虐。因此,当前人们的任务就是在不影响竞技运动竞技水平提高的前提下,尽可能地减少过度异化和摧残运动员身心的行为,将体育文化的发展导向更加科学合理的轨道上来。作为体育人,应该以一种昂扬的姿态和超越自我的精神为使命,投身到体育事业中去。在将来,体育文化必定成为体现自我超越这一哲学范畴最独特、最鲜明的文化类型。

(二)身体的表征与传承性特征

体育文化是以身体来表征和传承的,非语言文字的文化。这是体育文化不同于非身文化的鲜明特征。由于人体运动方式的差异,不同的运动项目会产生不同的身体形态特征。体育运动多是通过采用身体动作的方式来进行传授，这也是体育文化身体传承性的表现。不同项目的运动员所遇到的运动损伤也不同，这也是表征之一，如网球肘即是一种常见的运动病症，许多武术运动员由于蹲马步造成下身与常人的不同特征。语言是当今文化传承的重要方式，体育文化中身体运动也具有语言的功能。身体运动的节奏有如语音，身体运动的动作、技巧、姿态等有如语汇，动作、技巧、姿态等的衔接规律和组合方法有如语法，三者有机结合在动律中的形态与神态组成体育文化的语言交际功能。观众可以通过观看比赛场上运动员特殊的运动动作，来学习和领悟到许多深刻的东西，这与体育文化身体表征和传承功能密切相关。体育比赛作为一种身体表征文化是对人们在生活中缺少规范的非语言文化交流方式的一个很好的补充。正因为身体的表征和传承性，以及当前通信手段的发达，电视体育报道日渐抢占了广播和报刊的领地，成为体育文化宣传的主力军。体育比赛的现场直播是极其鲜明地展现体育这种身体表征文化的集中形式，得到全世界人们的接受和欢迎，同时也对体育文化进行了传播和传承。

(三)激越与动感的竞争性特征

体育文化是一种身体文化，更确切地说是一种身体动作文化。体育文化在竞赛中往往通过一种身体技艺的对抗竞争的形式来得到表现的。虽然体育运动竞赛分为直接对抗和非直接对抗以及不同场三种比赛类型，但都是基于竞争而进行的。直接的身体动作竞争是直接以人的肢体和器官而较少借助器械的对抗性活动，如拳击、柔道、摔跤、散手、跆拳道等，这些活动的文化寓意与足球、篮球、水球、曲棍球等同场对抗性运动不同，与田径、体操、游泳等较多利用肢体力量、技巧的运动也不同，与乒乓球、羽毛球、网球等隔网对抗运动更不同。体育运动的形式越来越复杂多样，并且融入了现代的科技等，但其竞争性的地位依然没有动摇，有人将竞技称为体育运动不朽的灵魂。

由于体育运动是以直接的身体运动形式来进行直接的对抗，这使得体育运动体现出激越与动感的竞争性，体现出不同于智力竞争的特性。竞争，尤其是激越和动感的竞争性是体育文化的特性之一。

(四)表现和评价的直观显性特征

体育文化表现和评价相对于其他文化更加直观显性，其内容和要素的差距、优劣明显而直观，具有十分鲜明的特色。这与体育文化的身体文化特性有关，更与体育文化中一套客观的评价体系密切相关。公平竞争是体育文化的精髓之一，通过建立合理而科学的体育评价体系来确保竞争的公平、公正和公开。体育文化的表现和评价直观显性的特征具有重要的社会心理补偿价值。在社会生活中的活动不可能像体育比赛场上那样,做到直观显性、公平、公正和优劣分明。通过综合的、模糊的和道德的角度来对一个人进行评价,这使得人们在生活中难以寻求一种即刻实现的自我体认感。因此,直观显性的体育比赛也就成了满足人们心灵的场所。在挖掘体育文化功能和价值的开拓方面,体育文化的直观显性特征具有重要的作用。

(五)参与和实现方式的多样性特征

体育文化作为文化的一种,也是由人创造的,体育文化的表现形式也是由人的参与程度和规模决定的,人的评价方式和标准决定体育文化实现的性质和方向。由于体育文化具有表现和评价直观显性的特征,体育文化的参与和实现方式也是多种多样。

这种参与方式的多样性,主要从以下两个方面得到体现。

一方面,既可以作为一名竞技体育运动员,投身到体育运动中;也可以选择合适的健身锻炼方式,参与到体育活动中;还可以作为体育比赛的观众,欣赏精彩的体育比赛等,这些参与方式因人而异,随着条件的变化而变化,具有很大的灵活性。总之,参与和实现体育文化的方式和途径是多样的。

另一方面,记者、编辑、主持人、解说员等可以在采访、调查、写作体育文章、制作体育节目的过程中实现体育价值;体育科研人员可以通过探索体育规律来实现体育价值;体育教师和教练员可以在体育教学的过程中实现体育价值等,参与体育,实现体育价值的方式有很多。体育以其独特的方式,拓展了参与范围,加深了参与程度,丰富了实现手段,增大了实现力度,大大提高和发展了体育文化的生命力,将体育文化融入整个人类文明的历程中,从而促进人类文明的演进。

(六)格调鲜明的超越性特征

体育文化是以人为主体和客体的同一为特征的文化,自我超越是体育文化必须实现的最基本的超越,没有超越便没有体育文化。无论是在竞技体育,还是在群众体育中都存在着明显的超越意识,体育文化是最能体现自我超越这一哲学范畴的文化类型。体育文化的超越不仅仅包括对身体认识的超越,对训练手段的超越,对器材和设备科学化的超越等,更重要的是,它体现了人类精神和智慧的超越。这种超越已经脱离了个体意义和身体意义,具有社会意义和精神意义,它的社会性和精神性使得超越的内涵十分丰富和综合。体育的超越存在于人的精神层面。体育作为人类自我搏斗的和平形式,是我们实现人生价值生生不息的动力和源泉。

第三节 体育文化的结构与功能

一、体育文化的结构

体育文化作为世界文化的重要组成部分,以其独特的文化底蕴和内涵,在世界文化舞台上尽显特色,散发迷人的光彩。具体来说,体育文化的结构本身就有着较为显著的特征,表现在以下几个方面。

(1)动态性特征。动态性指的是体育文化结构的可变性或开放性。这一特征更能表现体育文化的本质特征。在与外界进行交流、交换的过程中,体育文化系统的结构总是呈现出明显的动态性,或是量的变化,或是质的飞跃。中国的体育文化在中国近现代的几次大的体育文化交流中,受到了相当程度的影响,尤其是1840年以后,西方体育文化的引入,使中国传统体育文化从外在的物质文化层面到内在的精神文化层面都发生了变异。在这个过程中,民族传统体育文化逐步走向开放,获得新的发展。

(2)稳定性特征。体育文化结构一旦形成,在一定限度内就会保持固定不动的状态,不会以立即、直接和自动的方式随着体育文化要素的变动而发生改变,由此可以保持系统的完整性。因此,我们可以认为,体育文化结构具有封闭性和稳定性。当然,体育文化结构的稳定和封闭不是绝对不变的,而是相对而言的,自身的稳固相对于体育文化要素是限定的。例如,古代宫廷和民间体育的结构并非完全封闭,而是相对封闭和稳定的。宫女回民间就从某种程度上促进了民间体育文化的结构和要素的变化。

统治阶层的偏好影响着运动项目的发展。皇族与贵族爱好的某些体育运动项目,通过他们自身或豢养专职选手践行,形成中国古代宫廷体育文化的基本结构。这些项目在朝廷和民间的流动也时有发生。这些体育项目的高手有时在深宫大院内表演,有时在民间卖艺。但其具有相对稳定的基本结构。

(3)整体性特征。体育文化中的物质层面、制度层面和精神层面,并不是机械地重组。体育文化是活生生的人或共同体创造的具体的社会文化,体育文化结构不可能像自然物质体系那样具有严整性。可分性和不可分性统一于体育文化系统及其结构中,任何体育文化系统都包含若干不能脱离原系统或可以容纳到别的体育文化系统的体育文化要素。不能脱离原系统的体育文化要素意味着它与这个体育文化系统之间具有不可分的关系,可以容纳其他体育文化系统的体育因素意味着它与这个体育文化系统具有可分的关系。然而,体育文化自身内部的逻辑要求体育文化内部各种结构要素应具有整体性。此外,体育文化要素间存在相容与相克的关系。

(4)自调性特征。结构要素间的互动共振性主要表现了体育文化的自调性,也就是说,不同层次和不同领域内的体育文化或其某一结构、某一要素,可以使其他层次和领域内的体育文化出现改变,甚至引起整体结构的变革。体育文化各个要素通过互动共振,其结构又恢复相对的稳定。在封建社会,传统武术一直作为军事作战的主要手段。鸦片战争后,国外的坚船利炮打开中国的国门,武术的军事作战作用逐步消失,使中国传统民族武术文化发生整体变化。经过近现代的自我调整以后,武术文化在体育文化中找到了适合自己的独特方式,重新趋于稳定。

在体育文化发展中,这种自调性常常表现为本土和外来的体育文化之间的整合,而这又与社会发展水平及其生存的大环境有关。中国在封建社会的鼎盛时期,大量吸收、改造外国体育文化和本国少数民族体育文化,形成自身的体育文化。中国武术在近代体育史上,在接受西方体育的教育方式和竞赛制度的同时,抵制了一些西方文化的冲击,反映了中国传统体育文化的高度自调性。经济越发达,社会越开放,本土体育文化越能够接受和消化外来的体育文化。

(5)层次性特征。层次性是体育文化结构明显的特征之一。体育文化包括等级性和多侧面性这两个基本层次。将体育文化分为深层结构、中层结构、表层结构的若干纵向等级,这就是体育文化的等级性。将其分为若干横向的平行部分,并且这些部分相互联系又各自独立,这就是体育文化的多侧面性。不同体育项目的文化,彼此属于平行关系,既相互联系又相互独立,并相互制约。综合结构复杂而又多元、多层次的中国农业文化,使中国体育文化具有复杂结构,形成了潜在形态的体育文化,未能独立于娱乐文化之外。而现阶段的城市体育文化发展的主要特点是竞技职业性体育运动的发展,由此中国传统体育文化体现出等级性和多侧面性。

根据人与自然存在和社会存在的关系,可将体育文化分成物质文化、制度文化、观念文化三个基本形式,这也是体育文化系统的构成要素。体育物质文化是体育文化的基础,是体育制度文化和体育精神文化的前提条件;同时体育制度文化是体育文化的关键。体育精神文化主导体育文化的发展方向,保证和决定体育物质文化和体育制度文化建设和发展。

(一)体育物质文化

1.体育物质文化的类型划分

人们以体育为目的或在体育中的活动方式及其物质形态,即体育物质文化,可以将其分为三个紧密相连的部分,具体如下。

(1)体育器材和场地设施

在整个历史发展过程中,人类都是通过自身的力量进行创造来满足自身的各种需要,这也是人类最基本的一项活动。对于体育方面的需要,因其是作为一种以精神为内核的需要,相比人类其他的需要来说,出现的较晚。但是,人们对于满足自身全面发展需要而创造的欲望一点儿也没有减少。根据体育活动的特点,体育物质文化更加具有象征性。为了满足人们自身体育运动的需要,建设了主要的物质设施,如足球场、田径场、体育馆、网球拍、雪橇、游泳镜等不仅成为人类诸多物质用具和设施中的耀眼部分,也加入了更多新的高科技元素。随着人类需求的丰富和升华,满足高层次的精神需要的创造动力将愈加强劲,这必将极大地推动着体育物质用具和设施的发展。

(2)体育活动方式

运动是人类发展的灵魂,人们通过各种运动方式来对自身进行改造和完善。插秧、耕田、锄草、纺织、印染、锻造等各种工业和农业的劳动动作是人类满足基本生活的活动方式。体育活动的方式是以追求身心健康为目的的,既没有脱离人类的劳动方式,又是对人类劳动方式的一种补偿。随着人类文明的进步,以提高劳动和工作效率与能力为目的的体育活动方式日益繁荣,体育活动方式已经成为满足各种精神需要的极具生命力的一种活动方式。人们通过跑步来调节紧张的工作,打网球和篮球来增强体质,观看足球比赛来放松和宣泄情绪等,都属于体育活动方式。

(3)为促进体育发展而创造并形成物质的各种思想物化品

体育物质文化中最高层次的部分就是创造并形成物质的各种思想物化品。体育物质文化中由人们体育意识和观念直接形成的物质产物也归属于体育物质文化的范畴,它高于直接充当体育活动方式载体的体育设施和用具,如体育歌曲录音带、裁判法、体育比赛录像带、体育法规制度等。从总体上来说,体育物质文化是指在体育文化诸现象中实际存在、有形有色,可直接感知的事物。它除了包括各种体育器材、用品和场地外,而且包含具有深刻思想内涵的物质成果。当然,它与体育制度文化和精神文化的区别,主要体现在形态的物质性、功能的基础性、表现的易显性三个方面。体育物质文化指内涵和功能具有物质性的活动,如体育电影片。实质上,体育物质文化是体育精神的投影,其中沉淀了人们的精神、欲望、智慧等,体育物质文化实际上是体育精神的物化。一切由于体育的目的和需要而作用的物质对象及人类生活方式都可以视为体育物质文化。体育文化是对体育水平的直接反映,也在一定程度上间接地反映了社会生产力的发展水平。

2.体育物质文化的特性

体育物质文化本身具有的特性主要有以下三个方面。

(1)基础性。体育制度和精神文化的基础就是体育物质文化。例如若没有足球和足球场为物质基础,足球协会和足球精神就无法存在和发展。

(2)易显性。由于体育物质文化与社会发展的活跃因素生产力关系直接相关,且处于体育文化的最表层,体育文化的发展变化往往首先从体育物质文化上体现出来。

(3)物质性。体育物质文化是指在现实中存在的、可以触知的具有物质实体的体育文化事物。虽然这些事物在创造的过程中,凝结了创造者的主体意识,但其内容是物质而非精神。体育物质文化一定是对自然客体的现实改造,即它天然就是物质的,如一张乒乓球桌和一本体育书籍都是体育物质文化,其中也蕴含着体育精神,但它们终归是物质的而非精神的。

(二)体育制度文化

1.体育制度文化的分类

人类通过体育运动改造和完善自身的活动方式及其制度的产物,即体育制度文化。在体育运动中,它是调控和规范人们各种社会关系的组织机构和规章制度的总称,通常情况下,可以对其进行以下几个类型的划分。

(1)体育运动中的组织形式

人们在社会中的角色和地位,不仅是由人的能力差异决定的,也是由活动的组织形式需要多种不同的角色所决定的。在体育运动中,也有很多不同角色的划分,如裁判、教练、队长、队员、游击手、投手等和单败淘汰制、单循环制、交叉淘汰制等赛制,这属于体育制度文化中最基本的内容。当然,在体育运动中,对于角色的区分也是有原则性的,如运动队中的队长一职是由技艺高超或号召力强的运动员担任的。比赛制度可能根据参赛队伍的多少而有所调整和变化,但在大多数情况下,比赛的赛制是固定的、严肃的。

(2)各种组织机构

组织机构能够使人类群体的力量得到合理和高效地发挥,它是人类社会逐步发展的产物。人类的个体活动和集体活动都离不开组织机构的作用。体育活动作为一种人类改造自身、促进社会进步的文化产物已经成为各种社会组织和它自身的各种组织机构重要、不可或缺的一部分。运动竞赛组织、学校体育组织、民众健身娱乐组织、世界体育组织、大洲体育组织、国家体育组织等构成了体育制度文化的重要组成部分。在成立各种体育机构时,只有考虑到在符合社会背景的同时更多地关注体育活动发展组织化的需要和需求,才能真正使体育运动向着合乎体育文化规律性的方向发展。

(3)体育活动的原则和制度

组织机构的原则和制度在人类的组织制度文化体系中,决定着组织的性质、活动方式和发展方向,是制度文化中与精神文化关系最为直接、层次最高的一部分。具体来说,体育制度文化是指人们在体育文化活动中自身构成的文化,是一种动态的、稳定的文化成果,它主要包括体育社会组织、制度、政治和法律形式、体育伦理道德、群体风尚、风俗习惯、民族语言和民族教育等方面的内容。体育制度文化来源于体育活动实践和对体育精神领域的思考,是体育制度文化体系中作用最为突出的组成部分,是统领体育一般规范与体育机构的桥梁。体育制度的不健全影响着体育机构的建立和完善,体育产业制度的不完善制约着体育经营管理活动的顺利进行。只有进行不断的改革、更新和完善,才能改善体育的发展状况。

2.体育制度文化的特性

体育制度文化的特性,可以大致归纳为以下几个方面。

(1)连续性。在制度文化中,一些具有重要价值的内容,并不随着时代的变化而被废除,相反,会得到继承。

(2)时代性。政权机构和社会制度制约着体育制度文化中的各个层次,会伴随着时代变化和政权更替而变化。体育制度文化表现出明显的时代特征。

(3)内化性。在一些体育制度文化可以经过人们的认知,不断内化深入,成为个人的意识,形成一种不需要任何外部情况刺激的自觉行为。

(4)俗成性。体育制度文化中,有很多内容是在长期体育历史发展过程中,经过人民的约定俗成而产生的,并不是靠政权规定的,很多少数民族的体育风俗就具有这种特性。

(三)体育精神文化

体育精神文化,也被称为体育意识和观念文化,是人们围绕和依靠体育来对客观世界进行改造的活动方式及其全部产物。

第一章 体育文化的基础理论解析

1.体育精神文化的分类

通常情况下,可以将体育精神文化分为以下四个部分。

(1)精神世界的物质内涵和行为准则

体育精神文化与一般文化的基本区别就在于它将物质文化与精神文化、制度文化紧密相连。比如体育服饰、体育谚语、运动训练、体育选材等都属于这一层次的体育精神文化。它属于行为文化的范畴,它与体育物质文化和体育制度文化的区别十分微妙。对于一件运动服装来说,我们从体育物质文化的层次,对它的质地、型号、颜色等进行品评;从体育精神文化的层次,注意其展示的体育民族个性、审美情趣等因素。在进行运动训练时,我们会注意它的外在身体运动的场面表现等体育物质文化;注意它的教学传授方式与人际关系等体育制度文化;注意它的训练原则与指导思想等体育精神文化。体育的物质、制度、精神文化从一个角度和层面是无法区分清楚的,三者是紧密相连,密不可分的。

(2)思想观念和理论体系

体育作为一项以改造人的身心为目的,进而促进身心全面发展的活动,需要在多个方面和不同的层次上做出科学的阐释。在体育活动的理论需要背景下,体育学科由此产生,如体育经济学、体育史学等。这些体育学科和一些体育领域的研究主要是通过书面的形式进行呈现的。体育学科专著的出版是体育学科发展的重要标志。

(3)通过抽象的声音、色彩等表现体育精神的艺术文化

人类把握世界不仅仅只有物质的和精神的单一形式,还要把握精神物化的产物。这些文化形式不只是有实实在在的物质表面,而且还蕴含着人类的情感、意志和灵魂。这类方式以文艺为杰出典范。体育活动具有直观、激越、宏大等特点,这些特点使得它成为文艺表现的对象,如体育诗歌、小说、漫画、相声、小品、体育邮票、体育歌曲等体育文艺都归属于体育精神文化的范畴。对于一幅漫画来说,我们从它的体育精神文化的角度,来探究它表现出来的体育思想和情感。体育精神文化的这个层面属于艺术文化的一部分。

(4)通过体育改造人的主观世界的想法和打算

体育精神文化是体育活动中依附的科学、心理、道德规范、科学、哲学、审美观念、文学艺术等思想意识形态的总称。凡是在体育文化中传承的社会心理、道德规范、科学、哲学、宗教信仰、审美评价和文学艺术等思想意识形态领域的反映,都属于体育精神文化,包括不同民族和地区的传统心态。竞技体育的文化学价值是体育精神文化的重要内容,是在弘扬主体精神、竞

争观念、民主意识、科学态度等人类基本价值观念中体现出来的。比如亚运会的拼搏、进取、团结奋进、科学求实、祖国至上、争创一流的精神和中华体育精神都是体育精神文化中的精华。

2.体育精神文化的特性

一般地,可以将体育精神文化的特性大致归纳为以下几个方面。

(1)沟通性。体育通过笔录书写、阅读赏析、语言交流,进行保存和传承,目的是加强沟通,形成精神对话。它的形式虽然是物化的产品,但它是传道体育主体精神和意念的媒介物。这也体现出体育精神文化的沟通特性。

(2)积累性。体育精神文化比物质和制度文化更具有凝固能力和抗同化能力,既有积极的一面,又有消极的一面。积极的一面是优秀的体育精神文化的传承推进体育文化进步,消极的一面是落后的体育精神文化的保留阻碍体育文化前进。

(3)内视性。体育主体精神的内视领域是由体育的感知、思维、价值观念、审美情趣等因素构成的,这些因素充当着体育精神内容的实体。

二、体育文化的功能

随着世界教育和现代体育教育的不断发展,体育文化不但得到了极大的丰富,还使得体育在社会中的地位和价值提高,而且在促进人的全面发展、协调发展和完善发展方面起到了重要的作用。体育文化以其独特的功能和深刻的内涵,对经济、社会与文化产生越来越重要的影响。体育文化的功能也不断被人们开发和利用,影响和改变着人类社会和人们的日常生活。体育文化的目的在于促进人的全面、自由、和谐发展,维系人类的健康,满足人类的享受和发展。体育文化是社会文化在体育活动中的一种独特的文化表现形式,如内容、形式、结构、功能都有着特殊的规定性和表现形式。

具体来说,体育文化的功能可以大致归纳为以下几个方面。

(一)教育功能

教育功能是体育文化中最基本的社会功能,它对人类社会产生的影响,是其他体育文化功能所不能媲美的,对培养全面发展的人起着重要的作用,是现代教育中不可缺少的重要组成部分,也是现代教育的重要手段之一。现代体育教育的作用除了促进生长发育,增强人的体质,掌握技能之外,对于培养人们终生从事体育的兴趣和习惯、优秀的道德品质、团结协作与良好的竞争意识,提高人们的综合素质,以及适应现代社会生活同样具有非常重要的作用。

通常来说,各种体育文化形式都具有一定的教育作用与功能。随着社会的进步和时代的不断发展,体育文化的教育功能越来越重要。如在人的成长过程中,体育教育直接有效地培育人的体质,潜移默化地培养人的性格。从最初的坐、爬、站立,到后来的走、跑、跳、投、攀登、爬越;从人体肢体活动的技能、技巧,到参与体育竞赛等,无一不与体育文化的教育和教养息息相关,这些都能够反映出体育文化具有重要的教育功能。

(二)凝聚功能

体育文化的凝聚功能主要是通过体育精神文化来体现的,形成一种在内团结、活跃的氛围;外求发展、提高社会精神风貌是体育文化建设的一个重要目标。通过体育文化可以将不同地域、不同信仰、不同价值观念、不同习俗的人们凝聚在一起,进行相互沟通和交流,来谋求更好的发展,这些都是体育文化凝聚功能的体现。比如奥运会,它可以将来自不同国家、不同种族、不同文化修养、不同信仰的人们凝聚在一起,构成世界人民大团结的景象。通过体育精神文化来体现体育文化的凝聚功能,可以使这种凝聚作用更加深入、稳定。体育文化的凝聚功能具有多层次性,相同的体育文化习惯,相同的体育运动项目的选择,会引起不同程度和范围的聚合。如喜欢打网球的人们,往往通过网球这项运动走到一起等。

(三)文化传播功能

作为一种社会文化形式,体育文化中所蕴含的文化内涵是非常丰富的,它的文化特征主要从鲜明的象征性、浓郁的艺术性及丰富的内涵上得到体现。传承和扩展是文化得以延续和发展的两条主要的线路,体育文化具有较强的文化传播功能。传承是指文化在时间上传衍的连续性。如人类初期,人们通过举行各种祭祀礼仪活动即体育的方式,来表达人们的思想、精神和观念,并通过身体的动作来记录和传承社会文明及种族之间的生存、生活技能。扩展是指文化在空间伸展的蔓延性,即为横向传播过程。如可以在各社会群体和个体之间、群体和群体之间、个体和个体之间互相传递,又可以在国家和国家之间、民族和民族之间、地区和地区之间以及国家、民族、地区三者之间互相传递,这些都是体育文化扩展性的表现。从体育文化传播的内容来看,体育文化的扩展性具有广义文化交流与传播的意义,如体育文化从体育的精神文化,到行为制度文化,到物质文化无所不包,其传播过程与社会、政治、经济等层面的其他具体文化是互动过程。

(四)调节功能

目前,体育文化已经成为当代社会主流文化中的一种具体的文化现象,它可以从道德和法律之外,对人们的社会生活和行为起到重要的调节、控制和引导功能。它可以在共同的体育理想和价值观下,使不同价值观、道德观甚至不同意识形态的人,实现社会矛盾的缓和和协调。通过体育文化的调节、控制、导向功能,可以抑制人们的不好的行为。

(五)创新功能

为了使体育文化得到更好的传承和延续,需要促使体育文化得到不断发展和进步。只有通过研究和借鉴其他先进文化,取其精华,去其糟粕,才能使体育文化得到更好的发展,使体育文化的内涵更加丰富。通过不断的吸收、融合其他国家的体育文化,来促进本国体育文化的繁荣和发展。此外,现代体育还具有强大的创新功能。主要体现在:一方面,现代体育通过与文化创造紧密结合,已经成为促进文化变革与发展的一个重要渠道。另一方面,通过对体育文化不断的更新、创造,能培养一大批具有创新活力的人才。

第四节 体育文化的内涵解析

一、体育文化的基本内涵

当前,人们对体育的关注程度越来越高,并且已经将人们对体育的极大热情激发了出来,成为满足人们精神需要的活动形式。究其原因,主要是由于体育具有深厚的文化内涵。在体育活动中,人本身就是目的,是自己行为的主人。在奔跑、跳跃、投掷、翻腾、格斗、对抗中,人意识到自己血肉之躯的所有感觉,体会到了自己的力量、情趣、意志和主体意识,从而找回了自我。

在社会体育生活中,人们在竞技精英的身上看到的不仅是疾如旋风的速度,力拔山兮的力量,劈波斩浪的气势,更看到了自己内心深处不肯屈从于物欲的灵魂,看到了人类作为万物之灵的价值。也正是如此,不论是观看比赛还是亲自参与体育运动,人们都能从中得到美的享受,都能从中满足精神文化需求。在这方面,如奥运会能够激起世界各国政府和公众的重视,足球能够激起人们的疯狂,已足以说明体育的文化魅力。因此,在对体育这种特殊文化现象进行仔细考察后,我们便不难发现,体育之所以令人神往,在其闪烁的光环下,其实就是蕴藏、凝聚在体育外在表现形式深处的一种文化内涵——体育精神——体育文化精神。这种体育文化精神,正是体育历经风吹雨打而长盛不衰的根本原因,也正是体育感人、诱人,令人崇拜的根本原因所在。

二、当代中国体育文化的内涵

除了具有一般体育文化的内涵外,当代中国体育文化更具有当代中国的时代特征。具体来说,所谓当代中国体育文化,是指在当代中国体育实践过程中形成和表现出来的精神文化现象,是对当代中国体育精神文化的概括和总称。这种体育文化继承传统文化,结合现代社会的特点,是传统与现实相结合的文化。具体来说,其实质可以从以下两个方面得到体现。

(一)这种文化是一种指向全民身心全面而和谐发展的文化

人类的各种文化活动,分别作用于自然、社会和人,当代中国体育文化从新中国成立初期提出的"发展体育运动,增强人民体质"的思想开始,始终把增强人民的身心健康,即为社会造就体质强健国民,确立为体育发展目标,并由此进行了相关的体育物质文化、制度文化和精神文化建设。

(二)这种文化是一种指向中国体育走向世界的文化

当今世界,体育同经济、政治相互交融,在综合国力竞争中的地位和作用越来越突出。当代中国体育文化的突出特点,就是围绕"为国争光"目标,通过对体育精神文化、制度文化和物质文化的建设来发展竞技体育运动,使中国体育"冲出亚洲,走向世界"。通过几十年不懈的实践努力,中国体育已跻身世界体育强国的行列,为国争光的目标已经得以实现。

第二章 体育文化体系的现代化发展解析

体育文化是由体育物质文化、体育制度文化、体育精神文化以及相关的其他形式的体育文化共同组合而成的,因此,往往会将其作为一个系统的体系来加以剖析和研究。本章主要是从发展的角度,来对体育文化进行探索。具体来说,主要涉及体育文化的产生、原始体育文化的发展历程、现代体育文化的发展状况及其模式的构建与发展,以及体育文化的现代化等方面的内容,由此才能够更加深入地了解和认识到体育文化的现代化发展。

第一节 体育文化的产生

一、体育文化产生的动因

任何的事物发生变化和发展都是有属于它本身的矛盾和驱动因素存在的。体育文化的产生也不例外,在特定的历史环境下,促使它产生和发展的动因多种多样,其中,较为显著的有以下三个方面。

(一)人类超生物肢体的健全完善过程和经验的传递交流过程的动因

体育运动起源于人类日常的生产生活中,由此可以认定体育文化的起源也应与劳动相关联。但是从体育社会学的观点来看,得出的结论不应仅限于此,其理由为人类的文学、语言、艺术等活动均产生于劳动生活,而体育运动与这些文化相比会表现出明显的不同。这一显著特点不同于人类的其他行为形式,而且又区别于动物本能的肢体活动。所以,这个问题是非常值得研究和探讨的,研究这个问题无疑会对发掘体育文化的本质,从而更好地将体育文化发扬光大,最终成为体育领域不可分割的一部分。

首先我们需要认定的是,在考察人类起源时,首先注意到一种超生物肢体——手的形成。人类进化出的手明显与动物的爪不同,手的发达表明人类已经发展了一种借助自然物延长自己肢体的能力,有了手的存在便可以对抗和适度改变自然,以此实现自身的利益和目的。手的形成标志着人的社会属性的形成,和人们使用的各种工具具有同等重要的价值。并且由于手的形成,也逐渐改变了人的其他肢体的形态和功能,如人的腿和脚不再仅仅用来支撑和移动身体,也可以用来掌握工具,进行劳动。人类的这些超生物肢体需要不断健全和完善,提高活动能力,也需要不断开发新的功能。因此,体育文化应运而生。

人类从猿到人的演化过程中,超生物肢体的形成只是一方面,另一个发生本质性变化的则是人类对超生物经验的积累,这些经验不仅包括人类使用劳动工具,进行集体劳动的知识、技能等的技术和经验,还包括人类的情感体验、意志指向等。这些积累下来的经验需要世代延续和彼此交流。在语言产生之前,这些经验的交流、传播和延续主要依靠体育文化来进行。这是体育文化产生的根本动因。

(二)社会需要动因

为人类服务,是体育最初产生的作用和目的所在,无论是作为强身健体、休闲娱乐还是军事训练的手段。因此,在研究体育文化产生动因的问题上可以选择"需要理论"进行研究和理解。

人类的生存是需要多个方面的需求才能实现的。在远古时期,人类的需要就是吃饱、穿暖。随着人类社会的不断发展,尤其是进入现代文明社会后,人们的需求种类越发增加,除吃饱穿暖这些基本的生存需求外,还有生理、心理、安全、娱乐、社交、信仰等需要。这些需要都在体育文化产生之初打下了印记。因此,军事格斗、宗教祭祀、舞蹈娱乐、医疗保健等社会需要都是推动体育文化产生的重要动因。

(三)非劳动性的动因

体育文化起源于人类最基础的生产生活之中。此后随着人类社会的进步和发展,生产力水平得到大力提升,单纯依靠大量人力的生产活动逐渐减少,再加上竞技元素的加入使得体育逐渐摆脱了劳动性,而成为一种非劳动性的活动。

劳动是作用于自然或其他物质,目的在于改造客观物质的自然属性,而体育是以人自身的活动来改变人自身的自然属性和社会属性。在体育活动中,主体和客体是统一的。还有一点可以作为证明体育为非劳动性活动的观点,就是劳动产生的结果是生成某种使用价值,而体育运动产生的结果则是产生锻炼效果和竞技价值,并没有带来某种与劳动相同性质的使用价值。

因此,体育文化自产生之日起就逐渐与物质文化体系相分离,成为社会上层建筑的一部分。

二、体育文化产生的社会根源

通过不断地剖析和研究,可以得知,体育文化产生的社会根源主要有以下几个方面。

(一)生物学根源

据德国生物人类学家研究,与动物相比,人必须通过自己的活动来塑造和形成自己,一切动物都是特定化的,它们的器官适应于每一种特定的生活条件和需要,而人的器官则不趋于某个特定的状况,主要是未特定化的。人的未特定化使得人最初比起其他生物适应环境要难得多,但正是这种未特定化使得人具有更大的可塑性,可以在活动中补偿自己,从而超越自然装备的动物,向着无限的世界迈进,换言之,人的未特定化增强了人的可塑性余地、能力和动力。

由于人的生命和活动器官即中介的非直接同一性,使得人可以自由地变幻中介——各种工具,按照自己的生存需要重新建立新的环境,并且解决了人的活动机能发展的无限性和人的肉体结构的有限性之间的矛盾。应该说,这是体育文化起源的生物学前提。

(二)物质根源

体育文化产生的物质根源主要是人类在发展过程中根据生产经验而发明的各种工具,这些简单的工具之所以能够被制造出来,首先还要得益于类人猿在长期的生物进化过程中逐渐演化为使用工具的专职器官——手,它标志着人类已经发展出了超生物肢体,用自然界的力量来对抗并征服自然,这在前面的文字中就有过表述。此后,随着人类生存和发展需要的不断发展,各种工具得到了改进和发展。

制造工具和使用工具的活动标志着人类真正劳动的产生,同时,这也是人类与动物相区别的标志。可以肯定地说,只有学会了制造和使用工具的人,才是"完全形成的人"。人类制造和使用工具的产生也标志着真正文化的产生。早期的体育器械和器械操作方式为原始体育文化奠定了物质前提。诸多考古资料可以证实这一点,如考古人员在许多国家的考古挖掘中都找到了原始时代人类生产性和非生产性的石球,基本证明了当时石球是非常重要的体育器材。

(三)精神根源

体育在产生后其本身的作用有许多。相比于现代,早期的体育中包含了更多的内容,这些内容在现代看来已经显得不再重要。体育文化的精神根源就是其中一项。

早期人类以原始农业和狩猎为基本的生产方式,女人主要从事农业,多在家室周围,比较稳定,男人从事狩猎,主要在外游荡,所以敬奉女性逐步发展成为人们的一种心理。此后较为繁重的劳动强度进入人们的生活,使得男性崇拜崛起。这两种对性别的崇拜除了以艺术的形式展现出来以外,对身体的崇拜也占据了重要地位。而且对身体美的崇拜也促进了对身体的锻炼和养护,如古希腊人就非常重视身体的锻炼,关注身体的线条和运动之美。此后,无论是在典礼和仪式,还是禁忌和图腾,为了精神世界的充实,身体活动成为重要形式。从对自我的崇拜到对动物的图腾,对从自然的困惑到对宇宙的神往,原始人总在寻求自我的位置。如果人们围绕动物图画跳模仿狩猎动作的舞蹈、投掷标枪、放箭,那就表明"战胜"了代表敌人的人,原始人就在这类精神动力下提高自己的运动能力。原始社会后期祭礼赛会的出现就是寻求原始人寻求自我精神与宇宙沟通的成果。这些都为原始体育文化起源奠定了精神前提。

(四)集体传习根源

人尽管从智力和能量上超过了地球上的所有生物,但是仍不可能摆脱自然必然性的限制,即具有"自然本能",这必须通过人的活动形式来改变。在人类的生存本能、攫取本能、性本能、防卫本能、社会本能中,社会本能具有特殊的意义,它在促进人类进化和文化创造的过程中起着尤为重要的作用,用恩格斯的话说,"社会本能是从猿进化到人的最重要的杠杆之一"。原始人共同劳动,"不是生产资料公有化的结果",而"显然是个人力量太小的结果"。于是,原始人的共同劳动使得原来作为动物的群体关系演化成人类的社会关系,这为人类劳动与文化创造活动一开始就具有社会性质提供了有利条件。不难看出,原始人的社会生活为原始教育创造了条件,以生产技能为目的、以身体运动为立足点的集体传习活动获得了发展的机会,原始文化传习不以个体的消亡而消亡的"获得性遗传"特征使原始体育文化从中孕育,这是原始体育文化起源的社会学前提。

第二节　原始体育文化的发展历程

一、原始体育文化的阶段性发展

原始体育文化的发展是持续了较长时间的,为了对其有一个更加清晰的了解和认识,需要将其发展分为几个阶段,具体如下。

(一)早期的萌芽阶段(旧石器时代)

在 300 万年至 20 万年之前的一段时间内,人类开始尝试制造并使早期的工具用于生产生活中。这些生产工具既是改造自然的手段,又是人类自我防卫的武器。石块、木棍、骨头等工具的使用使得肉体结构受限的人类获得了拓展活动范围和潜力的机会,这对人类的发展具有革命性的意义,它无疑也为人类施展技能提供了更加广阔的天地。尽管这时已经使用了简单的工具,但依然认定这时的人类仍处于"猿人"的阶段。

在这一时期,人类已经形成了一些有意识的群体性身体活动,并出现了与生产劳动技能分离的劳动准备色彩的技能练习。而且,动物性本能也使原始人群开始拥有了由身心需要而构成的身体娱乐活动——嬉戏。这就是体育后来一直保持娱乐性和休闲性特点的起源,它为满足人们的需求而存在。

总之,这一阶段体育文化的主要特征表现在:火的使用不仅改善了人的体质和智慧,而且拓展了原始人的活动方式,劳动中工具的使用附着了一些身体运动技能,原始人群和血缘家族使得技能传习成为可能,身心需要引发了一些以身体活动为方式的原始娱乐活动。这些因素标志着原始体育文化的萌芽。

(二)初步发展阶段(旧石器时代中、晚期)

在距离今天 20 万年至 1.2 万年间的旧石器时代中、晚期,人类逐渐进化到"智人"阶段。此时的人类已经可以有意识地制造一定形状和规格的石器和骨器,与早期的人工制造的石器相比,这时的制作水平已经有了显著的提高。与此同时,原先为劳动做准备的身体活动逐渐成为独立的身体练习,氏族社会的形成使得群体活动更加具有规律和组织性,以身体活动为主要形式的原始教育活动日益稳定,生产分工在使劳动技能专门化的同时也造

第二章　体育文化体系的现代化发展解析

成身体活动技能的细化,在我国的这一时期,象征性的身体娱乐形式和原始骨针灸疗法的出现,标志着原始人对自我养护意识和能力的增强。这是体育运动的健身养生特点的最好佐证。

这一阶段人类发展的整体逻辑直接为体育的产生提供了条件。人类体质特征的逐步成熟形成了人类特有的运动系统和器官,大脑思维的进化成熟为原始体育萌芽提供了神经系统的协调能力和控制能力,劳动分工和氏族社会的稳定等社会因素成为原始体育萌芽的催化剂,这三大因素是原始体育文化萌芽不可缺少的条件。而这三大因素的成熟大致都是在晚期智人时期,即距今四五万年左右,使这一时期成为体育文化萌芽的关键时期和主要时期[①]。

总之,这一阶段体育文化的主要特征表现在:劳动实践的分工使得身体活动技能具有多种功能的意识出现,氏族社会的稳定使得原始体育教育活动形成规律,原始的身体娱乐和保健内容出现。这些因素标志着原始体育文化的初步发展。

(三)完善阶段(新石器时代前期)

在距离今天1.2万年至五六千年间,人类在体质上已经成为现代人,除一直保留的狩猎传统外,还掌握了其他生产食物的方法,如粗放式的耕种活动。这一时期的石器磨制技术和复合工具的大量出现,使得生产力水平得到了空前的提高,剩余产品越发增多,人们在劳动中也拓展了身体活动的空间和能力,农业发展带来的定居生活促进了集体传习活动的更大规模和规范化,行气术的盛行和游戏、舞蹈的大量出现标志着人类养生和娱乐观念和能力的进一步提高。

总之,这一阶段体育文化的主要特征表现在:纯粹的原始体育器械出现,相对独立的身体运动形式产生,身体技能的传习更具规范和稳定性,游戏和养生保健活动(尤其是地方诸国)出现多样化形式。这些因素标志着原始体育文化的进一步丰富。

(四)完全形成阶段(新石器时代后期)

在距离今天5 000年左右的父系氏族公社时期,是人类从未开化的时代向文明时代过渡的阶段,因此是非常重要的时期。从氏族社会的后期开始出现了以争夺多种类型的资源和剩余产品为目的的原始战争,战争的出现使得以生产和娱乐为目的的身体活动逐渐"变性",从而开始向着格斗性

---

① 童昭刚,等.人文体育——体育演绎的文化[M].北京:中国海关出版社,2002.

体育行为转变。例如,在体育运动中出现了弓箭、刀棍等武术器械与人体活动相结合的运动形式,附着于军事的娱乐和教育类身体活动得到发展,并且体现出为军事做准备或放松的目的,对身体素质、技能的要求越来越高,以培养和检验身体能力为主的"青年营"重视体育。原始的综合性运动竞赛,中国"导引按跷"之类的养生方式和仿生的肢体运动形式也出现。

总之,这一阶段体育文化的主要特征表现在:原始体育器械出现了形式和功能比较完备的体系,锻炼身体技能和愉悦身心的军事性的身体活动方式相对稳定,原始体育教育逐渐独立,且在内容和形式上日渐多样化,原始祭礼赛会标志着竞技运动的出现和原始体育的最高阶段。这些因素标志着原始体育文化的完全形成。

二、原始社会体育文化的发展因素

原始人类的生活与他们的体育形态有着密切的联系。甚至有学者认为,在早期的文明发展过程中,体育文化得到较早地发展,并在人类生活中发挥着重要作用。归根结底,原始体育文化并不能称为一种成熟的、完善的与现代体育相近的标准体育文化,它只是孕育了体育文化的某些内容,因此,这也就是将之称为"体育文化发展因素"的理由。

具体来说,原始社会体育文化的发展因素可以大致归纳为以下几个方面。

(一)原始形态体育器械出现

人类对工具的使用是人与动物之间差异的标志。工具出现的主要目的在于更好地进行生产和劳动。正因生产工具的出现和劳动时大量地以身体运动为形式,使得后来体育运动的出现也有与之相类似的特点。也就是说,生产工具的出现和人类借助工具的生产行为为从事专门的体育器械制造和体育技能做好准备,如在原始社会后期,人们会为了战争而专门制造搏斗器械和掌握一定的搏斗技能。

工具是人类生产的物质基础,它作为体育器械的文化因子也为体育文化奠定了物质基础,工具的制作水平及其与体育器械的分离显然是体育文化发展的一个重要标志。

1. 旧石器时代的打制工具对原始运动器械的产生起到积极的促进作用

人类在旧石器时期早期主要使用打制的工具,主要有刮削器、砍砸器、尖状器和石锤、石钻等,少数地区还出现了骨器。这些工具分别具有不同的

第二章 体育文化体系的现代化发展解析

用途,刮削器主要用于刮削木棒、割治兽皮,砍砸器主要用于劈砍木柴、制造木棍,尖状器用于割兽皮和挖掘,石锤、石钻则是用于打制各种圆形或长形石器的基本工具。这些工具在人类劳动的过程中无疑也改变着人类的体质和技能,为体育运动打下了基础。人类在旧石器时期晚期又出现了雕刻器、钻头、石刀、石球、石簇、石矛等工具,人类用套在绳索上的石球投掷动物极大地提高了身体运动的能力;石簇的使用提高了弓箭的杀伤力,也对射箭提出了更高的要求;石矛成为投掷器,对投掷的力量和技巧要求有了提高。这些都是原始体育器械和技能的潜在基础。

2.新时期时代磨制工具功能的转化对原始运动器械的发展起到积极的促进作用

这一时期的石器多以磨制为主,制造水平更高,骨器、角器、蚌器、木器、陶器也逐步丰富,既提高了原始人的生产能力,也为原始体育的发展拓展了活动空间和运动形式。上述工具的主要用途为渔猎生产和水上交通、农业生产、专用的武艺工具。弓箭的广泛使用和箭头的多种多样,射法的丰富(如弋射)为射箭项目提供了基础,石球作为游戏手段为日后多种球类运动提供了实物和思想启示,鱼叉和矛等投掷器械的使用使得人的力量和准确性都得到了发展。这些都直接或间接地为体育准备了条件。

总之,原始的工具和直接或间接体育器械可以分为:远射类(弓箭、弹弓、弩等)、投掷类(石球、飞石索、矛、鱼叉等)、技击格斗类(棒、斧、刀、戈等)、护体类(匕首、护臂)、水上活动类(舟楫、桨等)、游乐类(陀螺、石球、鱼钩等)。这些工具的用途多样,要求的技能各异,对于原始人来说是一个全面的锻炼,为原始体育奠定了坚实的基础。

(二)原始聚落中体育活动和体育教育机构设施

居住场所对人类文明的发展有着重要的作用,这是将人从自然界中独立出来的行为。同时,它也为各种原始文化现象提供了实施场所,拓展了原始人的生活方式和文化创造活动,成为研究原始文化的重要内容。

1.洞穴为史前集体传习活动中提供教育基础设施

早期的原始人类居住于自然形成的洞穴之中。这种洞穴后来被人类改造,改造后的洞穴一般分为洞口、上室、下室和下窖。其中,上室是住处,一般适合十几个人住,如北京的山顶洞人就居住在这样的洞穴。原始人居住的洞穴不只是休息的场所,它也是打制石器和以身体活动为主要形式的教育和传习活动的场所。例如,西班牙的一个原始洞穴的壁上发现大量的野牛、野猪等形象,据推测是原始人进行狩猎教育的遗存,其中很可能蕴含着身体活动的传授。这是原始体育教育的萌芽。

2."公共广场"为史前集体传习活动提供教育场所

原始人在氏族社会里的公共活动场所被称为"公共广场",这是原始人居住方式进一步固定的结果,也是原始人集体活动兴盛的反映。体育教育活动成为其中主要的活动内容。原始聚落一般大小为5万平方米左右,其中设在中心的公共广场和居住区为2万~3万平方米,估计居住400人左右,有100所左右房屋,具备了进行符合当时规模和活动范围的条件。世界各地的原始人几乎都有自己的公共广场,其中也进行大量的身体教育和娱乐活动。如中国五帝时代出现名为"成均"的教育设施,弗吉尼亚地区的波苗克部落16世纪末仍然处于原始社会,他们就在大公共广场进行娱乐活动。

3."大房子"为史前集体传习活动提供教育机构和设施

氏族部落的大房子主要有三种类型:在聚落区中心区设置的公共活动用的大房子;在聚落区中心设置公共广场的同时,在聚落的每一个集居区又设置一个供本氏族成员集体活动的大房子;综合前两种的设置。这些大房子作为原始人的集体活动场所,既为原始的体育教育和娱乐等活动提供了物质基础,同时也为这些活动的组织方式和运动方式奠定了基础。对于以后体育文化的发展在各方面都留下印记。

(三)原始医学积极推动保健体育的发展

早期人类寿命极短,史前医学作为最初的身体和生命养护观念和形式,每每直接反映在身体活动形式中。

1.史前预防医学对原始保健养生的发展起到促进作用

史前预防医学主要反映在火的使用与饮食的改进、衣着的进步、婚姻形态的演进、居住方式和环境的改善等方面。人类在这些生产和生活的各个方面采取了一些顺应时令和地理条件等保护身体的措施,有些指向以身体运动形式,如导引的方式表现出来,这些内容虽然属于预防医学,但它是日后养生保健体育的雏形。

2.砭、人面鱼纹是原始气功养生的见证

砭,即砭石,是后来的针石,是一种原始的医疗工具,一般制成粗端三棱锥体,细端圆锥体。主要有两种用途:一是外治,作割治用;二是内在,即针灸。西安半坡的文物中有不少人面鱼纹的陶盆,描绘了原始人进行气功的形态。这说明原始社会已经出现了调养身体的气功,是原始体育文化不容忽视的重要内容。

(四)原始仪式中的体育行为

乐舞是人类文明中的一项重要组成部分,它寄寓着原始人丰富的情感。在乐舞中,人们表达着自身的思想和个性,这种以身体动作为基本表现形式、以娱乐和健身为主要目的的活动无疑也构成了原始的体育文化特质。在此后的人类文明中,每当有重大节庆之日时都不会缺少乐舞以及其他体育活动形式的表演。

1. 生产劳动中的舞蹈在健身和娱乐上具有重要意义

人类最初的舞蹈往往是模拟生产劳动的一种行为,"当狩猎者有了想把由于狩猎时使用力气所引起的快乐再度体验一番的冲动,他就再度从事模仿动物的动作,创造自己独特的狩猎舞"。不过,狩猎舞除了用于狩猎后的娱乐之外,也有用于狩猎前的准备的。原始舞蹈后来逐渐发展到类似今天体操的活动,在娱乐的目的支配下,往往蕴含着对身体能力的向往。农业耕作和狩猎、捕鱼等生产劳动都有了与之相应的身体娱乐形式,潜隐着原始体育文化的基因。后期甚至出现了集体自发的有目的地改善体质的健身性舞蹈,这直接促使了原始体育文化的产生。

2. 生殖崇拜舞蹈是原始娱乐活动的重要形式

生殖是生命的基本特征和必然行为,这也是人类动物性的基本属性。繁衍生息是任何一个物种得以延续的关键,对于人类也是如此。因此,原始人类对于生殖活动有着天生的崇拜和敬畏。后来,原始先民的生殖崇拜就成为男女相聚、以"性"为中介的歌舞游乐舞蹈,至今一些国家和地区仍旧保留着对于生殖崇拜的传统,并定期举行祭祀活动。1988年在新疆发现的一处生殖崇拜岩画中,其中就有表现原始人灵魂和动力的节奏感强烈和动感鲜明的舞蹈。正如格罗塞在《艺术的起源》中所说:"在没有别的艺术行为,能像跳舞一样的转移和激动一切人类的","这种跳舞大部分无疑是想激动性的热情。我们更可进一步断言,甚至男子的跳舞也是增进两性的交游。……一个精干而勇健的舞者,也必然是精干和勇猛的猎者和战士。在这一点上,跳舞确实有助于性的选择和人种的改良。"在展现男性强健、勇猛等能力,显示女性灵巧、柔韧素质的舞蹈中,人体和体质的优良、身体活动能力的优良为原始体育文化准备了物质基础。

3. 原始娱乐活动是宗教祭仪舞蹈中的重要因子

原始人基本处于懵懂无知的境地，于是，他们的自然崇拜、图腾崇拜以及对祖先和灵魂的崇拜一直久久萦绕在心灵的天空。各种祭典和巫术仪式就成为他们与这些圣物和灵物沟通、升腾自我欲望和灵魂的基本形式。这种以歌颂祖先和娱神为主要目的的活动往往以基本的身体活动来展现，许多原始人留下的生活遗迹都说明了这一点。在颂祖和娱神的这些身体活动中，原始人不仅通过与祖先和神灵的沟通获得了娱乐，也明显地赋予身体直接的体质锻造结果。

(五) 原始舞蹈积极促进身体技能训练和娱乐的发展

闻一多在《说舞》中指出："除了战争外，恐怕跳舞对于原始部落的人，是唯一的使他们觉得休戚相关的时机。它也是对于战争奠定最好的准备之一。因为操练式的跳舞有许多地方相当于我们的军事训练。"通过这种表述可以了解到，对于原始和古代的人类，在战前誓师、预祝或庆祝胜利时而欢乐歌舞是非常重要且平常的事情。其不仅可以起到训练战斗技能的作用，同时也可以从中达到使人们在娱乐中放松身心的目的。所以，在这些战争舞蹈中，我们看到了史前人类积蓄的体育文化因子——健身、身体活动技能和身体娱乐。

(六) 原始体育文化的基本特征

原始体育文化的基本特征，主要有以下几个方面。

1. 原始性特征

之所以称为"原始社会"，就在于无论是从物质和观念，还是从人的体质和技能都处在一种古老和落后的位置上。当然，这是与现代社会和现代人作为比较对象得出的结论。这些原始和古老就使得原始体育文化在内容和形式上只能是原始社会落后的生产力和生产关系的反映，而这也是与其自身条件相适应的。

原始体育运动中使用的运动器械从最初的石制工具到后来的复合工具，从石球到矛，尽管它在逐渐变革和优化，但仍旧与今天的高科技体育器材的品质和质量相比相差巨大。类似的事例还有如原始体育的山洞传习到进行集体活动的公共广场和大房子无法与当今容纳几万人的体育场馆媲美；原始体育落后的投掷、跳跃、奔跑姿势和技巧与今天的运动员和初学者相比也尽显其简单;原始的氏族公社与今天体系完备的体育组织也无法媲美;原始人在祭祀仪式中和劳动之余进行身体锻炼和娱乐活动的目的比起今天担负人类体能极限重任的运动员和追求身心并完的普通体育参与者来说是何其的落后。一句话,原始体育文化的第一性状就是它的原始性。

2. 平等性特征

虽然原始社会的各方面发展都处在初级和落后的阶段,但是经过研究可以发展,其中有一点是非常值得肯定的,那就是在原始社会阶段中人与人之间的平等性关系。

从原始社会以后,人类社会的发展一直不能摆脱阶级性的束缚。在阶级性存在的环境下,没有绝对的平等可言,甚至在非常注重公平、公正、公开的体育运动中也不能完全摆脱。人们在参与体育的物质条件、参与体育的权利、参与体育的地位等方面的阶级差异使得体育文化的发展也千差万别。原始体育文化则不是如此,他们没有地位高低之别,在体育的内容和形式上享有平等的条件和权利。除了性别、年龄和分工的差异以外,原始体育文化体现的是一种歌舞升平的祥和气氛。当然,这种平等是建立在落后的生产关系基础之上。我们同样不能对这种原始的平等大加赞赏而去批驳文明社会的体育文化。

3. 模糊性特征

原始文化的一体化已经被几乎所有的学者认同。在混沌初开的自然界和先民的物质、精神世界中,为了生存的原始人类从事的各项活动都体现了一种原始人的生命意识。如果要说大量的原始活动有同一目的的话,那无疑是统摄一切的生存。除此之外,再也难以在纷繁的原始活动中找到一种纯粹的活动,难以找到一种单一目的的活动。正因为如此,今天的研究者们往往在同一个活动中找寻到自己研究对象的源头。一次祭祀仪式,既是对祖先的崇拜和与神灵的沟通,又是一次自我放松和娱乐,还是一次身体锻炼形式;一个洞穴里的动物图像,既是教育狩猎的写照,又是图腾的象征,还是艺术追求的印迹。体育文化就在这混沌的原始文化中生存着。

4. 渐进性特征

史前人类的进化历程长达几百万年,从类人猿到早期、中期、晚期智人,从未开化的人到完全形成的人,体育文化伴随着他们走过了漫长的发展道路。一方面,体育文化的物质基础随着原始生产力的进步而改善;另一方面,原始人意识的发展为体育文化观念的演化提供了精神基础。人类每前进一步,都不难看到体育文化的进步。从直立行走,从火的使用,从工具的进步,从居住设施的改善,从祭祀形式的改善……体育文化在原始文化的不断创造历程中也完善和发展起来。这种进步的渐进性是原始文化演进历程的一个缩影。

第三节 现代体育文化的发展状况

一、体育文化发展的概况

关于体育文化发展的基本状况,可以从以下几个方面得到体现。

(一)体育文化的发展过程是长期、艰苦的

社会发展在很大程度上决定着体育文化的发展情况。具体来说,没有一定的社会发展、一定的生产方式,就不会产生与此相适应的体育文化。社会发展本身就是一个长期、艰苦的历史过程,因此,体育文化循着这一历史过程不断产生复杂的演变并不是一种偶然,而是存在着必然性的。从原始体育文化逐渐发展为奴隶社会体育文化,再进一步向封建体育文化、资本主义体育文化的发展,不管哪一个方面,都必须经历漫长而痛苦的过程,才能够取得一定的发展成果。

体育文化的发展需要有一定的文化资料的积累作为基础。通常来说,积累越多,基础越雄厚,体育文化的发展也就越快。有鉴于此,体育文化呈现一种繁荣发展和加速发展的趋势。人类越来越深刻地认识到体育文化的各种功能,共同去推动体育文化的发展,这就是导致其繁荣发展的根本性原因;而体育文化积累的增加、交融的加快,则是其加速发展的根本原因所在。在原始体育文化时期,发展速度往往以几十万年为计时单位;而近现代社会体育文化的发展速度大大加快,在几十年甚至十几年中,就会有一些重大的变化发生。通过对体育文化在发展中的这一趋势的认识,不仅能够清醒地意识到发展当代体育文化的长期性,也能对它的紧迫性有充分的把握。

(二)体育文化传播为体育文化发展提供动力

文化传播不仅是人在社会活动中对文化的分配和享受,同时,其也是人与人之间的文化互动现象。体育文化遵循文化传播规律,与此同时,也将其自身的特点充分体现了出来,可以说,体育文化传播是人类各民族文化交流的重要内容。体育文化正是在这种传播交流中才得到一定的发展,并且逐渐趋于繁荣的。

这里要强调的是,体育文化的交流和传播并不是单向的,而是双向的。但是同时应该注意的是,高势位的文化往往会更容易流向低势位的文化。在体育文化的传播中,本位文化对外来文化的消化和吸收能力是非常重要的因素之一。如果一个民族的体育文化有着较强的消化吸收能力,那么就可以说其也具有较强的对外来文化接收的能力。

(三)体育文化以体育教育的方式进行传递

这里所说的体育教育主要包括两大类:一类是学校体育教育,另一类是终身体育教育。继承和延续是教育对体育文化传播的重要表现形式。必须将体育文化纳入教育之中,这是教育的需要,同时也是体育文化的需要,从本质上来说,这是人的需要。

(四)不同民族的体育文化在发展过程中形成的文化模式是不同的

体育文化模式是在一定的文化生态环境中长期形成的。西方体育文化与东方体育文化这两种模式是不同的。在西方体育文化中,欧洲大陆体育与美国体育这两者模式有一定的相似之处,同时也有一定的不同之处。同是欧洲大陆体育文化,斯堪的纳维亚的冰雪体育文化和希腊半岛的海洋体育文化也有着较大的差别。

不可否认的是,体育文化模式也并非一成不变,随着历史的发展、科学的进步及外来体育文化的影响,其也是在不断发展、变化着的。其中,比较具有代表性的是长期以民族传统导引养生、武术技击为主的中国体育文化模式,在近现代欧洲竞技体育影响下,有了更大程度的发展。

二、现代体育文化的发展历程

现代体育文化的发展历程,可以从以下两个方面着手来进行分析。

(一)从体育的演进历程看体育文化因素的凝聚

1.人类发展的逻辑为体育创造了良好的条件

文化的产生与人类的产生相伴随。文化的产生意义深远,它意味着人的结构因素的齐全和完备,标志着人的完全形成。由于体育文化以人为核心,将起点、实现方式和具体目标都指向人自身,因此它与人具有天然的联系。揭示体育文化起源的线索首先可以而且应该从人的起源中去找。人类在自己的物质实践和精神实践中，在自身繁衍与人类文化的传承、演化中，逐步孕育了体育文化的因子。

体育文化根据体育运动形式的变化而变化，最初的体育形式以徒手表现技艺为主，后来逐渐发展为使用各种体育器械，甚至是人与动物协作完成体育目标的形式，这对于人类本身及其文化的发展具有无与伦比的意义。

人类历史上不同时代出现的体育文化形式，都是在这样的演进过程中以提升人的驾驭外在工具的能力为目标的。体育文化在这里其实具有了人类综合能力提高的象征，它在人类生存和发展的强大需求下获得了发展和进步的动力与源泉。

动物在捕食行为中表现出来的技能非常娴熟和富有技巧，但这种技能的展示通常要在一定的需求和背景下进行，它属于具象思维支配下的现时动作，不管它有多么的复杂和高明，一旦脱离了捕猎时的现实场景，这种动作和生存技能就不会再现。动物的本能不能脱离现实场景去构建运动模式和运动理论，形成一般人认同的动作表现形式。而人与之不同的是，他使运动超越其本身属性而存在，并且为了自身需求的需要建立了丰富的运动模式和运动理论，这种运动形式可以脱离现实场景进行传承和教育活动。事实上，这就是虽然人在速度、力量、耐力等绝对水平上不如很多动物，但人类却能够成为最具有运动能力的世间主宰的内在逻辑。

然而值得注意的是，当代竞技体育的发展逐渐呈现出一种"反文明"进化规律，即越早步入文明时代的国家和地区接受的文化改造越多，其竞技能力越低，而越晚受文明洗礼的国家竞技能力越高。黑人本来是人类起源的远祖，但没有成为最终创造人类文明的主人，因此黑人的原始本能得以保留和继承，而亚洲创造了世界上最早最完备的文明，但在最基础的竞技能力上却大多落后于黑人。也许这就是人类文明进化与体育演进关系的一个变奏曲，它提醒我们注意两者之间的复杂关系。

综合人类的发展历程，可以看出，从人科生物进化为原始体育文化起源奠定生物学前提到原始人群和血缘家族的集体传习活动为原始体育文化起源奠定了社会学前提；从天然工具的使用到人工工具的制造和使用创造了原始体育文化起源的物质前提到原始崇拜的发生与巫术祭祀的出现孕育了原始体育文化起源的精神前提。体育文化与人类进化息息相关。

在下列的逻辑序列里，可以看到体育文化发展的历史足迹。

（1）在人类不断进化的思维观念上，是在历史上的体育活动中，人类近乎自然地意识到自觉意识的进化促生了体育文化。

第二章 体育文化体系的现代化发展解析

(2)在体育形态的物质基础的逐步丰富方面,是部分工具从其多功能的形式,向体育方式的单一器械功能转化及专门体育设施的出现。

(3)在体育的活动内容和形式上,是由初期的形式单一的活动内容,向后来成熟的具有多种形式和丰富内容的体育文化体系的方向发展。

(4)在体育形态的完善程度上,是由初期的与其他文化形态的混合发展,向后来日渐具有独立性因素的文化类型演进。

2.体育的人类社会演进发展的重要参与因子

在自然经济时代,人群内部人与人之间及人群与外部自然环境之间的关系相对稳定,生产能力的增强使人类生活的质量和数量都有了改进,闲暇时间也随之增多,技术的进步和国家的产生造成了专门从事艺术和军事的职业人士。相对自立的家庭、家族、村落、庄园等也造成了自然经济社会中人们在空间结构上的封闭性和时间结构上的简单重复性,由此形成了传统体育生活方式中体育活动的地域性和民俗性,体育组织结构和运行中的宗法性、血缘性以及对军事和宗教等的依附性。工业社会骤然加快了社会生活变革的进程,完全改变了体育生活的面貌。大范围的频繁交往,高度普遍化和个性化、文化教育高度发达和普及的社会生活。

近代科学的进步使得人的身体、人的生活、人的运动成为科学研究的对象,为体育文化的发展奠定了坚实的理论基础。国家生活的主体由少数贵族转变为大多数民众,使得现代体育的生存和发展拥有了更加完备的基础。体育不仅限于贵族圈子和民俗的一部分,而是逐步走向世界。

时至今日,在体育文化中已经极少能够感受到原始性的内容了,取而代之的则是非常现实的现代性元素;原始的平等在现代体育文化中仍旧存在,但从平等性的"质量"上来看,确实也不能真正回到原始体育文化的程度,但新式的民主和平等观念却已经深入人心;原始的经验性和模糊性虽然还有遗存,但科学和理性的光芒已经照临这片体育文化的大地;原始社会体育文化的渐进性虽然时有所现,但曲折中的前进正在成为体育文化向前发展的逻辑理念。

从民间游戏和竞技的整理与改造阶段到业余和职业体育俱乐部的产生;从国家单项体育协会和国家联合会的出现到国际单项体育组织与国际综合性体育组织的建立,现代体育伴随着现代社会走过了一段不平凡的里程。在这个过程中,工业革命为体育传播提供了强大的能量,世界各国的经济发展推动了体育传播的广泛和深入,政治和经济需要成为现代体育传播的推动器,日新月异的传播媒介的发展加速了体育传播的速度。

特别值得注意的是,在人类科技和文明高速发展的今天,机器人的出现和生物工程人的孕育正在改变体育文化的面貌,电子游戏和电子竞技的兴起赋予人类体育文化新的挑战,以精细的运动感觉甚至手脑协调能力为基本要求的体育项目正在成为新宠,以生物工程锻造参加体育竞技的特殊人也不再在观念上和现实中遥不可及。在文化学研究有关超人类主义和后人类主义的主题讨论中,机器人健将和生物工程运动员正在受到越来越多的关注。

体育文化就是这样经由社会的推动进入了现代文明的行列中,并且成为一支独具魅力的文化生力军。

(二)从体育的逻辑演变看体育文化特质的整合

要对体育文化特质的整合加以了解和认识,需要从体育的逻辑演变上着手进行,具体表现在以下两个方面。

1. 现代人对体育运动的认识与掌控方法的发展

在当今人类的社会文化宝库中,科学、哲学、艺术以其独特的地位和价值逐步成为人们知识结构中不可缺少的组成部分,不少学者甚至把它们提升到人类把握世界的方式层面上。体育文化作为人类健全文化的典型代表,同样不能没有这些文化成果的熏染与把握方式的锻造。

当历史的时钟走到近代之后,从自然科学的角度上看,体育在自然科学的层面上被表述为大肌肉的运动,从人体生理学到运动生理学,从生物力学到运动生物力学,人类对体育的认识一直停留在"科学"的层面上,生物学、物理学等西方现代自然科学是其基础。随着社会文化的发展,体育逐渐吸取了教育学、哲学、社会学、人类学、美学、心理学等方面的成果,其社会科学的某些性质被人们所认识,人类教育手段和社会现象成为对体育的表述。不过,直到第二次世界大战,体育的教育性和社会性才逐渐摆脱肌体运动的原始体育认识的束缚。第二次世界大战以后,体育的文化特性开始在社会文化的实践和理论背景下得到认识,越来越多的研究者把体育表述为社会文化活动,体育的人文意蕴初见端倪。特别是近几十年来,体育与艺术的交融互渗为人类从更高的"艺术"层面思考体育的特质提供了条件,使体育的人文形象逐渐丰满。

体育的人文内涵和文化特性无论在形而上与形而下的层面上都标示了自身与人类精神实质的契合,人们可以在各种不同的层次上对其进行哲学思考。精神实质上的暗合,是因为社会和自然各结构元素之间不是孤立存在的,往往在其发展过程中是有机的整体之一部分,也就是说,这种一致性或同一性集中表现在某种特定过程的集合体中;另外,这种一致性或同一性的认识基础是比较的结果和价值的认同。比较作为价值的体现,它是最普遍的社会人的行为——心理基础。体育,正是在比较与过程这种最一般的意义上体现出其哲学本质和文化内涵。这种比较与过程,是以竞争为外在形式的,而竞争是以人的受规则限制的活动为其本质的,人的本质力量竞争中的再现是主体人的体育意识。如果我们仅仅将眼光停留在体育运动的表面,我们就无法从精神实质的视角来窥测它的文化含义,自然更无法在实际工作中树立体育的人文观念。

通过对人类体育认识史和人类体育文化的发展逻辑的简单回顾,不难看出,体育在自己的发展过程中不断获得来自其他人类文化成果的抚育与熏陶。对于体育的技术和生物运动特色、教育和社会特性的认识已经基本完成,当前,体育正处于文化向艺术过渡的阶段。也就是说,体育的生物物理观、教育社会观正在向文化艺术观过渡。这是体育本身合规律性发展和人类体育认识合目的性发展的结果。

2.现代人对体育运动的组织与管理方法的发展

在这样一个关键的高度知识化的转型期,迫切需要从事体育工作的人们增加人文知识储备、改善知识体系结构、更新思维方式、转变体育观念。无论是体育院校师生和体育部门工作人员,还是体育新闻工作者和一般的体育爱好者,都需要在社会文化转型的关键,时刻接受对体育的人文锻造,否则,便会丧失对转型时期体育特质的把握机会。这不应该是简单地引入体育人文知识,增加体育人文社会科学知识的含量,更重要的是培养人们以文化观体育的思想意识和习惯,进而转变思维、把握操作体育的视角。

当前在世界范围内,具有独立的政府体育行政管理部门的国家和地区大约有70个,主要由民间社团管理体育的国家和地区约40个,而政府和社团共同管理体育的国家和地区也超过40个。这种对于体育的组织和管理模式的形成即是各国和地区对于体育认识差异导致的,也是不同历史背景和时代环境中体育制度适应性改造的结果。

在这样的背景下,体育应该做出毫不犹豫的人文选择,以一缕清新的人文之风抚慰人们在传统的体育认识领域里已显疲惫的心灵。因为,无论从体育自身发展的逻辑和人类认识体育的逻辑出发,我们都没有理由仅仅把体育看作一种生物活动、物理运动、教育行为、社会活动。因为体育已经实实在在地进入了人类文化活动和文化审视视野中。不同国家和地区体育的组织和管理活动只要把握这个关键的观念转型,才能在自身的制度模式中理性地把握体育事业的基本规律和管理方式。

第四节 现代体育文化模式的构建及发展

一、体育文化模式的概念

(一)文化模式

体育文化模式,是文化模式的一个具体形式,因此,要想弄清楚体育文化模式的概念,首先要对文化模式有一定的认识和了解。

文化模式的概念是由美国人博厄斯提出来的,他对文化模式的定义可以从三个方面进行理解:第一,是组成一个特定文化的文化丛和文化体制;第二,是一种文化的总方向和本质;第三,是一种出现极端化的独特的文化体系。由此可以看出,所谓的文化模式,就是特定民族、社会或地区的诸文化特征长期相互联系、适应而形成的协调一致的组合状态和构成方式。

从上述定义中可以看出,文化模式并不是孤立的,它同世界各个事物之间都存在着一定的联系。其中,与文化模式相关的概念主要有文化特质、文化丛等。具体来说,文化特质也称为"文化要素"、文化单元,是最小的、可以识别或界定的有意义的文化分析单位,必须与其他特质相连接而存在。文化丛也被称为文化结丛、文化丛结或文化特质丛,是指一个文化区内功能上相互联系在一起的一些文化特质。

(二)体育文化模式

作为文化的重要组成部分,体育文化属于文化的范畴。由此可以看出,体育文化也存在着一定的模式。关于体育文化模式的概念,通常可以将其理解为人类各国家、民族、地域的体育文化特征相互作用而形成的相对稳定的组合状态和构成方式,就是所谓的体育文化模式。从文化特质方面来看,体育文化有着自己的特质,如在足球运动中,足球、狂热的球迷、绿色的大球场、足球俱乐部等各种体育文化特质,共同组成了足球文化。而从文化丛方面看,体育文化有着自己的文化丛,例如奥运会决赛结束以后,要升起前三名运动员所在国家的国旗,奏响冠军获得者所在国家的国歌。由此可以看出,训练、比赛、争冠、奏国歌、受到奖励这些因素就构成了一个优秀运动员的一个重要的文化丛。

根据不同的标准,可以对体育文化模式进行不同的划分。以体育文化模式的共性与个性为主要依据,可以将体育文化模式分为两大类:一类是人类体育文化共有的特色,具体来说,就是人类在其体育活动中所创造的各民族大体一致的文化构成方式,即普遍的体育文化模式;另一类是一个民族、国家乃至一个地区的体育文化构成方式和特征的特殊的体育文化模式。以其结构为主要依据,可以将体育文化模式分为两大类:一类是简单体育文化模式,另一类是复杂体育文化模式。以其整体性为主要依据,可以将其分为全体育文化模式和基本体育文化模式两大类。而如果以区域为主要依据,则可以将其分为西方体育文化模式和东方体育文化模式两大类。

总的来说,体育文化模式是历史的产物,是人类在长期的发展过程中形成的。对体育文化模式的发展状况进行研究,不仅对于了解人类体育文化的历史个性和特殊的价值取向较为有利,对于体育文化的未来发展也具有非常重要的意义和作用。

二、构建体育文化模式的基本原则

对体育文化模式构建的研究,切忌盲目探索,应该在遵循相应原则的基础上进行科学的探索。具体来说,构建体育文化模式需要遵循的基本原则主要有以下几个方面。

(一)处理好体育文化社会需要与主体需要之间的关系

体育文化社会需要与主体需要之间有相同的地方,同时也存在着一些不同的地方。具体来说,二者之间的差异主要表现在以下几个方面。

1. 出发点的差异性

社会需要的出发点是国家与民族发展,而主体需要的出发点则主要是自身意识诉求。

2. 形成机制的差异性

社会需要的形成机制主要是在整体上把社会成员作为对象,在掌握相对完全的总体客观信息之后,遵循一定的社会价值取向总结出整体的共性;而主体需要的形成机制则是把自身作为对象,在掌握一定社会信息之后,遵循个人的价值取向,在个人非理性因素的影响下形成的。

3. 表现形式的差异性

社会需要在宏观层面得到体现,具有很高的总结性与概括性特点;而主体需要则主要在微观方面得到体现,具有一定的具体性与细节性特点。

4.类别属性的差异性

社会需要是自觉性的需要,而个体需要是自发性的需要。由此可以看出,二者之间在其类别属性上有着根本的区别。

在长久的发展过程中,体育作为一种文化现象,将适应和满足社会需要作为其根本的意义,而很少涉及文化主体的需要,这就导致体育文化在一定程度上沦为国家的一种"工具",因此,正确处理好体育文化主体需要与社会需要之间的关系,从体育文化的理念、制度与行为、物质三个层次出发,使其成为一个有机的文化系统,并且要实现体育文化社会需要与主体需要的有机结合,才能够将现代体育文化模式构建起来,从而达到在信息化快速发展的现代社会中,促进体育文化的进一步发展的目的。

(二)处理好体育文化发展中主观能动性与外部性干预之间的关系

体育文化在发展的过程中会遇到的因素是多种多样的,在发展体育文化时要能对体育文化发展中主观能动性与外部性干预之间的关系进行正确的处理。具体来说,就是要将体育文化由谁来建设,谁建设的效率更高、成本更低等诸如此类的问题明确下来。

体育文化的建设与发展,不仅与自身的主观能动性的参与有着不可分割的联系,同时也少不了外部因素的推动。这两方面的因素都对体育文化的进一步发展起到积极的促进作用。在过去计划经济的时代,国家对体育的控制在一定程度上限制了体育文化的发展,这种外部干预使得当时的体育文化发展呈现出较多的国家性,社会性较少。改革开放以后,随着经济改革的深入,我国社会各个层面的改革都取得了骄人的成绩,在这样的背景下,体育文化也取得了进一步的发展成就。在新的世纪中,各种文化之间的碰撞越来越多,面对扑面而来的全球化趋势,面对多元化文化的局面,只有不断发展、不断前进,中华民族才能够以一定的自身文化的特色与传统屹立于世界民族之林,除此之外,还要具备的一个必要条件,就是要具备开放的心态和勇于接纳的胸怀。对于体育文化来说也是如此,在与其他体育文化的碰撞中进行吸收与融合,才能真正形成具有竞争力,却又不失自己特色、与时俱进的体育文化。但是,需要强调的是,只有通过体育文化主体不断的整合、选择与建构过程,才能够保证这一过程的实现,完全靠外部性的干预是不可能实现的。在实际工作中,应该使利用干预手段的情况得到有效避免,所以作为政府主管部门,应当将自己的角色明确下来,切忌大权独揽。应以相应的法律法规,以及现代市场经济社会对政府职能的要求为主要依据,履行自己的职责,维持市场对体育文化的导向作用,充分信任文化主体的自身对文化发展所具有的整合、选择与建构能力。因此,只有将主观能动性和外部性干预之间的关系处理好,才能够对体育文化的更快更好发展起到积极的促进作用。

(三)对排除主导型的制约因素进行正确对待

在体育文化发展的过程中,主导型的制约因素主要有三个方面,即中西方体育文化的差异、社会局势和民族心理结构。当前,从总体上来看,中西方体育文化的差异随着现代社会的发展,以及经济全球化的热潮正呈现出逐步减小的趋势。各国在体育文化的交流与传播方面都有了进一步的加强,其迅速发展受到多种因素的影响和推动,其中,最主要的有中国社会开放化程度的提高、全球化趋势的加强、信息技术的发展等客观条件的变化。新中国成立以后,尤其是在将社会主义市场经济体制确定下来之后,中国社会的发展已经进入了一个相对稳定的阶段,而这种局面会在今后持续较长的一段时间。由此可见,在主导型的制约因素中,中西方体育文化的差异与社会局势两个因素所起到的制约作用并没有占据很重要的地位,中国的民族心理结构,也就是中华民族的文化传统与信仰体系则是占据主导地位的重要因素。

文化传统与信仰体系包括的内容主要有四个方面。第一,是作为价值主体的人对自身存在意义的信念,这就是所谓的人生价值取向;第二,是在对各种事物和现象的价值评判中,以什么作为评判的最基本的标准,这就是所谓的价值本位类型;第三,是人与社会相联系、人与人相联系应遵从的一般规范的信念,这就是所谓的社会交往模式;第四,是价值主体在进行价值选择、价值判定等活动时,所运用或所倚仗的某种特定的思维方式,也就是所谓的价值思维方式。

中华民族传统文化有着悠久的发展历史,博大精深,从中华民族的文化传统与信仰体系来看,有两方面的内容对体育文化的发展产生一定的影响。一方面,传统文化中的封建伦理纲常、"中庸"等观念根深蒂固,这些观念对封建礼教纲常的至上性较为重视,甚至在一定程度上将体育的竞技性特点削弱了,从而对体育文化的发展产生一定的制约作用。另一方面,具有表面的革命性和内在的破坏性的"极左"思想会将体育文化"定性",对其个性的发展产生一定的阻碍作用,致使弄虚作假、浮夸成风、作弊泛滥,从而对体育文化的健康发展产生一定的影响。

由此可以看出,传统文化中并非全都是向上的、精华的东西,其中也有些内容早已不适用于体育文化在当今社会发展所需要的理念。所以在构建和发展体育文化发展的模式时,要对传统文化中的糟粕坚决抵制,警惕左倾思想的影响,取其精华,从而对中国体育文化的不断向前发展起到积极的促进作用。

第五节 体育文化的现代化

一、文化现代化

要对文化现代化加以剖析,与以下三个方面的内容是分不开的。

(一)现代化与文化

现代化是一个综合发展的过程,是一个动态过程,具有鲜明的民族性。现代化本质上是一种文化生长,现代化是人类文明的历史逻辑的产物,是社会全面文化的价值转换。20世纪人类文化发展的突出特征表现为:检讨反思理性、人与自然的协调统一、注重精神文化价值、全球意识的培养。

必须明确现代观念与市场经济的关系。市场经济将人从一切非经济的依附关系中解放出来,还人以独立自主的现实性存在;市场经济在开辟了"世界市场"的同时,也使"世界历史"真正成为现实,并使社会经济文化的普遍性交往成为一种必然趋势;市场经济在刺激技术不断进步的同时,也为人的全面发展创造了条件。

这就是现代化与文化的辩证关系。

(二)人的现代化

人的现代化是现代化的核心。人的现代化包括身体素质和文化素质的现代化。要塑造现代人,应该在传统向现代化转变的过程中,通过现代化运动本身塑造与现代化相适应的现代人,使他们在思维方式、心理结构、价值取向、情感方式、行为方式等方面发生质的变化。现代人的思维方式越来越呈现出开放性、系统性和科学性的特点,趋向于多元化选择;在心理结构上,现代人乐于接受新事物,勇于改革创新,积极进取,更重视现在和将来,爱好冒险;现代人在价值取向上要求个性化与理性化、个人实利与利他主义的统一;现代人在行为方式上注重计划性、易于流动、具有战略眼光,不拘泥于烦琐的礼节规矩。

只有顺应和满足人的需要、提升和改造人的素质才能实现人的现代化。

第二章 体育文化体系的现代化发展解析

(三)人的文化素质与社会客体现代化之间的相互作用

现代社会环境对社会主体——人的现代化科学文化素质的形成,主要通过以下途径来实现:现代教育、现代社会环境(工厂、商店、机关等)、现代大众传媒、现代家庭教育、城市社区、社会意识等。

必须认识到这种互动作用才能真正明确文化现代化的机制。

二、体育文化现代化

体育文化的现代化,主要从以下几个方面得到体现。

(一)体育文化现代化来源于自身传统体育文化、外界体育文化、时代体育文化精神

脱离自身传统体育文化会丧失发展的基础,无视外界体育文化会失去比较与进步的动力,不把握时代体育文化精神无法建立自身特色的体育文化体系。这是当前每一种体育文化现代化必然所处的历史方位所决定的。

(二)科学化、社会化、制度化、国际化是体育文化现代化的内涵所在

依据世界各国体育发展的一般规律,可以将体育文化现代化理解为以下几个方面的内容。一是科学化。包括运动手段、方法、规则、理论基础等,力求能为不同国家、民族的人们所理解。二是规范化。包括组织和管理制度、法规体系等,力图形成完善的教育、培训、竞赛保障体系。三是社会化。包括组织形式、范围、价值趋向,力争形成社会办体育的机制,注意体育活动的灵活机动、适应不同条件的群众等。四是国际化。包括举行世界性的赛会(也可作为国际商贸、旅游等的一部分)、相互交流运动员和教练员,在国外设立培训机构等。四者组成一个综合和动态的网络系统。

(三)促进物质文明、精神文明,人的现代化是体育文化现代化的意义所在

体育产业对于国民经济具有显著推动作用,体育教育和宣传中大量优秀的精神文化和道德文化可以激发社会精神文明的进步,体育文化对人的身体和心理素质完善以及社会化都具有无可替代的价值。

第三章 现代体育文化的国际化发展背景分析

当前,体育文化已经有了一定的发展,并且逐渐提高了发展速度,发展的趋势也越来越多元化,其中,国际化发展就是一个非常重要的发展走向。但是,现代体育文化的国际化发展并不是随意就实现的,其是在一定的背景和条件下才能进行的。本章主要对体育文化的交流、传播、冲突和变迁等几个方面加以剖析和研究,由此能够对现代体育文化的国际化发展背景有更加全面且深入的了解和认识也有助于现代体育文化的可持续发展。

第一节 体育文化的交流

一、体育文化交流的意义

在不同体育文化之间的交流过程中,相互之间得到了共同的发展,其中蕴含着巨大的意义。总的来说,体育文化交流的意义主要从以下几个方面得到体现。

(一)对体育文化持续不断的向前发展起到积极的促进作用

各个国家或民族之间的体育文化交流,不仅可以增强民族之间的融合性,同时还能增强国家之间对对方的相互了解,从而增进感情。对于一个国家或民族来说,体育文化的交流与传播,可以使本国家或本民族的体育文化得到持续不断的发展。以中国体育文化的发展为例,在中国的历史上,中国体育文化经历了五次大的融合。春秋战国时期,中原各族与少数民族通婚,习俗文化和体育逐步交融。北方山戎族的秋千被齐国吸收,并很快流传中原各地。赵武灵王"胡服骑射"把西北少数民族流行的骑射带到了中原,中原流行的拔河、竞渡等逐渐被北戎和南夷各民族所接受。到了秦汉时期,汉代"通西域"的民族和睦政策促使中原的体育文化向西北少数民族地区扩

第三章 现代体育文化的国际化发展背景分析

散,各少数民族的体育文化也丰富了中原的"百戏"。魏晋南北朝时期,南迁的汉族贵族与当地少数民族相融,兴起了一次南北向的更大规模的民族文化交融。在这样的背景下,南北之间的武术、棋类和摔跤比赛等相互传播,得到了前所未有的融合发展,对南北之间的体育文化的交融起到了积极作用。隋唐时期,各民族之间相互学习,如唐代马球的发展,就是从吐蕃族的马球运动学习而来的。其他地,如踏球、健舞、杂技和养生导引术等也体现了各民族体育文化的交流。宋元明清时期,少数民族不断走上政治舞台,民族融合更加频繁。元清由蒙满少数民族统治,吸收了几千年的儒教文化传统,促进了汉族与少数民族体育文化的交融。例如满族的冰上足球就是满族冰上活动与中原蹴鞠活动融合的产物。除了内部各民族之间体育文化的交流外,中国的体育文化也与外界进行着交流。例如中日之间,在汉代,中国的刀剑已经传入日本,一些日本使者也带来"短弓矢",双方开始进行武艺方面的交流;隋唐时期,中国的蹴鞠、马球、步打球、投壶传入日本;到了宋代,中国的手球和司马光的《投壶新格》传入日本;明末清初,日本刀剑输入中国。中朝之间,中国和朝鲜在秦汉就开始了体育文化交流,汉文化传入朝鲜,朝鲜的"乐浪檀弓"也传入中国;南北朝时,中国和朝鲜、百济等国进行过围棋比赛;唐朝时,唐玄宗曾经派遣名棋手杨季鹰入朝进行围棋交流。中国还通过"丝绸之路"与阿富汗、伊朗、土耳其、伊拉克、印度等国进行了多层面的体育文化交流。

(二)对体育事业的发展起到积极的促进作用

体育文化从产生之初就有了交流与传播,受政治、经济等各种因素的影响,在不同的时代,体育文化的交流程度有着不同的表现。一般来说,近代以前的体育文化由于地理条件的限制和社会制度等因素的影响,不同体育文化之间的交流较少,近代以后的体育文化受世界市场繁荣的影响,明显地体现出国际化的倾向。任何一个民族和国家都难以游离在世界体育文化的相互交流之外。在与外界体育文化的交流中,本国的体育文化会得到刺激,从而补充新的体育文化。在这个过程中,会促进体育事业的壮大。例如,新中国成立后,中国体育经过与国外体育的交流达到了维护国家主权、扩大国际影响、推动中国体育改革的步伐、促进世界体育发展、增进和平友谊的目的,使得中国体育文化呈现出了勃勃生机。

(三)对各地区体育文化发展的公平性和平等性起到积极的促进作用

由于各个地区的自然地理条件以及社会发展状况存在着较大的差异,这使得体育文化呈现出发展不平衡的状况。而伴随着体育文化的交流与传播,则能够有效带动体育文化落后地区的体育文化发展,这对各个地区体育文化的发展具有极为重要的意义。体育文化交流的调节作用体现在交流的各方吸收对方的精华,吸取对方的经验教训,互相补充。以中国的武术为例,武术文化就是在交流中不断达到平衡的,各民族武术都或多或少地汲取了其他民族武术的某些特点,从而使其呈现出了中华武术的共同特性,形成了重人伦、讲武德、重身心兼修的武技伦理观念,成为独具人体生命科学与养生手段的运动文化体系。再如围棋,南北朝时围棋由中国传入日本,晚唐时,日本的围棋水平已经接近中国,并开始与中国棋手进行比赛。20世纪初,日本又建立起了棋院,进一步普及和推广了围棋,与此同时,韩国的围棋也得到了进一步的发展,如今的中日韩三国频繁的围棋交流对于调节三国围棋的平衡发展起到了突出的作用。

二、体育文化交流的主要方式

体育文化种类繁多,内容丰富,形式多样,其内容形式随着发展也在不断地进行变化。就体育文化发展的现状来看,能够促进体育文化交流传播的形式主要有移民迁徙、贸易往来、传教与殖民、旅游与留学、书刊往来、外交活动、大众传媒等,这些形式往往不是单独存在,而是互相交错在一起。体育文化交流往往是在这些文化交流的形式中进行的。下面就对这几种体育文化的交流方式加以分析和阐述。

(一)移民迁徙

移民迁徙大多是指由于天灾人祸,尤其是战争和瘟疫通常会造成影响极为广泛的大迁徙,这种迁徙在各国史册上都能够见到,所以对促成体育文化交流也最为常见。在中国历史上,曾经多次出现民族大融合,究其原因就是中原和北方少数民族间的移民迁徙造成的,在这种民族融合的过程中,我国体育文化始终处在各民族的相互交流中,体育文化间的不断融合,从而形成了璀璨的中国传统体育文化。

(二)传教与殖民

在体育文化交流与发展的过程中,传教也是一种很好的形式,很多的体育观念都是通过传教士来进行传播的。例如近代欧美国家的发展是以扩张为前提的,在战争入侵以后就对殖民国家进行传教,其中基督教青年会起到了大力推广欧美体育文化的作用。通过殖民行为,宗主国将本国的体育文化带到了殖民国家,促进了宗主国与殖民国家之间的体育文化交流。例如

第三章 现代体育文化的国际化发展背景分析

南美的许多国家深受西班牙、葡萄牙体育文化的影响,中国近代受到了欧美体育文化的影响,非洲和印度、澳大利亚等国则被英国体育文化影响得最深。

(三)外交活动

体育文化也会通过外交活动进行交流,例如中国在1971年开创的与美国之间的"乒乓外交"就是一个通过外交活动促进体育文化相互促进的典范,正是通过乒乓球,不光促进了中美两国之间体育文化的交流,而且加深了两国各层次之间的往来。

(四)贸易往来

在贸易往来中,往往伴随着体育器械的交易,这种交易促进了体育物质文化的交流。例如中国古代与朝鲜、日本的贸易往来就往往会有体育器械的交易,而且商人也在贸易中获得了对交易国生活方式的了解,促进了各自所在地体育文化的发展。

(五)旅游与留学

在不同历史发展时期,各个国家都有着往来和交往,其中最普遍、最常见的形式就是旅游和留学。这种旅游与留学的方式,也可以促进各个国家体育文化的交流。例如马可波罗和利玛窦到中国旅游了解了中国文化,回国后这些文化在欧洲广为传播,其中就包含着对中国体育文化的介绍,起到了促进中西体育文化交流的作用。中国派出去的留学生,也有很多就把所留学的国家的体育文化带回了自己的国家,例如詹天佑等知名学者在赴美国习练棒球后回国促进了中国棒球运动的开展,20世纪初大量中国留学生在日本留学回国后将大量欧化的日本体育引进了中国。

(六)大众传媒

在科学技术快速发展的今天,人们获得信息的手段越来越丰富,大众传媒对体育交流的促进作用也日益凸显。通过大众传媒,各种体育比赛的现场直播、国际性的广播、体育电影和体育电视节目都可以让观众更直观地欣赏到体育比赛,简直是无人不知无人不晓,为体育文化的交流和传播起到了不可忽视的作用。

(七)书刊往来

载有体育内容的书刊往来促进了体育文化中精神文化的交流,例如中国民国初年大量西方体育项目传入中国的过程中,就曾经翻译过不少西方不少的出版著作,其中当然包含西方体育文化内容。20世纪二三十年代中国的体育杂志上刊登过不少西方体育人物和事件,也有阐述西方体育文化精神的内容,因此,书刊往来也成为体育文化交流的一种重要方式。

通过对上述内容的分析可以得知,随着社会的不断发展和进步,体育文化交流的方式也在日益丰富和完善,并且出现了多样化的转变,这使得广大体育文化研究者的研究内容更加丰富,能够从多重角度更加清晰地审视体育文化的交流。

第二节 体育文化的传播

一、传播在体育文化方面产生的影响

传播对于很多事物都有着非常重要的影响,而传播在体育文化方面所产生的影响,主要从三个方面得到体现,即体育文化融合、体育文化增殖以及体育文化分层,具体如下。

(一)体育文化融合

文化融合是指两种或两种以上的文化经过交往接触后,彼此借鉴、吸收、交融而形成的一种新文化的过程。文化融合是文化传播的结果。传播不但是文化融合的前提,也是促进文化融合的重要机制。

一般来说,体育文化传播的途径主要有以下四条。

(1)各民族体育文化自然的传播,主要指民间的交往、生活的联系、人员的流动、生活环境的变化,一般在不知不觉中进行。如中国近代一些西方商人和士兵在中国租界居住地开展的一些体育项目感染了附近的中国人。

(2)通过物品的传播。体育器械、体育书刊、体育音像制品等都可以起到体育文化传播的作用。如不少西方武术爱好者在难以找到真正的中国武术教练时往往借助武术书刊进行练习。

(3)引进新的体育文化,这是受体主动接受或主动引进的外来的文化。日本体育文化就特别注重引进新的体育文化。

(4)强迫性的文化传播形成体育文化融合,这是受体被动接受的结果。文化同化是文化融合的主要表现。文化同化指不同文化经过相互接触交往后融合为同质文化模式的过程。一般是先进同化落后,本土同化外来,多数

第三章 现代体育文化的国际化发展背景分析

人的文化同化少数人的文化,但也有例外。近代西方国家在殖民国家的体育文化传播往往属于这种类型,其影响一直遗存到今天。语言在其中起重要作用。

(二)体育文化增殖

文化增殖是一种文化的放大现象。当一种文化原有的价值或意义在传播过程中产生出新的价值或意义,或者一种文化的传播面增加从而使受体文化相对于传体文化有了某种增殖放大,这就是文化的增殖现象。一方面表现为量的增大,另一方面表现为质的放大。质的放大是指信息在传播中价值或意义的增加或升华。如日语中的汉字和韩国国旗上的太极八卦图案均是中国文化的增殖。

一种文化在传播中能否增殖,不仅取决于传体文化的价值意义、传播方式、频次、途径、范围,而且取决于文化受体的承受力、宽容度、政治环境、文明程度、宗教信仰等状况。中国武术传入日本以后就得到了增殖,不仅形成了统摄民族精神的武士道精神,而且发展出了柔道项目。

任何文化传播都受社会中人们意识、心理和价值观念的影响,因此文化传播的增殖有积极和消极意义。积极意义往往体现在文化更深广的传播,消极体现在增殖的虚假或破坏原文化精髓的现象。如当前中国武术就面临着这样一个悖论:推向世界有助于使更多的人认可和得到收益,但同时往往要以牺牲本身的精髓来达到这一目的。

文化传播的增殖在受体和传体以及传播媒介上都会有所体现。比如,各种体育经纪人和体育广告就在体育文化传播的过程中增殖,这也是当今体育产业发展的文化学依据之一。

(三)体育文化分层

文化固有的圈层性使文化传播也具有圈层性,反过来传播也可以导致文化的分层。如体育记者和体育科研人员、体育管理人员由于本身职业和工作方式的差异,他们所掌握的体育文化信息具有不同的层次性。而体育文化传播又加剧了这种层次性。因为三者获得体育信息的传播媒介不同(除了一些十分公开的大众化的传媒以外),导致体育文化在这三种人的头脑中存在一定的文化层次性。体育记者往往掌握快捷的赛事信息,体育科研人员往往获得学术动态信息,体育管理人员则关注机构改革等方面的信息。

此外,体育文化积累和体育文化变迁也是体育文化传播的结果,但这些现象具有相对后发性和持久性、冲突性特征。

二、体育文化传播的功能

具体来说,体育文化传播的功能主要有以下几个方面。

(一)有助于沟通交流的进行

人类社会存在着各种文化差异,这些都表现在地理环境、文化习俗、行为方式和思维习惯等方面的不同之处上。这些差异使得人与人之间,以及人与社会之间的交流总会出现一定的问题。但是与其他以语言文字为表现形式的文化相比,体育文化具有世界语言的功能,所以在沟通方面具有一定的优越性,因为它以身体最直观的动作形式为基本表现形式,使人们更加容易明白。体育文化的传播能够让许多素不相识的人通过体育认识并且从此深入交往,从而促进人际的沟通和交流,这是社会发展进步的体现。

(二)积极促进体育文化增殖

当一种文化原有的价值或意义在传播过程中产生出新的价值或意义,或者一种文化的传播面增加从而使受体文化相对于传体文化有了某种增殖放大,这就是文化的增殖现象。体育文化传播的增殖不仅体现在受体和传体方面,也体现在传播媒介方面,例如各种体育经纪人和体育广告的产生就是体育文化传播过程中增殖,这也是当今体育产业发展的文化学依据之一。

(三)有效促进体育文明的发展

传播是社会文化得以形成的工具,可以这么说,没有文化传播,也就没有人类文化的进步,甚至没有社会的进步。作为人类文明的重要组成部分,体育文化的传播对人类体育文明的进化起到重要的作用,它往往以加速体育文化进步的方式来体现。例如中国整个近代对欧美各国体育文化的吸收,加速了中国体育的现代化历程,对于中国文明的发展和进步具有极为重要的历史意义。

(四)对社会文化心理有一定的调适作用

同其他文化传播一样,体育文化传播也同样具有促进社会文化心理调适的作用。体育文化传播的调适功能是通过信息反馈来实现的。体育文化往往影响人们的心理倾向和社会价值观念,积极和合理的体育文化及其有效传播可以改变人的社会文化心理。例如,第29届奥运会在我国北京的举

第三章 现代体育文化的国际化发展背景分析

办,由此而形成的体育文化传播就极大地振奋了民族精神,极大地促进了整个社会文化心理的调适,对我国社会主义现代化的进一步发展具有重要的意义。

(五)对体育文化融合与发展有利

在体育文化传播过程中,体育文化融合是其中最理想的一种结果。例如我国各个民族之间的民族体育文化融合、中西方体育文化的融合等,都是通过体育文化传播来实现的,而且最后会变得更加丰富多彩。

(六)对体育社会化发展起到积极的促进作用

回顾整个人类的发展史和体育文化的前进历程可以发现,体育文化传播对于人的社会化具有重要的作用。体育文化中公平竞争、团结拼搏、顽强进取、自我超越、遵守规则、自强不息等一大批积极的精神同样可以适用到生活中来。通过体育文化传播可以学习体育运动的行为规范和价值观念,并且以此关照现实生活中的言行和思想,促进人和群体的社会化,而个体和群体的社会化最终又会促进整个社会文化的不断传播,使社会健康有序地发展。例如,通过观看令人热血沸腾的足球比赛可以欣赏到足球比赛中运动员顽强拼搏的精神,这些精神能极大地激发人的能量,使人们受到鼓舞,促使其以更大的热情投身到工作之中,这就是以体育文化传播促进体育社会化的具体例证。

当然也要指出还有重要的一点是,体育文化传播在促进体育文化发展的同时,所带来的影响绝非完全正面,也带来了一些负面的不良影响,可能会产生对原有体育文化的摧残和破坏,使得原有体育文化不再完整,发展也停滞不前。对于这一点,体育文化研究者和工作者要引起高度重视,不光要实现在继承中发展和创新,而对于外来体育文化要理智清晰地对待,既不能全盘否定,也不能全盘接受,要去其糟粕,取其精华,这样才能在保护我国传统体育文化精髓的同时更好地促进我国传统体育文化的发展。

三、体育文化传播的模式

文化传播最基本的模式是传播者与接受者相互依存的模式和一条链式地前后运动的模式,包括链式、波式、根式三种传播模式。根据这三种传播模式的形态,可以将体育文化的传播方式分为线性传播、毗邻传播、集团式传播。实际上,在现实生活中,这三种传播模式是密切联系在一起的,很少能够有单一模式的传播,相互渗透、相互融合。所以为了便于理解,我们将体育文化传播的模式分为直接传播、间接传播和刺激传播三种。下面就对这三种体育文化的传播模式加以分析和阐述。

(一)直接传播

不通过任何中间形式而进行的传播,就是所谓的直接转变,这是最简单和最基本的体育文化传播模式。直接传播主要包括单项传播和波式传播。单项传播如同体育比赛的接力一样,而波式传播如掷入水中的石头激起的波纹扩散一样。这两种传播的效果都是一样的。例如,中国精武体操会访问东南亚以及欧洲并在当地引起巨大反响,这种传播不仅是一种单项传播,同时也蕴含着波式传播。

(二)间接传播

通过媒介进行的传播,就是所谓的间接传播。除了电视、网络、报纸杂志外,贸易、外交活动、留学等也是重要的传播媒介。通过这些媒介,体育文化也可以得到传播。

(三)刺激传播

某一社会掌握了某项体育能力后刺激了另一社会,使之相应地发明或发展了类似的体育文化要素,或者是外来体育文化的先例所促发的新的体育文化因素的成长,这就是所谓的刺激传播。例如,近代西方拳击的引入,刺激了中国武术向规则完备的体育竞赛过渡,日本柔道和韩国的跆拳道相继成为奥运会比赛项目后,又极大地刺激了中国传统武术的发展,不甘示弱的中国武术正向着进入奥运大家庭而努力。

第三节 体育文化的冲突

不同的体育文化在交流的过程中,受各种因素的影响难免会产生一定的冲突,这是无可避免的正常现象。而体育文化正是在这种冲突中得到不断的发展。

一、文化冲突的内涵解析

对立的、互不相容的力量或性质之间的互相干扰,就是所谓的冲突。在人类历史长期的发展过程中,形成了不同的文化,不同文化受环境、风俗等方面的影响,在交流的过程中会出现各种各样的冲突。

由此可以得知,文化冲突是指两个不同民族文化之间所发生的差异、冲击、矛盾、斗争,是文化传播中斗争性的表现,是整个社会文化观念作用的结果。作为文化的重要组成部分,体育文化在交流的过程中也会出现文化冲突的现象。

二、体育文化冲突的类型

体育文化在交流的过程中会将体育文化冲突的多种性质反映出来。通常,可以将体育文化冲突的类型大致分为以下几种。

(一)区域性文化冲突

不同区域一定会孕育出差别巨大的体育文化,其性质往往也会有很大程度上的不同。当外来区域的体育文化传入时,区域体育文化往往由于其自身的封闭体系而产生排外性。其中有些原因是地理条件带来的,而更多的是心理潜意识的自我保护和价值观念的引导。比如在中国南方地区开展冰雪运动项目就有相当程度的难度,因为气候条件上的差距巨大。再比如在近代中国,面对西方足球运动的传入,中国人由于华夏文明的优越感对于这项"野蛮运动"是持排斥心理的,而且不仅仅是足球,在那时很多文化现象都会受到不同程度的排斥和阻挠。

(二)阶级性文化冲突

在阶级社会中,一切文化都是有阶级性的,为各自阶级服务,代表各自阶级的利益,尤其是上层统治阶级。体育文化作为文化的重要组成部分当然也不能例外。统治阶级总会利用政策获取其在体育文化方面的某些特权。比如在英国,早期的英国资产阶级热衷于赛马、狩猎、拳击等带有赌博色彩的体育活动,而且对这些项目加以垄断,利用手中的权力颁布狩猎法,限制平民狩猎,而工人阶级则只能参加街头足球这样的"野蛮"的穷人运动。从这里我们可以看出,体育文化有着十分鲜明的阶级性。

(三)民族性文化冲突

不同的民族往往具有各自鲜明独特的民族精神、精神气质和思维方式。在各民族文化交流的过程中也会不可避免地发生冲突。而体育文化作为一种特点更加鲜明的文化类型,必然会有着深深的民族烙印。当不同民族之间进行体育文化交流时,冲突就会相应产生。例如我国几乎每个少数民族都有自己独特的体育文化,如果一种新的体育文化要传入这一民族时,必然会与原有的体育文化产生一定程度的,甚至是激烈的冲突。而体育文化正是在这种交流、冲突中不断向前发展的。

(四)集团性文化冲突

人类文化最早就是从族群、部落这类集团性人群中发展起来并逐渐扩散开来,因此必然会呈现出集团性的特征,体育文化概莫能外。而这往往也会导致不同集团之间的体育文化产生冲突。比如历史上统治阶级的体育文化往往存在勇武刚健型和消遣享乐型两种不同类型的冲突,明太祖朱元璋就曾经下令禁止士兵和大臣下棋和游戏,而在民间对此的限制甚少。这使得某些运动文化在民间反而得到了较好的发展。这就是集团性文化冲突最为典型的表现之一。

(五)时代性文化冲突

处于时代前列的体育文化向落后地区传播时经常会产生冲突。近代资本主义国家向落后国家推行西方体育时往往遇到封建意识的排挤,中国近代学习西方体育时产生的"土洋体育之争"就是时代性冲突的典型。

不同的时代也会孕育自己所特定的文化,文化具有鲜明的时代性特点。在文化发展过程中,旧文化中传承出的新文化,使文化有着明显的先进与后进之别。在旧文化与新文化的交流中会发生一定的碰撞和冲突,对体育文化而言也是如此。

需要强调的是,造成体育文化冲突的原因可能是一方面的,也可能是多方面的,究其原因,主要是由于体育文化是人类共同创造的,是属于全人类的宝贵财富。虽然不同文化会有冲突,但体育文化实际上没有国界,其传播交流是历史发展的必然结果。体育文化的交流与传播有以下两种形式:异国同级体育文化的交流与传播,异国异级体育文化的交流与传播。通常情况下,异国同级体育文化的交流与传播不会产生较大的冲突,这是因为相互的各层次水平与表现形式没有特别大的区别,对各自原有体育文化的整体不会有大规模的冲击。异国异级体育文化的交流与传播则不会那么顺利了,由于各种不同的体育文化的各层次有着各自的发展程度,高级体育文化会冲击低级体育文化,发生激烈而全面的冲突,而且冲突的类型往往不只夹杂着一种。这种情况下后进体育文化必须做出全方位的调整才能适应先进体育文化,自身也才能更好地发展下去。最为典型的例子便是中国近代体育文化就经历了这样的一个过程。

三、体育文化的分化与适应

(一)体育文化的分化

从旧的文化体系中衍生出一个新的文化体系,这就是所谓的体育文化的分化。从辩证的角度来讲,任何文化都是一个矛盾的统一体。因为一方面都同处于一个人类共同体之中,另一方面在这个共同体中并非完全和谐,矛盾与冲突随处可见。所以当相对稳定的情况被破坏发生之时,文化的分化必然发生。

体育文化分化也不能独善其身,这在历史记载中是经常能见到的。我国周代实行分封制,这种独特的体制导致社会发展分化出许多独立的文化体系,其中体育文化也各有各的不同。如秦国境内植被繁茂,树木丛生,所以百姓的主要生活方式依靠狩猎,加之其边境迫近匈奴等急欲扩张的少数民族,因此国内全民皆兵尚武风气极重。而楚国则重视祭祀,擅长巫术,重视歌舞和节令体育娱乐。再如郑国的文化生动活泼,盛行一些游戏等娱乐方式。上述体育文化虽同属先秦体育文化,但同时又不能一概而论,都具有自己的个性与特色。这种分化究其原因是由于我国当时社会政治和经济等文化综合发展而导致的,同时也是体育文化自身分化规律的产物。

恩格斯曾说过:"一个伟大的基本思想,即认为世界不是一个一成不变的事物的集合体,而是过程的集合体,其中各个似乎稳定的事物以及它们在我们头脑中的思想映象即概念,都处在生成和灭亡的不断变化中。"[1]体育文化存在的方式就是一个有内在矛盾的规定性所决定的统一体或集合体,体育文化的分化绝对不是偶然事件,而是由于其内在的规律性从而导致了分化的产生。所以一种体育文化的发展大体都会有一个必然的过程,这个过程大概包括生长期、成熟期、分化期和衰亡期等。而在这一过程中,新的体育文化主要产生在分化期。因为这一时期子体育文化系统处于对母体育文化的自我否定的时期,正是因为否定,才会产生分化,所以也是母体育文化外化并催生分化出新体育文化的时期。衰亡期则标志着一次体育文化分化期的结束。

需要指出的是,社会环境诸因素对体育文化的这种自变过程是具有很大的约束力的。我国先秦体育文化的尚武之风是当时激烈的社会纷争环境

---

[1] 邓仁娥.马克思恩格斯选集[M].北京:人民出版社,2012.

的产物,而汉朝因独尊儒术带来的尚德风气很重的体育文化某种程度上可以说是对先秦混乱局面的矫治。总而言之,体育文化分化规律是无法脱离当时的社会大环境的影响的。

(二)体育文化的适应

不同文化之间通过交流,碰撞最后相融合的一个过程,就是所谓的文化适应。从某种意义上来说,文化适应是文化交流中矛盾同一性的表现。比如当印度佛教传到中国的时候,受中国传统文化影响而改变了自身的性质,诞生了独一无二的中国佛教文化模式。

文化适应往往不是单方面而言的,而是一个相互的过程。文化适应的过程,不同的文化之间的相互作用、相互影响、相互吸收,在这一过程中,这一文化内容一方面可能失去了一些文化特质,但在另一方面又获得了一些不同以往的文化特质,双方在交互作用中不断发生变化。比如中国的武术传入日本,从而促进了柔道的诞生,但同时日本的武士道精神也蕴含着中国传统的武德思想,这都是体育文化适应的结果。当然,体育文化适应并不是抛弃一些旧的体育文化特质或采取一些新的体育文化特质这么简单,而是一个新的综合过程。比如说橄榄球项目,英式和美式橄榄球的不同并不是简单地将橄榄球运动一分为二的结果,更多的是美国和英国各自创新的结果。

体育文化适应与体育文化分化意义,更不能脱离社会文化背景。许多西方体育项目在近代传入中国后并不受欢迎,因为在当时看来,这些西方新兴的体育项目与中国传统体育项目无论是理念上还是锻炼价值上,都有很大偏差。但是随着西方文化传播的渐渐深入,再加上当时中国人自强不息,凡事都要与外国人一争高下的心理,越来越多的中国人开始接受并练习西方体育项目。比如鸦片战争后,中国有很多的"万国××球比赛",这常常是中国人最热衷的体育比赛,因为可以向外国人进行挑战。在体育比赛中,只要是战胜外国人的中国运动员,往往都会受到大家的大力赞赏,甚至奉为民族英雄。这些都说明了体育文化适应是要根植于社会文化背景这块土壤当中的。

四、中西方体育文化交流中的冲突

由于中国和西方国家之间在历史、政治、经济等方面都有着较大的差异性,其在文化上也存在着较大的冲突。

第三章 现代体育文化的国际化发展背景分析

(一)中西方体育文化冲突产生的原因

导致中西方体育文化产生冲突的原因,主要有以下几个方面。

1.历史背景不同

中国自古以来就是一个农业大国,自给自足的自然经济长期在国民经济中占据着绝对的主导地位。所以中国文化形成的最大特征之一就是有着内敛性,建立起"天人合一"的自然哲学观,这种观念的影响力很大,中国传统体育文化的形成很大一部分都是受这种观念的影响。西方体育文化的起源地是希腊。希腊地处地中海,它们的经济形式与中国截然不同,农业并不是最重的一部分,而是以航海贸易作为最主要的经济生存方式。在长年与大海的搏斗对抗中,希腊人既把大自然作为必须征服的目标,同时又把它当作关照自己的对象。在这种背景下形成的文化具有开放性、竞争性,并因此形成了以人体极限能力在时间、空间上对抗自然的民族文化精神,促使它们创造出了赛跑、跳远、标枪等极具竞技性的体育项目。

2.民族心理特征不同

中国体育文化主张借助于人体内部物质系统的信息流、能量流维持与外界时空环境的有序活动,所以在锻炼过程中,练习者会去追求平衡,顺其自然,在技术上讲究避实击虚,重视智谋,追求技巧,交手过招强调礼让为先,点到为止。而西方体育文化的主张则完全不是同一概念。它们主张通过"超量恢复"产生"适应性反应"来使人体在特定条件下单项机能得到最大发展,从而充分展现出生命运动的能力,在技术上严格要求动作规格准确,并且要在实战中审时度势,交手过招讲究竞赛的公平性。在中西方体育文化形成的过程中,由于存在着这种不同的民族心理特征,因而在交流的过程中势必会发生冲突。

3.民族文化氛围与文化特征不同

在中国传统文化的影响下,中国的体育文化更加注重整体性,注重人体运动过程中形体、机能、意念、精神诸方面的活动的协调,以及这些状态与外部世界的联系,在理论上强调"中庸为本,不偏不倚,过犹不及",在体育行为中则恪守"中正平和,敦厚温雅"的理念。而在截然不同的西方传统文化的影响下,西方体育文化更加注重对个体与局部进行深入的研究,极力追求发挥某一单项机能方面极限的潜力,几乎每一项目竞争的核心都是速度、力量、体能等,竞技性和竞争性更加明显。这同中国体育文化是截然不同的。

(二)中西方体育文化交流中冲突的表现

在中西方体育文化交流的过程中,所发生的冲突是多种多样的。其中在20世纪20年代和30年代随着交流的增多,碰撞也更加多,表现得较为明显,这一时期是中西方体育文化交流中冲突的两次标志性的凸显。20世纪20年代的中西方体育文化冲突的起因是美国实用主义教育和自然主义体育理论传入中国,这次的冲突主要围绕着"兵操废存"和"新旧体育"两方面的内容展开。在这次冲突中,西方的"户外运动"体系首当其冲成为被抨击的对象,具体来说,其所包含的内容主要有以下几个方面。

(1)批评者认为"户外运动"华而不实,缺乏实用价值,属于"形式体育",并没有什么需要开展的意义。他们认为体育除了要有改良形体的作用之外,还得有一定的实用价值,秉承"无事则为强健之劳动者,有事则为强健之军人"的观念,并且强调我国传统体育应该占主导地位。

(2)批评者认为"户外运动"以技术娴熟、身手高强为特征,或仅仅图一时快乐,或只求沽名钓誉,难登大雅之堂。

(3)批评者认为"户外运动"忽略了运动的基本精神,会导致人的精神与身体间的畸形发展。蒋维乔在《我的体育观》一文中对此批判说:"体操和运动,虽然可以强健肌肉、活动血脉,实在它的效验,不过偏于肉体罢了,至于精神就不能顾到。"陈独秀也曾说:"比赛的剧烈运动,于身体不但无益而且有害。"

从上述观点来看,当时中国的一些学者看待西方体育这一问题的眼光并不客观,所持的态度也基本上是全盘的否定。在提倡传统体育,批判西洋体育时,弥漫着浓厚的妄自尊大的沙文主义情结。

而20世纪30年代的"土洋体育"之间的争论则将焦点放在了体育文化发展的模式、体育的发展道路、如何发展中国体育等问题上。此时,中国的学者分成了两派,主张将体育军事化发展的学者以程登科、肖忠国、吴伟文等人为代表,而以袁敦礼、方万邦、章辑五、吴蕴瑞等为代表的一派则坚持认为体育教育化是更好的途径。在这两派争论不绝于耳的情况下,邵汝干创造性地提出了较为折中的做法。他于1935年在《体育杂志》上发表了一篇名为《建立民族本位体育》的文章,提出了对待中西体育文化的四项原则:第一,要认识中华民族本位所需要的本位体育基础;第二,采用欧美体育的长处是必要的,但应适应中国的需要,应有创造、发展;第三,要以灵敏的时代感受性,改造民族体育,并推向世界;第四,建设大众所需要的体育。中西体育的论争直到20世纪30年代以后才渐以平息,其间不下20余年。这说明

第三章　现代体育文化的国际化发展背景分析

不同类型的体育文化相交后必然会有一个冲突的过程,这一过程的经历往往是由相斥到相融、从抵御到接受。

(三)中西方体育文化交流中冲突的具体表现

中西方体育文化归属的文化体系差异巨大,在1840年鸦片战争中英国人用坚船利炮打开中国国门以前,两者是各自独立发展的,其中的交流相当少。而随着社会生产力的不断发展,科学技术的进步以及国际交流往来的频繁,特别是西方列强近代对中国的侵略扩张以及新中国成立后改革开放政策的实施,这些因素使得中西方体育文化的交流日益增多,在交流过程中,也发生着越来越多的冲突,其中最突出的主要有以下几个方面。

1. 发展方向方面

中国体育文化向来注重娱乐性、礼仪性和表演性,同时在这一基础上对于个人的修养又是极为注重,追求"健"和"寿"。而西方体育文化从一开始就向着竞争性、公开性、健美性、惊险性、趣味性方向发展,对于人的全面发展极为注重,尤其在表演性与竞技性的差别上,二者之间形成了鲜明的对比。

2. 侧重点方面

中西方体育文化生长的文化土壤和历史背景的巨大差别导致了二者在体育文化的侧重点上也存在着较大的差异。中国体育文化根植于阴阳、八卦、五行等理论之中,更侧重人体自身的统一性及与自然界的和谐,带有某种经验、直觉、模糊的性质,推崇朦胧、抽象、含蓄美。反观西方体育文化更重视外在分析,侧重与自然的斗争和体育运动与科学实验、解剖学、生理学、现代医学等多学科的综合运用,推崇力量、速度、形体美。

3. 人生理想方面

中国体育文化不光重视发展身体素质,在精神修养方面也很重视,并且注重这两方面的结合。中国体育文化追求通过身体锻炼来以外达内、由表及里,主张通过身体活动来达到无形精神的升华,最终甚至达到塑造人格的目的。西方体育文化则注重人体本身的价值,讲究从人体的培养上来考虑体育的价值,通过让人在肌肉的运动中,在各种力的交汇中去实现完美人体的塑造,是追求人体极致美的一种理想。

第四节　体育文化的变迁

一、变迁与文化变迁

(一)变迁

事物的变化转移,就是所谓的变迁。人类社会的发展是一个自然的、不断向前的历史进程,因此在这一向前发展的进程中,事物也是随之不断发展变化的,文化也是如此,所以便产生了文化变迁。

(二)文化变迁

人类学家们认为文化变迁是一切文化现象的存在和人类文明的恒久因素,但是文化的均衡是相对的,变化发展是绝对的。文化变迁的根本原因是社会的变迁。

伴随着文化内容或增或减的同时引起的文化的系统结构、模式或风格的转变,就是所谓的文化变迁。单单的体育文化内容上的变化并不能算是体育文化变迁,如随着我国古代弓箭制作工艺的发展,弓的硬度和弹性的变化虽然增强了射箭的威力,但威力的增强并没有对整个军事和武术文化的结构与模式造成巨大的转变。

社会变迁往往会引起文化的变迁。有些社会变迁其本质就是文化变迁,正如人们把一些难以划分的文化现象视为社会文化一样。文化变迁可以分为渐变和突变两种。文化的渐变分为自然变迁和有计划变迁,文化突变是文化发展中质的飞跃,是整个文化模式和风格的变化。如鸦片战争和义和团运动对中国武术文化引起的变迁就属于体育文化突变,武术作为直接作战工具的功能不复存在。一般来说,文化变迁总要经过一个从无序到有序的过程,体育文化也概莫能外。

对于体育文化的性质、特征、内容、形式、结构、功能和类型等都要从静的方面来考察研究,但对于体育文化变迁则要从动的方面来探讨。体育文化变迁从某种意义上来讲,是体育文化进化和传播相结合的一个过程,其原因在于体育文化内部存在着矛盾运动。体育文化进化是一个民族内部文化历史的发展过程,而体育文化传播则是指本族文化与外族文化的相互影响,其中存在着文化冲突与文化适应。当外族文化进入时,总要有一个先发生冲突,再有文化适应的过程。体育文化冲突引起体育文化适应,体育文化适应能够化解体育文化冲突。在世界范围内,进化是体育文化的纵向发展,传播是体育文化的横向发展。两者结合才能够让世界体育文化进步,这是体育文化发展的一个基本规律。

二、体育文化变迁的意义

体育文化的变迁是社会发展的重要体现,也是体育文化交流与传播中的正常现象。无论在历史上还是现代,都有一些人认为文化变迁是文化的一种退化,然而更多的人坚持认为文化变迁实质是文化的进化过程中必须经历的一步。总的来说,体育文化变迁对体育文化乃至整个人类文化发展都有着巨大的进步意义,具体来说,可以从以下两个方面得到体现。

(一)体育文化变迁对体育文化的发展起到积极的促进作用

任何新的体育文化产生都要走从量变到质变的必经之路,否则就不能称其为一种文化。体育文化特质的改变必须经历一个变迁过程。没有变迁就无法通过旧的体育文化去建立新的体育文化。不同的是,体育文化变迁的快慢是不同的,要经历长期的体育文化特质的分化和重新组合,这一过程甚至会给人们的情感和思想带来巨大的痛苦和牺牲。

我国春秋战国时期历经600多年才达成秦汉的统一,汉朝灭亡之后的魏晋南北朝时期的社会文化变迁也经历了3个世纪,这些进程都充满着人类的苦难和血泪。体育文化在这些阶段的变迁也经历了痛苦的历程,但这一历程绝非只有痛苦,伴随其中的还有明显的进步,因为春秋时的"百家争鸣"和魏晋时期思想大解放都推动了当时体育文化的变迁和发展。

中国近代自鸦片战争以来西方优秀的体育文化传入,旧体育文化的改造历程也相当漫长,甚至直至今日我们的体育文化还尚未改造完成,但是在这个痛苦的过程中,中国体育文化的成就硕果累累。所以我们完全可以说,体育文化变迁就是推动体育文化进步的催化剂。

(二)体育文化变迁对社会文化进步有着积极的推动作用

从经济学的角度来看,文化传统虽然没有绝对的约束力,但它对制度的变迁产生着比法律还要重大的影响作用。人类历史上大多数政治和经济体制的革新,其中也包含体育体制变革,都是基于本国深厚文化传统之上不同风格的制度变迁。

中华 5 000 年的传统文化有着巨大而深厚的底蕴,它无时无刻不影响着中国人的行为、价值取向和道德标准等方方面面。中国现今文化包括多个层次:与传统计划经济相适应的文化;由"文化大革命"植入的深刻的怀疑主义精神和改革开放以来被西方文明再次冲击强化了拜物教的个人主义文化。所有这些文化层次,有的雄厚,有的单薄,都是改革或制度创新所赖以生长的土壤。

在体育文化变迁的过程中,会带来体育运动项目的转变、体育器材的转变、体育规则的转变等,这些转变都会推动社会文化不断向前发展。体育物质文化、体育制度文化和体育精神文化之间是相互联系在一起的,三者共同发展。体育物质文化不断进步,体育制度文化不甘落后,体育精神文化也在潜移默化地进步。凡是符合社会发展规律的体育文化都代表了体育文化的进化潮流。虽然体育物质和精神、制度文化并非一直协调发展,在某些阶段也有失调的时候,也有前进中的暂时后退。但从整个体育文化发展的趋势来看,体育文化变迁还是具有积极的意义,能够推动社会文化的发展和进步。

三、体育文化变迁的动因

促使文化变迁的原因来自内部和外部两个方面。一方面是由社会内部的变化而引起,另一方面由自然环境的变化及社会文化环境的变化而引起的。当环境发生变化,人们以新的方式对此做出反应时,便发生了变迁,当这种新的方式被这一民族足够数量的人们所接受并成为它的特点以后,就可以认为文化已发生了变迁。

具体来说,关于文化变迁的动因大致可以归纳为以下几个方面。

(1)以斯宾塞为代表,坚持社会有机论的生物因素学说。
(2)强调人的本能、心理刺激、心理交互作用的心理因素学说。
(3)地理环境因素学说。
(4)文化传播因素学说。
(5)工艺发展因素学说。

人类历史发展到现代社会以来,相关学者越来越倾向于从多角度和整体观点来解释和认识文化变迁的动因。其中波普尔的批判主义、库恩的历史主义就是典型。但早期的这些理论仍然遗存着达尔文主义和宗教神学的烙印,并不能完全诠释文化变迁的动因。

直到马克思主义的诞生,人们才能更好地理解体育文化变迁的动因。马克思主义认为,任何历史事实和社会文化变迁都是复杂的,其经济是基础,科学、技术、政治、法律、哲学、宗教、艺术、文学以及传统的价值观念等都是交互发生作用的。

20世纪30年代中国的"土洋体育之争"比较典型地反映了体育文化变迁机制的复杂性。19世纪末期,西方体育逐渐传入中国后,与中国传统体育发生了有史以来规模最大的接触、碰撞与冲突,到20世纪20年代末,在学校和社会中占据重要主导地位的体育已然是西方体育。但是,1932年在第10届洛杉矶奥运会上,刘长春的失利引发了一场土体育与洋体育的争论,这场争论反映了两种体育在中国体现出的世界性与民族性、时代性、科学性等方面的差异,当时经历了许多次的论战和长期的实践,最后才促成了中国体育与西方体育的融合,更促进了中国传统体育科学理论的发展。这无疑是传统观念、科学水平、社会思潮等因素综合作用的结果。

近代东方体育文化的变革充分说明了马克思主义对文化变迁的论证的正确性。中国武术、气功、龙舟、风筝等体育文化面对西方体育的冲击,随之进行改良,目前已发至成为广受世界各国人民喜爱的体育项目。韩国跆拳道、日本柔道等传向世界以后也在不断进行着自我改良。这一切都是诸多因素的交互作用方能促成的。

当代中国的文化其实也在很大程度上影响着当前几代体育人的价值观、世界观和人生观,成为当今中国体育发生体育文化变迁的动因。如对于国家队集中训练、集中住宿、集中管理制度的认识,对于运动员恋爱问题的态度,在当前的不少教练员、运动员就有很多的不同意见,而运动队管理机制的逐渐变化与改良正是受到这种变迁过程的影响。

因此,在看待体育文化变迁的动因时,应当根据社会生产关系以及一定的历史结构去认识,应当立足于人类文化发展的社会性和历史地理学说去理解,还应该在人类社会和文化发展的主客观因素相结合的基础上去阐述。

四、体育文化变迁的周期性

人类社会的发展是一个自然的历史进程,所以我们在其中是可以找到普遍的规律。在人类的社会文化活动初期,一切文化的创造可能都带有一定的偶然性,但是当这种创造沿着历史的轨迹行进的时候,其结果都是历史的必然,从而表现出一种发展、变迁的普遍规律性。所以从生产力和生产关系分析来看,在现实的运动和生产方式的历史联系中,我们便可以寻找到体育文化变迁的规律。不过这种对体育文化变迁普遍规律的探讨不能否定各种体育文化存在着独特的发展道路和变迁方式。

体育文化变迁有着其自身的规律性,那么,这种规律性就对其有着一定的周期性产生了重要的决定性影响。大多数的唯心主义学者坚持着文化变迁的循环论,但马克思主义认为人类社会文化变迁的周期性来源于生产力和生产关系的矛盾性,阐明了文化变迁的规律性。体育文化变迁也同样适用于这样的论断。比如以中国古代足球的变迁而论,汉代、唐代流行的蹴鞠运动对抗性很强并且场面激烈,而宋代、明代盛行蹴鞠运动则有着极强的表演性而在对抗性上不足。这是从汉代至明代社会经济发展以及政治制度及社会思想风气作用的结果。

需要强调的是,一定不能将体育文化变迁的周期性理解为简单的周而复始的循环,而是一个由低级向高级阶段不断发展的历史进程,循环和后退只会发生在局部,没有全面的循环和后退。以中国古代体育文化的发展为例,唐代体育文化勇武和刚健、注重对抗,而到了宋代体育文化则走向绵软、缺乏对抗,注重追求技艺表演,观赏性更高。由此,我们可以把当时的蹴鞠运动从双球门对抗走向单球门表演理解为古代足球文化在竞技层面的一种倒退,但绝对不能说是古代足球文化的全面倒退,因为单球门表演虽然在竞技性与对抗性上有了些缺失,但却发展了足球艺术和表演层面的文化内容。再退一步来讲,我们可以理解宋代足球文化是一种倒退,但不能说整个宋代所有的体育文化全面倒退,因为在宋代的武术文化获得长足进步,并且宋代富庶的经济状况带来了商品经济条件下的娱乐体育文化全面发展。由此可见,体育文化是沿着历史发展的趋势经历由低级到高级的历史进程,但又不能否认其也有一个由盛到衰的历史进程。

从上述内容可以得知,当一个社会某一种体育文化走向没落和灭亡的时候,总会有一个更高级的体育文化已经从其内部所提供的适宜的土壤中滋生发芽。因此,我们无须为任何体育文化的变迁悲观。

五、中西方体育文化变迁的历程

中西方体育文化之间有着一定的冲突,这也是中西方体育文化变迁的一个重要原因和推动力。下面就对中国和西方国家体育文化变迁的历程加以剖析。

(一)中国体育文化变迁的历程

中华民族有着悠久的历史,文化内容异常丰富,而体育文化作为传统文化的重要组成部分,也在经历着漫长的变迁过程当中,不断地向前发展着。具体来说,中国体育文化发展和变迁的历程主要分为以下几个时期。

第三章　现代体育文化的国际化发展背景分析

1. 先秦时期的体育文化变迁

在我国奴隶社会,由于奴隶主阶级统治的需要和频繁的战争,刺激了军事武艺的发展和对军队训练的重视,尚武风气由此而来。因此,一些与军事训练密不可分的体育项目,如角力、奔跑、跳跃、射、御、拳搏、剑术以及其他武艺都很盛行。到了春秋时期涌现出了一大批思想家、政治家和军事家,他们卓越的哲学思想、军事思想、教育理论和体育实践对这一时期的体育活动的发展产生了极大的推动作用。例如,孔子除在兴办私学中进行六艺教育外,还主张学生进行郊游和游水。孙武所著的在人类历史上有着举足轻重地位的军事典籍《孙子兵法》中,涉及了很多有关身体技能和训练的内容,这些对于当时体育运动的发展都起到了不可磨灭的作用。战国时期,新兴的地主阶级受尚武之风的影响,提倡结合军事训练开展体育活动。这一时期政治家和思想家也多提倡讲武,墨子在其典籍中就很重视武艺的发展。与此同时,导引养生和民间体育活动也得到了一些发展。据《史记·苏秦列传》记载:"临淄甚富而实,其民无不吹竽鼓瑟、击筑弹琴、斗鸡、走狗、六博、蹋鞠者。"这表明当时的民间体育娱乐活动非常活跃,并且已经有了古代足球运动——蹴鞠的雏形。

2. 秦汉时期的体育文化变迁

秦汉时期,受统治阶级追求长生不老和宫廷享乐的影响,养生和角抵戏得以在这一时期迅速发展。汉高祖刘邦制定休养生息的政策,以及后来在文景时期良好的执行使得西汉社会的经济得到了恢复和发展,到了汉武帝时期为了击退外来匈奴的侵扰,加强战备,因而以训练士兵为主要目的的剑术、拳术、骑射等武艺有了很大发展,以健康为主要目的的医疗体育,如导引养生,也已有专著出现。兴起于春秋战国的百戏,到西汉中期,因为吸取了外来的杂技幻术的精华,使得其内容更加丰富多彩,并且逐渐形成了一个完整的体系。百戏之中的体育项目最流行的包括以下几项。

(1)杂技,其中包括倒立、绳技、寻橦等多项动作。

(2)角抵,其中包括角力、摔跤等项目。

(3)舞蹈,其中包括巴渝舞、七盘舞、长绸舞和折腰舞等。

张骞出使西域引发了西汉与外界交流的热潮,百戏在这一时期通过朝鲜传入日本。到了东汉时期,蹴鞠游戏的发展势头很强,这项运动作为一种娱乐活动在当时受到了各阶层的广泛欢迎,得到了一定的发展,那个时候蹴鞠已经有了比较完备的竞赛制度。东汉末年名医华佗创编的五禽戏,标志着导引术已由单个术式向成套动作的方面发展。此外,秋千、舞龙、耍狮、高跷等民族传统体育活动也得到了一定程度的发展,这些项目都延续至今,成为中国传统体育文化的重要组成部分。

3. 魏晋南北朝时期的体育文化变迁

魏晋南北朝时期,社会动荡不安,国家出现极为混乱的局面,少数民族拥入中原纷纷建立政权。汉族统治阶级偏安一隅,其集团内部还为争权夺利互相残杀,使劳动人民饱尝分裂和祸乱之苦,生活艰难。当时受到玄学影响,道教、佛教广泛流行,而汉代那些促使人民强身祛病的活动项目,诸如角抵、蹴鞠等活动都渐渐遭到废弃。而在上层阶级,那些娱乐性活动如百戏、投壶、乐舞、围棋以及导引养生术则得到了较大的发展。

4. 隋唐五代时期的体育文化变迁

隋唐五代时期,随着我国封建社会发展进入鼎盛时期,我国体育的发展也呈现出了空前的繁荣景象。这一时期体育活动最明显的特征便是范围广、规模大。比如隋炀帝杨广就曾广泛召集全国的体育、杂技、乐舞能手综合表演的"角抵大戏",场面就像一次全国性的运动会,如此之规模,在当时是极为罕见的。唐代出现了充气的蹴鞠,鞠室被改为球门,蹴鞠的踢法也呈现出了竞技性对抗的模式。同时,由于医学和各种养生术的发展,使导引养生有了新的发展。尤其有着"药王"之称的著名医学家孙思邈的著作中关于养生、导引的理论,对当时乃至后世都做出了不可忽视的贡献。在军事武艺方面,骑射和剑术较汉代有了明显的发展和提高。民间体育活动如竞渡、滑雪、滑冰、拔河、登高等运动都非常盛行,深受人们的欢迎和喜爱。由于受到开放思想的影响,隋唐五代时期封建宗法束缚作用减弱,使得女子也可以广泛地参加到体育活动中。

5. 宋元时期的体育文化变迁

宋元时期,市民体育逐渐兴起并获得了快速的发展,我国的体育文化也得到了进一步发展。宋代阶级矛盾和民族矛盾十分尖锐,军事斗争激烈,以骑射为中心的武艺训练形成了一个较为完整的体系,促进了军事武艺的普及。由于城市商业的繁荣,使得市民体育得到了前所未有的发展,民间体育十分活跃,民间开始出现各种体育组织,一些体育运动项目发展得更为完善,如马球、蹴鞠、捶丸等项目在规则、方法、场地、器材等方面得到了更进一步的规范。但由于受到朱熹等理学家的影响,宋代社会盛行理学,导致女子社会地位更受封建观念束缚,女子体育运动受到较大的限制,发展不利。

第三章 现代体育文化的国际化发展背景分析

6. 明清时期的体育文化变迁

明清时期,我国的武术活动范围进一步扩大,研究学习武术的人也成倍增长,这使得武术获得了快速的发展。在这一时期,导引术发展到了一个新阶段,理论体系和实践成果都得到了不同程度的发展和完善。但是,最具有锻炼价值、竞技价值和观赏价值的球类体育运动到明代后期却逐渐走向衰落。鸦片战争后,西方体育文化随着整个西方文化通过军队、留学生、传教士、教会学校、基督教青年会、外国租界、外国侨民等各种渠道传入中国,与中国体育文化产生了前所未有的大范围接触。清末时,西方近代体育在中国获得了较大程度的发展,逐渐取代了中国传统体育的主导地位。

7. 民国时期的体育文化变迁

这一时期受到自由思潮的影响,中国体育文化也得到了进一步的发展。首先,随着清朝的灭亡,中国逐步摆脱了外国对中国体育的操纵与控制,在体育活动和赛事组织方面有了更多的话语权,还加入了许多不同项目的国际体育组织,中国体育文化与西方体育文化的融合产生了良好的化学反应。民国时期的学校体育文化的发展也非常迅速,随着教学条件得到改善,武术被列为正式体操课。其次,竞技比赛开始在国内的一些大中城市盛行起来,定期比赛活动逐年增多,中国参与国际比赛的次数也逐渐增多。另外,一大批优秀的体育人才也在这一时期不断涌现出来,极大地促进了我国体育文化的发展。

中国体育文化在积极吸收西方体育文化精华的时候,也将自身的优秀文化渗透到了西方体育文化当中,比如霍元甲创立的上海精武体育会自1910年创立以后便开始在这方面作了非常成功的尝试,1921年开始向东南亚华人聚居区开辟海外分会。1929年,精武体育会会员达到40万人,海外分会达十多个。会员甚至遍及西欧的荷兰、意大利等国和美洲的美国。精武体育会的成功对中国体育文化向外传播起到了非常重要的作用。

8. 新中国成立后至今的体育文化变迁

新中国成立后,党和国家非常重视体育文化的发展。尤其是改革开放后,我国经济得到了快速的发展,这更为体育文化的发展提供了良好的机遇。改革开放至今,体育运动项目在我国得到了进一步普及。发展体育文化的同时,我国体育健儿逐渐全面地登上了国际体坛,在国际竞技体育领域大展拳脚。1984年第23届洛杉矶夏季奥运会,是我国体育代表团在新中国成立后首次参加奥运会,在这一届奥运会上中国健儿洗刷了旧中国在奥运会"零"的纪录,成为我国体育史上最具有历史意义的一次重大突破,标志着我国体育事业的新飞跃。此后的每一届奥运会上,我国运动员都能够在成绩上取得重大的进步。2008年,我国首都北京成功举办了第29届奥运会,我国的体育文化得到了进一步的发展,由此来自西方的奥运文化与中国的体育文化相互融合与发展得更加融洽,实现了民族化、世界化的发展。伴随着全球经济一体化的进一步加深,中国体育文化的变迁也会进一步加强,中国体育文化一定会在吸收借鉴西方体育文化的基础上呈现出自己的特色,为世界体育文化的发展画上具有中国文化特色的浓墨重彩的一笔。

(二)西方体育文化变迁的历程

西方体育文化的变迁历程,主要可以从欧洲体育文化的变迁历程中得到体现。下面就以欧洲体育文化变迁为例来加以分析。

1.欧洲中世纪时期的体育文化变迁

在欧洲中世纪,僧侣们垄断着当时的知识与教育。占有绝对主导地位的教会和王权统治者宣扬"宿命论""禁欲主义",并且认为"肉体是灵魂的监狱"。因此,这些统治阶级反对舞蹈和一切的体育活动,只在训练保卫王权和教会统治的战士的骑士教育中才施以"七技"(即骑马、游泳、投枪、击剑、行猎、弈棋、吟诗)。但那个时候的"骑士七技"仅仅是必备的实用技能,并非是发展身体的手段,与体育文化发展的关系并不大。另外,在一般教会学校的课程中,也并没有发展体能的活动计划,因此,当时欧洲体育文化的发展极为落后。

在这一历史阶段,尽管教会统治者们竭力反对体育活动,严格控制着人们的体育活动。但在各种庆典以及节日仪式上,农民和市民依然会去尽力参与众多的体育活动,如赛马、射箭、击剑、跳舞、摔跤、足球、投石、马球、滑冰等。此外,还出现了某些球类和拍类体育运动的雏形,为这些运动后来的诞生发展打下了良好的基础。

2.欧洲近现代时期的体育文化变迁

14世纪至16世纪,欧洲新兴资产阶级在"复兴"古希腊、古罗马文化形式下,开展了宣扬人文主义,反对腐朽的封建制度和压制人们自由的宗教旧规的新文化运动,人们的思想开始解放,文化开始井喷。这一时期,也萌发了近代体育思想,要求继承和发扬古希腊体育遗产,禁欲主义受到了前所未有的冲击,并且提倡进行体育教育。

英国资产阶级革命之后,民族主义和战争等因素使得许多欧洲国家都

第三章　现代体育文化的国际化发展背景分析

加速了近代体育文化的进程。民族主义特别强烈的德国、瑞典逐渐形成了欧洲最大的体操体系,它们和英国户外运动一起,构成近代体育最初的基本练习手段。

19世纪后半叶,欧美一些国家纷纷建立单项运动协会和运动联合会并行使全国权利,筹备和举办各种运动竞赛,制定了统一规划并审查、批准记录、出版年鉴、发行刊物、报道某些运动项目最重要的变化,使得体育文化变得更加规矩。在19世纪的后段,继英美两国的拳击和田径比赛、法国的自行车运动比赛之后,其他一些运动项目也开始纷纷成立运动协会。1881—1914年,欧洲各国联合起来,依次成立了体操、划船、足球、田径、摔跤等几个单项运动的国际组织。国际体育组织的相继建立,使得运动技术的发展和比赛规则的制定更加系统化,运动员的训练也更加有条理,促进了西方体育文化的发展。尤其是奥林匹克运动的复兴重生,不仅使世界体育文化融合发展的步伐进一步加大,更对各国体育文化的交流起到了积极的推动作用;也使各民族的情感能够更好地沟通,还对共同体育文化模式的形成起到了积极的促进作用。

第四章 校园体育文化体系及其现代化发展研究

体育文化本身就是一个系统性的体系,体系中包含着许多具体的不同形式的体育文化,校园体育文化体系就是其中非常重要的一个方面。校园体育文化是近年来兴起的新型体育文化,其是在学校中开展和发展的。本章主要对校园体育文化的基本理论、发展态势、未来发展走向以及校园体育文化体系的科学构建进行全面剖析和研究,由此能够对校园体育文化体系有一个全面且深入的了解和认识,这对于校园体育文化的发展也能够提供必要的依据和支持。

第一节 校园体育文化的基本理论

一、校园体育文化的概念与分类

(一)校园体育文化的概念

在界定校园体育文化的改变之前,首先,要对校园文化有所了解和认识。

1. 校园文化

校园文化具有广义和狭义之分,广义的校园文化是指学校存在方式的总和,主要包括学校物质文化、学校制度文化和学校精神文化三个方面;狭义的校园文化是指以学校课外文化活动为主要内容的文化氛围和精神文化。从这个意义上讲,校园文化即特指区别于课程文化的课延文化。所谓课延文化,即是指课程文化的延伸形式,是指相对于校内课程文化、课堂教学等主导活动之外,学校组织和引导师生开展和参加的各种有意义的活动。

2. 校园体育文化

由以上对校园文化的概念可知,校园体育文化是指校园内所呈现的一种特定的体育文化氛围。它同样也包括校园体育物质文化、校园体育精神文化和校园体育制度文化三个部分。它是学校的师生员工在体育教学、健身运动、运动竞赛、体育设施建设等活动中形成和拥有的所有的物质和精神财富,以及体育观念和体育意识。校园体育文化是以学生为主体,以课外体育文化活动为主要内容,以校园精神为主要特征的一种群体文化,校园体育文化与竞技运动文化、大众体育文化共同组成了广义的体育文化群。

校园体育文化是在校园这一特定的环境中产生和发展的,其结构本质是一种耗散结构,其系统是一个动态系统,其根本是一个不断创造的过程。体育涵盖了文化研究中的人与自然、人与人、人的精神与物质关系的全部三个方面。对于校园体育文化来说,在校园体育文化建设过程中应重点突出文化范畴的创新精神和体育范围内的个性解放。

(二)校园体育文化的分类

以体育文化在校园中的外部表现特征为主要依据,可以将校园体育文化所涵盖的内容大致分为五大类,每一类又包含着许多具体的内容,具体如下。

1. 艺术类

艺术类校园体育文化所包括的内容主要有:体育征文、摄影活动、运动服饰、参赛服饰设计、体育舞蹈联谊会,各类操、舞表演等。

2. 娱乐类

娱乐类校园体育文化所包括的内容主要有:体育报纸、杂志的阅览及影视赛事欣赏,体育休闲项目、垂钓、棋类活动,趣味项目竞赛等。

3. 体育活动类

体育活动类校园体育文化所包括的内容主要有:体育课程、课外活动,体育俱乐部,运动兴趣小组,各类体育项目的竞赛、大型运动会、体育文化节活动、校运动代表队训练等。

4. 体育环境类

体育环境类校园体育文化所包括的内容主要有:校园体育雕塑、体育设施设备,场馆、跑道,各类健身长廊、校区健身场所。

5.其他类

除了上述四大类,还有其他一些类别,具体来说,这些其他类别的校园体育文化所包括的内容主要有:健身知识讲座、竞赛场景策划与布置、组织旅游活动、踏青远足、参观浏览纪念场所等。

通常情况下,可以通过多种多样的形式来将校园体育文化充分体现出来,比如,较为常见的体育课、高水平运动队的训练、运动竞赛、体育竞赛、课余群体活动、早操、课间操、富有特色的体育讲座和报告会、体育技能表演、体育俱乐部(体育协会)、学校体育文化节等。需要强调的是,校园体育文化活动中发展速度较快的当属体育文化节和体育俱乐部,要对此加以重视,从而进一步促进校园体育文化的整体发展。

二、校园体育文化的结构

校园体育文化系统是由多个因素构成的,其中,校园体育文化的结构对校园体育文化的发展起到关键性的作用,从某种程度上说,在发展过程中保持整体性的关键,其对校园体育文化的特征起到重要的决定性作用。

校园体育文化是由非常多的方面组成的,不仅有体育设施、体育活动、体育竞赛等表象内容,同时也有深层次的,比如,体育风尚、道德观念、体育精神和价值观念等。总的来说,校园体育文化可以大致分为以下三个不同层面的文化。

(一)表层文化

表层文化属于校园文化的第一层面,主要是指显形物质文化,其主要从体育运动的形式、体育设施等可感觉到的形态上得到体现,同时,其也形成了特有的校园文化景观。

体育文化是在物质的基础上形成并发展的,可以说,物质是体育文化形成与发展的客观保障,表层文化包括的具体内容主要有体育场馆、体育器材、体育教材和师资队伍的建设等。这些物质条件凝结着极为丰富的体育精神财富,能够将一种文化氛围充分反映出来。体育物质文化条件的好坏,会在很大程度上对校园体育目标的实现与否起到重要的决定性作用。

可以说,表层文化是校园体育文化建设的"硬件",有着非常重要的作用和意义。

(二)中层文化

中层文化是校园体育文化的第二层次,制度文化是其主要表现形式。

第四章 校园体育文化体系及其现代化发展研究

从某种程度上来说,中层文化是学校体育的综合形态,同时也是联系精神与物质的中间层面。

制度与方法是校园体育的组织形式,同时,也充分体现出了体育意识,具体来说,中层文化所包含的具体内容主要有:体育教学、科研、课外体育活动、运动队管理、业余体育竞赛、体育协会、体育知识普及和体育交流等全方位制度、方法的确立。制度文化体系包括组织、政策、体制、规则等内容。

校园体育文化中的制度文化是依靠管理文化氛围的形式而存在的,能够使学校正常的体育秩序得到有效的维护。需要强调的是,制度文化是介于物质文化和精神文化之间的,能够使校园体育文化的建设得到有力的保证。

(三)深层文化

深层文化是校园体育文化的第三层次,属于隐形的精神文化,居于主导地位。校园体育精神文化,也就是平时所说的体育健康观、价值观。可以说,校园体育精神文化在校园体育文化中处于本质与核心的地位,对校园体育文化的目标起到重要的决定性作用。具体来说,精神文化体系包括的具体内容主要有价值观、审美观、娱乐观、思维方式、意识形态、体育心理等几个方面。相较于表层的物质文化,深层次的精神文化则是作为校园体育文化的"软件"存在的。通过校园体育精神文化建设,能够使全校广大师生产生一种较强的凝聚力和向心力。

由此,可以将校园体育文化的结构及其包含的具体内容归纳为图 4-1 所示。

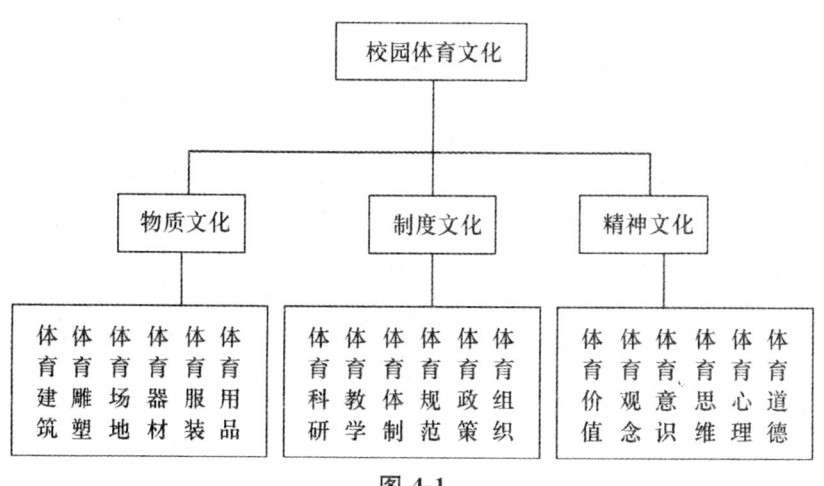

图 4-1

三、校园体育文化的特征

总的来说,校园体育文化的基本特征主要有以下几个方面。

(一)娱乐性

随着现代社会竞争的加剧,人们面临着较大的压力,大学生也同样如此。大学生在日常学习之余需要通过参与一些娱乐性较强的体育活动来愉悦身心,这已逐渐成为校园群体的首选。校园体育文化具有现代体育活动的一些特点,它要求人们亲身参与运动,在愉悦的身心活动中承受一定的负荷,发展自己的体能。在校园这个"封闭"的生活环境中,体育活动以其娱乐、趣味、选择丰富的特点,成为学生主要的活动方式,对调节学生的身体和心理、增进学生的健康具有独特的价值。

(二)群体性

学校教育承担着为社会培养各种各样的人才的重大责任。在学校教育中,体育教育是其不可缺少的重要组成部分,有着强大的凝聚力、传播意识形态和价值观。而不管是体育文化的横向传播,还是纵向变迁,都是在一定的群体中进行的,这也使得体育文化在传播过程中会形成一个相对独立的文化群体,它们是相对闭合的,但从某种意义上来讲,也是一个流动的组合群体。因而,学校体育文化呈现出群体性的特征。

(三)时尚性

在现代社会,体育的作用越来越重要,它已经成为人们增强体质、加强社会人际交往和提高生活质量的重要方式,因此体育在校园中也日益成为一种时尚,这使得体育文化也具有时尚的特性。参与健身、参与体育文化活动成为学生休闲娱乐活动中的主体。作为具有较高知识水平的群体,学生不仅能够接受传统的体育精神产品和物质产品,而且还能够吸收传统体育文化的精髓,创造并形成自己独特的体育文化生活。篮球、排球、足球、乒乓球、羽毛球、太极拳、游泳、健美操等健身活动开展得如火如荼,新兴的体育项目如网球、棒球、秧歌舞、拓展训练等也悄然在校园中兴起,并以其新颖性、刺激性、挑战性而受到普遍欢迎。传统体育项目和新兴体育项目大大丰富了校园体育文化,为校园体育文化注入了新的生机与活力。

(四)导向性

学校教育承担着为社会培养人才的重任,以培养德智体全面发展的人

第四章　校园体育文化体系及其现代化发展研究

才为目标,校园体育文化活动必须要服从和服务于学校教育这一目标。因此,学校必须通过学校教育培养合格人才的需要来建设校园体育文化,提倡科学的、健康的、文明的、高品位的体育文化活动;指导学生从自身的特点出发,大胆地从事校园体育文化活动,让他们有自我表现、自我教育、自我管理、自我提高的组织、环境、场所和体验;同时,要努力激发学生在体育文化活动中不断提高人文素质修养,科学地进行体育健身,树立正确的人生观、道德观、体育观,弘扬爱国主义精神,使校园体育文化朝着健康、文明、正确的轨道发展。而这些要素都在很大程度上强调了校园体育文化的导向性特征。

（五）交叉性

当前校园文化与体育文化的分野或独立,并未使得它们放弃历史所遗留下来的两种文化并存与共有的领地——校园体育文化。现代校园体育文化借由对校园文化与体育文化的选择与重构,使其在不断构建自身的同时,展现出校园文化与体育文化的完美结合、水乳交融的理性光芒。可以说,校园体育文化是校园文化与体育文化有机结合的产物,是一个联结校园文化与体育文化的功能融合环。[①] 因此,校园体育文化呈现出交叉性的特点。

（六）复杂性

具体来说,校园体育文化主要包括校园体育物质文化、校园体育精神文化、校园体育制度文化和校园体育行为文化四个方面的内容。而在这四个层次之下,校园体育文化的内容又涵盖体育观念、体育精神、体育道德、体育风尚、体育场馆设施、体育雕塑、体育知识、体育规范、体育制度、体育服饰、体育标识、体育图书音像、体育宣传等。除此之外,由这些方面所带来的学生体质增强、精神焕发、气质形象改变、技能提高、心理健康等多种无形的效果反映也在校园体育文化的内容范围内。由此可见,校园体育文化具有一定的复杂性。

除此之外,校园体育文化的复杂性还反映在其内部关系的冲突及其协调上。体育课内文化与体育课外文化,体育教学文化与体育群体文化和体育训练文化,校园竞技体育文化与学生业余体育活动文化等,往往会产生不同程度的摩擦与冲突。在校园体育文化与外部文化的冲突与矛盾中,最为突出的是:学生专业教育文化与校园体育文化的冲突,竞技体育文化以正统

---

① 王革,张引,等.高校校园体育文化的内涵与构建[J].韩山师范学院学报,2001(4).

文化自居,从而对校园体育文化正常发展的形成严重障碍,这也正是目前学校教育向素质教育转轨,提高学生人文素质水平的难点所在。

(七)动态性

学生是构成校园体育文化的主体,在平时的学习生活中,长期的"三点一线"式的学习生活方式,会使学生感到枯燥无味,难以激起学生主动学习的兴趣。所以,为了适应学生的身心需要,调动其对学习的兴趣和热情,可以在课余安排和组织一些富有趣味性的体育文化活动。这一方面能调剂学生的学习生活,另一方面也能获取各种体育知识和综合才能。在紧张学习之余,在复习迎考的闲暇,由班级或学生团体组织一场小型的足球、网球比赛等,不仅能调节学生生活、和谐心境、陶冶情操,而且能使学生获得积极性的休息。尤其是在节假日到来的时候,如果进行以上活动,就能使宁静的校园一时又"动"了起来,这就使得校园体育文化呈现出动态性的特征。

(八)隐蔽性

校园体育文化具有一定的隐蔽性,这主要表现在校园体育文化以不明确的内隐方式,通过学生无意识的、非特定的心理反应机制影响学生,从而能够绕开学生体育意识的障碍,使他们在无意识中领悟人生真谛,调试自己的偏颇,约束自己的行为。通常情况下,一个具有良好体育文化风气和环境的校园,它所形成的体育氛围和机体舆论,是一种无形的力量,对每一个成员能够产生支配作用,使生活在其中的人们不断地调节自己的心理和行为,与整个气氛和舆论相协调,从而使校园中的师生不自觉地受到熏陶。另外,需要注意的是,校园体育文化教育的影响是潜移默化的,持续不断的,要切忌急功近利。

四、校园体育文化的功能

校园体育文化的功能是强大的,具体来说,主要表现在以下几个方面。

(一)校园体育文化的育人功能

体育在学校中发挥着培养全面发展的人才的重要作用,这是体育的育人功能。在学校体育教学中,学校体育文化作为一种相对独立的文化体系,它通过一种无形地力量无形的教育着处于这个大环境中的每个人,将他们逐渐同化为群体中的一分子。而校园体育文化的这种无影无踪、无声无息的方式,也正是校园体育文化育人功能的体现。

第四章 校园体育文化体系及其现代化发展研究

校园体育的育人功能主要反映在两个方面：第一，校园体育以"必修课——体育课"的形式向学生传播体育知识、技术、机能；第二，校园体育中开展的课余体育活动能改善学生的知识结构、开发其潜能，发展其个性，满足其社交需要，丰富其精神和物质生活，促进其身心健康发展和继续社会化的需要。

(二)校园体育文化的娱乐功能

在校园生活中，长期的学习和工作，会使人感到焦虑和疲劳，致使学习和工作效率下降，影响学校和工作的效果及成绩。这时就需要通过某种手段和方法来缓解情绪、消除疲劳，而校园体育文化活动在这方面就具有显著的功效。充足的校园体育文化内容，无论是竞技运动项目还是休闲运动项目，无论是高水平比赛还是大众水平的练习，一般都带有浓厚的娱乐色彩，而这一点正好迎合了校园人的生理、心理特点和文化需求。在开展校园体育文化活动的过程中，校园人能够暂时忘却工作和学习的烦恼，缓解和释放焦虑和紧张等心理压力，进而获得精神愉悦与自由，保持乐观情绪。同时，在校园中开展体育文化活动还能通过这些体育文化活动陶冶校园人的情操，净化校园人的心灵，使其享受生活乐趣的目的，从而获得身心和谐、健康的发展。就像贝弗里奇在《科学研究艺术》一书中说的："娱乐和度假主要是一个个人需要的问题，但科学家如果连续工作的时间太长，就会丧失头脑的清晰和独创性……我们大多数人都需要娱乐和变换兴趣，以防止变得迟钝、呆滞和智力上的闭塞。"

(三)校园体育文化的健身功能

关于健康的概念，世界卫生组织认为"健康不仅是免于疾病和衰弱，而是保持身体上、精神上和社会适应方面的完善状态"。这一概念改变了以往健康仅指无生理功能异常、免于疾病的单一概念，阐明人的健康应包括身体、精神和社会三个方面。[1] 在这里，我们之所以说校园体育文化具有健身功能，是因为校园体育文化大多是借由多种形式体现出来的，而体育活动是校园体育文化的主要形式，它能够显著地促进校园人身心健康。这一点主要反映在下面几个方面：第一，校园体育文化通过体育活动能改善和提高校园人中枢神经系统的功能，使人头脑清醒、思维敏捷；第二，校园体育文化通过体育活动能促进校园人内脏器官生长发育，塑造健美体形，从而提高人的劳动效能和运动能力；第三，校园体育文化通过体育活动能使校园人朝气蓬

---

[1] 李鸿江.健康体育导论[M].北京：高等教育出版社，2004.

勃、充满活力、生活愉快、精神健康,消除意志消沉和情绪沮丧等不良情绪和心理状态,使人性格豁达,从而改善和提高校园人适应自然环境和社会环境的能力和对疾病的抵抗能力,达到延年益寿的效果。因此,良好的校园体育文化对促进校园人身心健康发展具有较好的作用。

(四)校园体育文化的导向功能

校园体育文化具有重要的导向功能,即它可以把学校成员的业余体育文化生活引导到正确的方向上来。校园体育文化体现了国家、集体和校园个人利益相一致的体育目标,它把校园人的一切体育行为引导到这一现实确定的体育目标上来。而校园体育文化的导向作用,主要通过两个渠道来实现的:第一个渠道是国家和学校的体育发展战略、路线、方针、政策,以及由此而产生的社会价值导向对校园人的指导作用。学校社会程度随着时代的发展逐渐深化,因此校园体育文化也就更加离不开国家体育、教育的大环境。第二个渠道是通过校园体育文化本身蕴含的世界观、价值观、道德观等对校园人的潜移默化的文化影响和导向。因此可以说,在校园中举行的各种体育文化活动都会潜移默化地影响着学生,引导着学生的价值取向,都在同化和引导着学生的体育认识的形成。从这一层面来说,校园体育文化建设就是要在育人过程中建立起具有正确导向的机制。

(五)校园体育文化的沟通功能

在学校体育教学中,受传统教学方式的影响,学生和教师、教师和教师、学校之间、地区之间等都存在着明显的不同和沟通障碍。随着现代社会的发展,计算机和网络技术逐步进入学校教学之中,这给学校教学带来了明显的实惠,也正因为计算机和网络在校园教学中的运用,这种存在于师生之间、年级之间、学校之间、地区之间的差异越来越显示出自己的弊端,在这种情况下,校园体育文化活动无疑成为解决这一问题的"润滑剂"。校园体育文化借由丰富的体育活动,可以扩展校园内各层面群体间交往的问题,增加其相互之间的交流和沟通,加强相互接触的机会,打开许多封闭的障碍,从而增加交往的频率,改善不和谐的人际关系,获得凝聚力和向心力等。[①] 除此之外,学校之间的交流,有很多时候都是通过体育竞赛和体育研讨的方式来进行的,因为体育是最容易激发情感交流、价值认同和化解矛盾的介质。

---

① 江玉华.高校校园体育文化研究[J].西南民族大学学报,2004.

第四章　校园体育文化体系及其现代化发展研究

(六)校园体育文化的凝聚功能

校园体育文化的凝聚功能主要表现在校园体育精神文化上。校园体育文化建设的一个重要目标,就是形成一种内求团结、活跃校园氛围,外求发展、提高校园声望的精神风貌。校园体育文化像一条无形的纽带,把校园人与体育紧密地联系在一起,使其对学校体育的目标、制度和准则产生认同感,并将之与作为学校一员的使命感、归属感和自豪感所形成的向心力、内聚力和群体意识结合起来,把个体目标整合作为学校体育的总目标。

校园体育文化是一项群体文化,它是群体共同建立,而又对群体中每个个体产生反作用,使个体将这种集体的行为风尚内化为自我要求的一种文化形式。很多体育项目都需要参与者的密切配合和共同协作,长期的风雨同舟能够使参与者相互理解和互相帮助,也能使其形成以大局为重的价值观念,从而在比赛中,他们会为了同一个目标拼搏。因此,通过校园体育可以教育校园人热爱集体、关心集体、服从集体、维护集体,有效地培养学生的群体意识和集体主义观念与精神。同时,在长期的集体生活中,学生会互相理解、帮助和协作,会逐渐增强集体荣誉感和团体内聚力。因此,校园体育文化具有凝聚功能。

五、校园体育文化的价值

校园体育文化的价值在很多方面也都有所体现,其中,较为主要的有以下几个方面。

(一)有助于校园文化建设

在校园内开展体育文化活动,可以借由活动、赛事、精神、审美水平等方式,促进校园文化得到长足发展,同时还能带动和促进其他文化活动的开展。例如为了配合学校运动会的开展,各年级不仅在体育实力的提高上下功夫,还会在组织纪律、精神风貌、文艺宣传上下功夫,以此来提高学生的积极性、培养学生的责任感和集体荣誉感。在校园中,很多学生也正是因为体育具有这些多样化的功能,而坚持进行体育活动。在这些体育活动中,常见的有每年一届的春、秋季运动会,学生球类联赛,体育文化节,体育俱乐部活动等。

另外,体育在促进校园文化建设中的作用还表现在它是实现学校培养目标和塑造理想人格的基本手段。学校要想实现自己的教学目标,一方面要抓好课堂教学,另一方面也要注重体育教学,除此之外还应通过对校园文化建设中体育因素的不断强化,来促进学生身心健康发育。从狭义层面上看,体育对于学生形成个体健全的人格具有重要意义,一个缺乏体育情趣、健康体质、良好体育人文素养的学生,始终不能在学生群体中成为出类拔萃的全面发展之辈。尤其是近年来,随着人们对体育活动内在价值的认识不断深化,开始逐渐认识到体育不但是增强学生体质的重要手段,而且也是健全学生人格的基本方式。此外,体育还是现代教育的重要组成部分,现代精神的基本构成要素,身体完善的实践过程和境界提升的精神活动等全新理念,这些理念对体育促进整个大学校园文化建设具有十分重要的促进作用。

(二)对学校智力教育的发展有利

校园体育文化对促进学生的智力发展有着重要作用。健康的体质,特别是健全的神经系统,是智力发展的物质基础。在校园中开展体育文化,通过体育锻炼,可以培养学生敏锐的感知能力、灵活的思维能力、丰富的想象能力、良好的注意力和记忆力;可以使学生进行积极性休息,消除大脑的疲劳,恢复和提高大脑的工作能力,提高学习的效率。$8-1>8$(指从8小时中拿出1小时进行身体锻炼,其学习和工作的效率大于8小时连续工作)这个富有哲理的公式,就充分说明了这个道理。

(三)对学校思想政治教育的发展起到促进作用

1. 校园体育文化发展能够促进学生的世界观、人生观、价值观教育

校园体育文化的核心是要创造、承载校园文化所蕴含、学校师生所认同的价值观念。世界观、人生观、价值观教育是学校思想政治教育的核心内容,这些内容直接体现着一种文化的价值标准。文化对人的影响无时不在,无处不在,它是一种环境的影响、气氛的影响,也是一种意识的、习惯性的、精神上的影响。校园体育文化事实上是一种环境,具有育人的功能。学生每天学习、生活在校园里,一个良好的有特色、有体育传统的校园,能促进师生之间产生一种归属感、自豪感和学校的凝聚力,校园体育文化环境所折射出的学校传统、思想等,更加能够使得学生加强对母校的热爱之情。学校将体育文化引入教学机制,使之能将对母校的热爱和认同,升华为对祖国、民族的热爱,从而也就在一定程度上促进了学生的世界观、人生观和价值观的教育。

2. 校园体育文化的发展能够促进学生的意志品质教育和审美教育

学校的体育文化活动丰富多彩,在这些活动中,有很多是富有竞争性、

第四章 校园体育文化体系及其现代化发展研究

挑战性、创造性的运动,这些运动对每一个参与者和组织者而言,都需要有一定的意志品质和在心理上、审美上、道德上的基础,同时对学生来说也是很好的锻炼和培养方式。具有某些独特特点的学校体育建筑物、体育标识,如体育场馆、体育人物雕塑、体育宣传标语、体育吉祥物、标志性项目的高水平运动队等常常是整个校园文化精神和品位的象征,它们是人化自然,具有鲜明的文化属性。这些具有精神意蕴的体育标识对师生、教职员工具有直接的"修身养性"的同化作用,不仅能够激励学生提高自己的意志品质,增强美感体验,还能培养学生欣赏和创造身体美、艺术美、运动美的能力,从而促进学生意志品质教育和审美教育,使其能够全面发展。

(四)有助于学校审美教育的发展

校园体育的发展能够促进学生美学修养的提高。美,作为人个性和谐发展的综合标志,是寓于智力教育、品德教育和体育之中的。思想品德和情操的美,是品德教育的主要内容,而风度美、语言美、环境美等又与一个人的文化知识水平和美学修养直接相关的。至于"美"与"健"的关系更为密切,离开了"健"去谈"美"是不可思议的,而没有"美","健"也会失去光彩。只有体育与美育相结合,才能培养出集"健"与"美"于一体的人。

(五)能够为校园文化的发展注入新的活力

1.校园体育文化有助于学校声誉的提升

作为一所学校的核心竞争力的象征之一,校园体育文化支撑和体现的不仅仅是一所学校的物化的场地、器材和队伍,而更加反映了这所学校的体育价值观。当今社会是一个社会转型期,教育改革的持续深入发展,教育国际化、社会化内涵不断加深,其中包括校内外资源共享、互聘教师、跨校合作等,学校之间、学校与社会之间的体育交往可更进一步地丰富学生的校园生活,帮助学生了解社会,促进学生社会交往能力的提高,培养参与意识,同时也对校与校之间在更大领域内的合作起到推动作用。通常情况下,健康向上、丰富多彩、生动活泼大多是校园体育文化的特征,这种特征能够使学校在一定程度上都对外具有较高的声誉。因此,在当今社会形势下,和学校之间竞争日趋激烈的状况下,校园体育文化是学校树立良好的自身形象、争创高水平学校,提高学校知名度不可忽视的一个重要因素。

2.校园体育文化有助于构建和谐校园

校园体育文化的发展和繁荣是构建和谐校园的一个重要内容。先进的校园体育文化涵盖浓厚的学术氛围、丰富的体育文化生活、和谐的人际关系、文明的体育生活方式、良好的校园体育环境、共同的体育价值取向。师生员工一方面是校园体育文化建设的主体,另一方面也是校园体育文化的创造者。建设和谐的校园文化,要坚持用校园体育文化所蕴含的人生信仰、道德观念、审美情趣等丰富多彩的文化因素去引导和塑造师生员工,共同建设高尚、健康、文明的校园文化。良好的学校体育文化环境不仅能使人们在形象、生动和切实的体育实践中,接受时代、社会的思想文化的熏陶,而且创设宽松、民主、生动、活泼的体育教育环境,还能够形成激励学生独立思考、创造性学习的机制,培养他们独立学习、独立思考和自我教育的能力和习惯,促进学生身心的全面发展方面做出突出贡献。从这一层面来说,校园体育文化能够帮助师生建立和谐的人际关系,这也是校园实现育人使命的需要,是建设文明校园的需要,也是完善人格的要求。人与人之间,要多讲一点儿尊重、多一点儿爱心;对自己要多一点儿自律,加强自我修养,学会"修己以敬"。

3.校园体育文化有助于素质教育的实施

1999年《中共中央国务院关于深化教育改革全面推进素质教育的决定》颁布,明确提出:"实施素质教育必须把德育、智育、体育、美育等有机的统一在教育的各个环节。"可见,建立健康向上的校园体育文化是推进素质教育目标早日实现的重要方式。一所体育文化良好的学校,会借由有计划、有组织、有目的的教学、训练、竞赛、课外俱乐部、运动会、文化节等活动内容而确立一种有意义的校园体育文化氛围,帮助生活于其中的每一个人都能正确地调节自己的心理和行为,这无疑对促进学生的个体素质和整体素质的全面发展而言十分重要。具体来说,校园体育文化不但能够促进学生增长体育才干、增进其身心健康,而且还有助于培养学生树立崇高的理想和锻炼坚忍不拔的意志,如结合学校的实际,创造性地进行阳光体育活动。能有效帮助学生树立健康第一的观念和终身体育的思想,从而最终达到全面推进素质教育目的。因此校园体育文化有助于素质教育的实施。

(六)能对校园朝着开放性的方向发展起到积极的促进作用

校园文化是一种群体性的社会亚文化,它具有继承性、主导性、封闭性和流变性等基本特征。校园文化应保持社会文化的某种超然性,同时又要进一步向社会开放,增强与社会文化的接触与交流。这是一个辩证统一的关系,是由社会文化现象决定的。然而,为了在一定程度上保持校园文化的纯净性而采取的"闭门锁园"的政策,把校园文化变成了世外桃源式的孤岛文化,不但事实上徒劳无益,而且是事与愿违,给校园文化带来了极大的弊端,造成校园文化自身素质的衰退。对校园文化的封闭,就不能使生活在其中的每个个体广泛地吸收各种有益的文化养分,不利于他们从四化建设事业中吸取报效祖国、奋发图强的精神力量。封闭只能造成对社会阴暗面的无知,而无知并不等于可以避免与它的接触,当这种接触一旦不可避免地发生,则校园文化所形成的价值观念就可能一触即溃,丧失抵抗能力。

校园体育文化具有开放性的特征。校园体育文化能增进与社会的交往接触,吸取社会文化中的有益成分,充实校园文化,弥补校园文化的不足;学校体育活动本身所具有的较强的社会性,可促使学生主动地与社会接触,向社会学习。在体育活动交往过程中,学生不但可以增进对社会的了解,学到很多有用的知识,而且可以培养社会交际活动能力和对社会的适应能力,提高对社会不健康文化的识别能力,增强免疫力。

(七)能对学生人文精神的培养产生推动作用

1.校园体育文化对学生形成博爱宽容的胸怀有帮助

体育学教授杨文轩认为:"人的构成有三个层面:生物学层面、心理学层面和社会学层面。"[①]在现实生活中,很多人认为体育运动都比较注重人体耐力、速度、柔韧、力量,以及肌肉、骨骼性能的提高。然而事实上,体育运动除了注重人的所有能力的提高和器官、系统的发展之外,更加注重整体上的融合,注重发挥人作为有思考、有情感、有创造力的角色作用。相比较而言,体育活动更偏重于游戏,而游戏本身就代表着自由和快乐,在欢声笑语中,在积极地参与中,在共同的乐趣中成就人的心理学层面和社会学层面功能的实现。当前部分学校相继推出学生自主选择体育课的方式,从而使得传统的田径课程遭遇严峻的挑战,与之不同的是,具有较强趣味性和实用性的篮球、排球、足球、乒乓球、羽毛球、网球、健美操、轮滑、拓展训练等项目深受学生的喜爱。随着社会的不断发展和人们生活节奏的持续加快,人在思想方面遭受的压力越来越大,充分利用体育的娱乐性,从生物、心理、社会三个层面把人形成有机的整体已经成为社会的普遍需求。体育文化的核心层面就是体育精神文化,其中的互相了解、友谊、团结和公平竞争的精神,能够促进人们进行相互交流,建立和谐的文化氛围,以便能够走出各自狭小的个人利益。现代体育运动的许多项目都是以集体协作为基础来完成的,参与这些项目有助于学生真正认识到社会化大生产中"合作"的重要性,认识到人

---

① 杨文轩.体育原理[M].北京:高等教育出版社,2004.

们随时都处于一个又一个的"群体"之中。只有相互合作,才能取得成功。现代学生的学习、生活和开展的各项文化活动都要有分工明确的团队,这就要求学生能够发挥在体育运动中得到锻炼和学习的博爱包容精神,相互协作,以便顺利地完成任务,同时还可以汲取别人的优点,不断丰富自己,从而实现共赢。

2.校园体育文化对学生开发生命潜能有帮助,能促进其身心健康发展

人文精神是一种关注生命真谛和人类命运的理性的、科学的态度,是满足个人和社会需要的终极关怀,特别是对生命和心理健康的全方位的用心保护。世界因为有了生命而精彩,生命也是世界的基础。而人文精神的教育,能够促进学生进行自身超越,提升自己的精神和价值。为此,学校教育要很好地完成自己的使命,就必须对学生的生命进行关注,把人的生命作为其人性论的基础,把培养爱护生命、认识生命、理解生命并能够提升生命的质量,特别是培养良好心理的健全人格看作其基本的向往。发挥校园体育文化的功能,借由体育文化的渲染和熏陶,培养学生对体育活动的兴趣,以浓厚的体育文化氛围推动学生身心健康,充分唤醒学生的生命意识,开发其生命潜能,提高其生命活力,提升其生命境界,让每一个学生都能自由地、充分地、最大限度地实现其生命价值。

1999年,全国第三次教育工作会议举行,会议将"健康第一"作为学校教育工作的指导思想,部分学校也将体育课改名为"体育与健康"课,这些行为足以体现国家对学生身体健康的重视。校园体育文化中的行为文化的基本表现形式就是身体运动行为,由它所组成的体育锻炼过程,就是以人体各器官系统特定强度的刺激,使肌体在形态结构、生理机能等方面发生一系列的适应性反应,以便能够对肌体产生积极的影响,促进机体的健康,从这一层面来说,校园体育文化的开展有助于学生身心健康发展。

3.校园体育文化的发展对于弘扬校园文化的创新精神有所助益

改革开放促使我国社会加速运转,传统的那种长时间保持单纯的、静态的经济模式和文化形态的时代已经不复存在,一切都在突飞猛进的发展,社会逐渐呈现出动态性、多变性和多样化的特点。这一切的变化都使学校教育遭受到严峻的挑战。由于学校教育以维持文化传统的延续性为自己的任务,从而使得传统文化思想的惯性相对较大,它的保守倾向较为突出。学校体育文化有助于充分发展学生个性和使学生发挥出自己的创造精神。这是因为学校体育活动能够为学生才能的发展提供有利条件,使学生有机会、有可能去发展正课之外的特长、爱好、兴趣,来填补正课教学统一要求、以分数

衡量学生才能的唯一标准的缺陷。同时,学校体育活动还为学生提供了大量在教室里无法获得的知识信息和社会信息,这些信息具有鲜明的动态性、鲜活性、时代性的特征,这些信息与正课教学的基础性、系统性、严密性能够形成互补,从而有助于拓展学生的视野,激活了他们的思路。从这一层面来说,没有学校体育的校园文化,是不健全的文化,而不健全的校园文化并不能培养出适合现代社会要求的文化新人。教育心理学认为,青少年学生处于生理、心理急剧发育、变化的时期,他们具有思想活跃,易接受新鲜事物,易被环境所影响,政治观念、道德修养极为不稳定的特点,从而对改革开放的新形式、新事物不能完全正确地予以辨别,假如他们从思想和行动上"模仿"和"从众"社会上的不良风气,就很容易误入歧途。而良好的校园体育文化环境能够帮助学生正确选择自己热爱和感兴趣的体育项目,接受先进思想,逐步健康地成长起来。针对青少年学生精力旺盛、爱好体育、喜欢表现的特点,校园体育文化也能以此为依据为他们创造一个培养创造力、释放能量的广阔天地,使其能够积极参与到校园体育文化活动中来,从而充分发挥创造力,提高其各方面的能力。

第二节 校园体育文化的发展态势

一、校园体育物质文化的发展状况

(一)校园体育物质文化发展概况解析

从当前的形势来看,校园体育物质文化的发展已经取得了一定的成效,能够满足多个方面的需求,主要表现为体育教学、课外锻炼、群体竞赛、高水平竞技、体育科学研究、社区体育等。但是也不可忽视,校园体育物质文化的发展过程中仍然存在的一些问题制约着校园体育文化的进一步发展,亟须解决。

校园体育物质文化的发展水平之所以没有很高,主要是由于其受到很多因素的影响,其中,较为主要的因素有:学校所在地的经济发展水平、城市的规模、学校的规模、层次等。

校园体育物质文化的发展状况大致可以从校园体育物质环境、体育硬件设施以及体育场馆管理这几个方面得到体现,下面就对这几个方面的状况进行分析和阐述。

1. 校园体育物质环境的基本状况

校园体育物质环境作为一种客观条件,对学生的体育兴趣和参与体育运动的动机会产生一定的影响。由于学生处于学习的高峰期,具有非常强的可塑性,因此,对其进行科学的教育是非常有必要的。而从某种意义上来说,充满活力的校园体育氛围和良好的体育环境本身就是教育的主要手段,有着显著的教育功能,因此,通过这种方式,能够对学生正确的体育观念的形成起到积极的促进作用,同时,这对于学生自身体育文化素养的提升也是有所助益的。由此可以得出,学生会在一定程度上受到校园体育物质文化环境的影响,因此,营造一种良好的体育教育环境,尤其是具有感官最佳刺激效果的校园体育物质环境是非常重要的。

从相关的调查研究中得知,很多学校的体育物质文化环境还没有很好地形成,也不具有体育物质文化环境的创造意识,这些都对校园体育文化的进一步发展产生了一定的制约甚至阻碍作用。现代社会中,信息化程度越来越高,这就为学生了解和接触体育的相关信息提供了较好的途径和方式,其中,最主要的是体育图书资料和网络资源,但是实际情况则是,能够积极地将学校的体育信息主动放到校园网和学生论坛中的学校数量非常少。由此可知,对于大部分学校来说,在体育物质文化环境主动创新方面的意识还是较为欠缺的,并且宣传的力度不够,校园体育教育目标的实现也会因此而受到影响和制约。鉴于此,就需要采取可行性最强的解决方法,即要求体育部门领导和教师主动与团委、宣传部、学生处、基建处等职能部门协调,使校园体育物质环境建设的力度进一步加大。

2. 校园体育硬件设施的基本状况

当前,随着高校实力的不断增强,要求树立起具有标志性的形象,这往往会从建筑上得到体现。体育场馆就是其中一个方面。但是,在体育场馆的建设方面,普遍存在着一些误区,即大部分学校建设体育场馆,标准往往是造型优美、气势恢弘、功能完善,从而使学校的整体形象得到提升。但是,"非大型、非标准不修"才应该是校园体育场馆的建设标准。学校中的体育场馆,主要是用于"教学、健身、娱乐"的,而不只是用于"竞技运动服务"的,因此,要及时纠正这一误区,使体育场馆将其本来的功能充分发挥出来,对校园体育文化的发展起到积极的推动作用。

从宏观意义上来说,我国当前的经济发展水平还不算太高,与发达国家的差距仍然较为明显,这也就导致校园体育场馆的建设方面也要落后于发达国家。一所高标准的大型体育场馆的建设,所需要的资金量是非常大的,

第四章 校园体育文化体系及其现代化发展研究

动辄几千万元甚至几亿元,原本就有限的办学资金更加紧缩了。对于一些学校来说,所拥有的体育活动场地非常有限,如果把仅有的室外体育场地改建成高标准的体育馆,可能也无法达到高标准的要求,但同时,还会花费一大笔建设资金,之后,还要有一大笔资金用于场馆的维护,而资金压力往往会从限制学生进入或采取高额收费方面得到缓解,这样不仅会给学生群体的消费造成更大的压力,也使得体育场馆的根本建设目的发生偏移,造成高标准体育场馆的闲置浪费。最终导致的结果,就是高标准的场馆越修越多,但是学生能够自由活动的场地却越来越少。由此可以看出,当前我国学校体育硬件设施建设的理念存在较大偏失,亟须解决。

3.校园体育场馆管理的基本状况

我国学校体育场馆管理水平还相对较低,在很多方面都有所体现,其中一个重要的方面,就是体育场馆的管理形式。从当前的形势来看,我国学校体育场馆的管理形式主要有三种:一是由体育教学部门管理;二是由学校总务、后勤等部门兼管;三是成立专门的体育场馆管理组织。通过深入分析,上述这三种管理形式的科学性都有所欠缺,换句话说,就是都存在一定的缺陷,比如,较为显著的问题主要有体育场馆管理机制的协调性较为欠缺、管理知识的丰富性不够、管理水平较低、管理效果不显著等方面。

下面就以高校体育场馆的管理为例,来对其进行分析和阐述。当前,有很大一部分的高校体育场馆实行的是有偿开放的,但是,在现实中,高校体育场馆的经济效益却并不理想,与社会上的其他体育场馆有着较大的差距,究其原因,主要是由于学校体育场馆的经营理念存在一定的问题,导致出现对社会开放就是把服务对象面向社会,从而制定高额的收费政策的错误认识。这与全社会共享高校体育设施资源这一高校体育场馆改革的热点和必然趋势是有一定差距的。

相较于社会上的体育场馆,大多数高校的体育场馆的劣势就显现了出来,比如,较为显著的主要有两个方面:一个是难以吸引大量的社会人员,另一个则是高额的收费使大量的学生群体望而却步,这就使得体育场馆的人数更少。鉴于此,为了更好地吸引学生,就要求学校体育场馆将学生作为重点服务对象,将收费标准降低,只是适当收取一定的费用,来使更多的学生能够到体育场馆进行运动锻炼。除此之外,为了保证体育场馆的维护资金得到保证,可以使场馆的利用效率得到有效的提升,比如,开办多种形式的学习班,也可以成立一些俱乐部,从多个方面来使体育场馆的服务体系得到进一步的完善和健全。

(二)校园体育物质文化发展过程中出现的问题

通过对校园体育物质环境、体育硬件设施以及体育场馆管理这三个方面现状的分析中,可以将校园体育物质文化发展中存在的问题进行总结,具体来说,可以归纳为校园体育基础设施发展无法使师生的健身娱乐需求得到较好的满足。

具体来说,从相关的调查研究中可以看出,当前校园体育文化建设取得了一定的成效,这与学校加大对校园体育物质文化平台的投资建设力度有一定的关系,但是,这只是一个方面,尤其是相较于校园文化建设的其他方面来说,其不足之处更加显著。此外,由于扩招已经成为许多高校普遍存在的现象,这也使得高校的投资建设重点发生了偏移,其不再将重点放在学校的体育基础设施建设方面,而是为了满足日常需要,将对教学楼、食堂、宿舍、实验室等基础教学及其配套设施的建设投资力度加大,这样就会导致一些矛盾的出现,较为显著的有两个方面:一个是学校体育硬件设施建设迟缓与学生人数激增的矛盾,另一个是招生规模不断扩大与学生体育需求不断增长之间的供需矛盾。这些矛盾短时间内得不到较好的解决,就会进一步蔓延,从而对校园体育文化的建设与发展产生非常重要的制约,甚至阻碍作用。

二、校园体育制度文化发展状况解析

(一)校园体育制度文化的发展概况

学校教学工作的顺利开展和圆满结束,都需要一定的基础和保证,而管理方面的规章制度就是其中非常重要的方面。从当前的形势来看,在我国传统的管理体制下,有很多方面的因素会制约着学校体育教育的发展,比如,学校体育活动的个性化发展往往会受到沉闷、乏味的体育教学及考试评分制度的影响和制约。另外,学校体育教学的发展还存在着一些问题,比如,很多体育课外活动往往只注重形式,群众性体育活动的范围较为狭窄,往往只是一部分擅长体育或者体育运动能力较强的少部分学生参与其中,绝大部分学生被排除在外,学生在自主建立体育组织方面是非常缺乏经验的。除此之外,校园体育文化生活方面也需要进一步加强,究其原因,主要是受到传统文化、现行教育目标导向及学生学业负担等多种因素的影响和制约。

关于校园体育制度文化发展的基本状况,可以从体育传统和体育制度

第四章 校园体育文化体系及其现代化发展研究

两个方面来得到体现。

1. 体育传统方面

学校在体育方面形成的一种带有普遍性、重复性和相对稳定性的体育行为风尚,就是所谓的体育传统。学校中的体育传统往往包含着较为丰富的内容,比如,校级运动会、校内学生体育联赛就是其中的重要部分。

对于大多数的学校来说,课余体育训练是其重视的一个重要方面,一般要以高水平运动队和普通学生运动队的不同特点为依据,区别对待,有针对性地对运动训练进行相应的安排,同时,还可以适当组织参加校外体育竞赛。但是,现实中,学校体育活动组织方面的意识还有待于进一步提高,这主要从大部分学校并不重视体育节等活动的名称方面得到体现的,而良好的活动名称也属于体育传统的重要内容,因此,这也从侧面体现出了体育传统对校园体育文化的建设与发展的作用,还可以进一步优化和提升,日后学校要对这方面的关注度进一步提升。

除此之外,有很多学校在体育理论选修课的设置方面也是较为欠缺的,主要表现在:对实践选修课的安排过于重视,并且持有这样才不违背体育课程关于"运动"的本质的错误观点。另外,还会受到经历和实力的制约,从而使得安排的体育专题讲座与体育知识竞赛所发挥出来的作用也大打折扣。

体育传统是在学校体育活动中长期形成的一些习惯和良好的作风,短时间内是无法形成的。鉴于此,就要求进一步提升学生的体育文化素养,为学校体育传统的形成奠定坚实的基础。

2. 体育制度方面

之所以要制定和实施校园各种体育规章制度,主要目的在于使各类体育文化活动的顺利进行得到有力的保障,对各部门、各层面校园主体的工作进行积极的协调,从而使参与体育活动的人力、物力和财力的作用能够最大限度地发挥出来,为校园体育文化的发展创造良好的条件。

从相关的调查研究中可以看出,当前,各学校的体育制度的现状为:国家下发的成文制度是基本都具备的,并且一大部分的学校做到以学校的各方面管理的需要为依据,来将相应的体育制度建立起来,但是,这其中也表现出了很多问题,比如,大多数学校的体育制度文件内容基本相同,普遍性较强而个性化不足,没有以自身现状为依据来将针对性较强的制度制定出来,相关的制度应有的作用也很难充分发挥出来,学校体育工作的顺利进行就无法得到有力的保障。

除此之外,还存在着一小部分学校不重视体育工作,同时,也并没有以国家学生体质健康标准要求为依据来进行相应的测试,测试成绩也并未纳入到学生评优和毕业要求中,造假现象严重等问题。

从上述内容中可以得知,虽然各校基本具备国家下发的相关体育政策文件和维持学校体育工作的体育制度,但是随着校园体育工作的现代化、信息化、社会化,各学校的体育制度已经较为落后,与当前的先进发展不相适应,其应起到的作用也大打折扣,因此,这就要求进一步加强依法治校的观念,从而为校园体育文化的发展奠定良好的制度基础和保障。

(二)校园体育制度文化发展过程中出现的问题

从对校园体育制度文化发展的状况分析中可以得知,其中仍然有一些问题存在,总的来说,就是校园体育管理制度体系的建设缺乏一定的规范性。具体来说,这一问题主要从两个方面得到体现。

1. 校园体育管理规章制度有待健全

对于校园体育文化的建设与发展,很多学校都已经形成了成文的规章制度,但是,这些管理制度,不仅数量较少,而且较为简单,并不能使当前庞杂的校园体育文化建设在制度方面的需要得到较好的满足。另外,体育社团管理规程、运动员管理条例以及体育教师管理办法等多元化的制度体系还没有得到较好的完善,各学校在更加细化的体育管理方面还没有形成显著的制度化、规范化趋势。这是校园体育制度文化中普遍存在的重要问题所在,要引起重视。

2. 相关管理制度可操作的详细的实施细则较为欠缺

校园体育文化的可持续发展受到很多方面因素的影响和制约,其中,最主要的原因还是校园体育相关管理制度的实施细则的可操作性不强,且不够细化。具体来说,绝大多数高校已经将校园体育文化的管理规章制度的轮廓建立了起来,但是,这些管理规章制度往往停留于宏观的政策指导层面,并没有明确的可操作性比较强的具体的实施方案,这就使校园体育文化活动的顺利开展得不到制度上的有力保障。

三、校园体育精神文化发展状况解析

(一)校园体育精神文化发展的概况

当前,精神文化已经成为社会关注的重要方面,对于校园体育文化来

第四章　校园体育文化体系及其现代化发展研究

说,也应该加强对精神文化的建设,具体来说,应该从学生的兴趣、体育道德、体育精神等方面的培养入手,因为这些方面都会对校园体育文化体系的形成和发展产生相应的影响。

当前,学生对体育精神文化的需求日益强烈,但是,现实中则是很多学校并没有对体育活动引起重视,普遍存在着应试教育的观念,将文化课作为学校发展的重点,甚至将体育活动的时间挪用为文化课的补习时间。另外,有些学校也会适当组织一些体育活动,但是,这些体育活动要么只是流于形式,要么只是应付升学考试而进行的单项目拔高训练,与体育知识普及和体育意识培养的根本目的相差甚远。长此以往,尽管很多学生对健身的价值有所了解和渴望,但是,学校中并没有这方面的支持,他们的需求也只能变成空想。再加上学生对体育的认识还不够深入,不能较为全面地了解和把握许多常见体育运动项目的实际价值,尤其是对一些传统体育健身项目,更是受到各种忽视,究其原因,主要是由于学生觉得民族传统体育健身项目已经过时了,不适合参与。长此以往,学生的健身意识逐渐淡薄,健身习惯没有养成,终身体育的观念也没有形成,这些与国务院颁布的《全民健身计划纲要》中提出的要求是相背离的。

从上述这些情况的分析中可以得出,在当前这样的形势下,对学生体育精神的培养,或者通过体育的精神去激励人的意志,鼓舞人的斗志,都是不可能的,究其原因,主要是由于这些现象会产生一定的制约作用,从而使得部分学生甚至学校部分管理者、教育者学习和思考的积极性受到影响,从而使多数学生认为现行大学体育教育与他们的情感选择是不同步的。由此可以看出,需求与现实的矛盾亟须得到解决,另外,校园体育精神文化建设的强化也显得非常重要且必要了。

(二)校园体育精神文化发展过程中出现的问题

校园体育精神文化发展中也有一些问题仍然存在,这些问题对校园体育文化的整体发展产生一定的影响和制约,总的来说,可以归纳为校园体育精神文化层面诸要素的发展的完善和健全程度还不高。具体来说,对于校园体育精神文化来说,"体"是它的外在形式,而"育"才是其灵魂核心所在。

从相关的调查研究中可以看出,大多数的校园体育参与者对体育的认知程度往往是较为浅显的。校园体育文化的建设中往往存在着"重形式轻内涵""重身体轻文化"的现象,为了更好地促进校园体育文化的建设和发展,要进一步健全和完善其文化体系。

另外,在当前社会文化蓬勃发展的时代背景下,校园体育文化在建设过程中要将精神文化的积淀与传承重点突出出来,使其成为一种优良传统,不仅要对校园体育参与者身心机能进行适当的调整,还要在此基础上,通过各种方式和途径来使体育的受众面以及文化含量得到不断的扩大和充实,从而使校园体育精神文化良性和谐发展的良好局面得以有效形成。

四、校园体育行为文化发展状况解析

(一)校园体育行为文化发展的概况

校园体育行为文化与上述三种文化形式一样,都有一定的发展,其发展状况可以从以下几个方面得到体现。

1. 体育教师体育文化活动方面

(1)体育教师本身的体育参与态度和参与情况

从这方面的调查研究中可以得知,体育教师往往都会持有体育锻炼对人的身心健康起到积极的促进作用的观点,但是,实际行动效果却并不理想。当落实到实际行动时,只有不到半数的教师具有良好的健身习惯。另外,从相关的调查研究中还能够得知,由于体育教师没有将观念与实际行动有机地联系起来,这就导致他们对体育的功能认识不够深入,对体育持有的观念与社会和教育的发展不相符。

(2)体育教师体育观念对学生的影响

从这方面的调查研究中可以得知,具有健身计划和健身习惯的教师在健身时,往往都能够依靠科学的方法和坚韧的耐力坚持参与到健身活动中来,并且对健身的作用和影响有着非常深入的了解和认识,觉得健身不仅能够使其生活质量和身体健康水平都得到有效的提高,而且还能够使心理状态和人际关系得到有效的改善。

2. 学生体育文化活动方面

学生体育文化活动主要包括两个方面:一个是课堂体育教学,另一个是课外体育活动。学生在非常规体育教学时间里,参加多样化的体育活动以此达到强健身心、提高运动技能、丰富业余生活等目的的体育教育活动,就是所谓的课外活动。学生体育文化活动开展状况主要从课外体育活动中得到体现。

我国课外体育活动的开展现状可以从学生的态度和时间、内容和频数以及动机这几个方面得到体现。

(1)学生参加课外体育活动的态度和时间解析

从这方面的调查研究中可以看出,学生参与课外体育活动的积极性还是比较高的,这种积极性甚至比课堂体育教学还要高,究其原因,主要是由于课外体育活动的形式与内容的选择性更强一些,于是他们更愿意在课外时间里参与各种体育活动。男女生在这方面存在着一定的差异性,一般地,男生参与课外体育活动的积极性要高于女生。另外,这也从侧面反映出了学生课外体育锻炼的意识越来越强。但是从学生参加的课外体育锻炼时间统计来看,理念和实践存在脱节现象。有一部分学生基本上不参加体育锻炼,导致这一现象的主要原因是,不愿意运动,没有较好的运动场地设施,以及不知道科学锻炼身体的方法等。

在时间分配上,大部分学生参加体育锻炼的时间集中在1小时以内,锻炼的内容主要为慢跑、柔韧练习、力量练习等;参加体育锻炼的时间在1~2小时的人数相对要少一些,球类项目是锻炼的主要内容;还有很少一部分学生参加体育锻炼的时间可达2小时以上,此类学生健身项目主要是消费型健身俱乐部课程、足球和网球等。

(2)学生参加课外体育活动的内容和频数解析

学生是否愿意参加课外体育活动,也可以从参加课外体育活动的内容和频数上得到体现。从这方面的调查研究中发现,每周参加课外体育活动的次数来看其结果并不乐观,由此可以看出,尽管学生具有较好的锻炼意识,但当真正需要身体力行之时便有些执行力下降的趋势。

在活动内容方面,学生的体育锻炼项目选择也会因性别的不同而表现出一定的差异性,具体来说,包括篮球、足球、跑步、羽毛球、乒乓球和网球等在内的高对抗、大运动量的项目往往会受到男生的喜爱;而包括跑步、健身操、羽毛球、乒乓球、游泳、网球等在内的以健身塑体为目的、运动强度较小的运动项目则是女生的最佳选择。另外,现代学生的健身兴趣和内容与社会大众较为相似,健身内容中时尚性的要素要更多一些,选择范围也更加广阔。但是,有一些收费的项目,学生参与程度要少一些,如果不收费的话,学生的参与程度要高很多。

(3)学生参加课外体育活动的动机解析

通过调查研究可以得知,学生参加课外体育活动的动机主要为锻炼身心、兴趣爱好、特长展示、缓解心理压力、协调人际关系和提高体育成绩这几个方面。

上述这些不同的动机会因为性别而有所差别。男生和女生在动机的排序上存在着较为显著的差别,具体来说,男生参加课外体育活动的动机排序为:娱乐休闲→缓解心理压力,女生参与课外体育活动的动机排序则为:缓解心理压力→娱乐休闲。由此可以看出，学生对于课外体育活动的参与动机基本正确，并且与当前学校体育改革所提倡的"以人为本，健康第一"的理念是相符的。另外，学生参加课外体育锻炼将身体健康和兴趣爱好作为主要动机，这种强烈的动机对于学生养成终身体育锻炼意识，并形成坚持体育锻炼的良好习惯是有所助益的。

除此之外，提高体育成绩，缓解心理压力，舒缓情绪紧张也是学生参与课外体育活动的动机。

3.学校体育社团建设方面

以学校内部为主要范围建立的一种单项或综合性体育组织团体，就是所谓的学校体育社团。众多拥有爱好趋同性的学生加入到相应体育运动项目的社团当中，开展不受教学计划、教学大纲束缚的，形式多种多样的体育相关活动，以此达到满足社团成员对运动学习与活动的需求。从某种程度上来说，学校体育社团将会是校园体育文化中不可缺少的重要组成部分。

(二)校园体育行为文化发展过程中出现的问题

校园体育行为文化发展中也存在着一定的问题，主要表现为校园体育行为文化在有效管理和疏导方面较为欠缺。

高校的办学理念、治学要求、人才培养目标，能够将其精神文化充分展现出来，同时，也在规章制度中得到较为显著的体现。因此，完善和健全行为方面的规章制度并加以落实，是非常重要且必要的。

由于现阶段并没有一个直接、专门、针对校园体育文化行为文化方面的具体和完善的制度。因此，这就要求必须从制度上完善并且有了强劲的效力，才能够将体育行为文化的基础打下来，也才能够更好地保障校园体育行为文化的建设。通过精神文化的渗透，可以从根本上来对学生参与体育活动进行积极的引导，使学生更加积极主动地参加体育运动，将学生的体育动机充分激发出来，从而使学生的体育思想和对体育的态度得到有效的改变。通过组织各种师生共同参与的体育活动，不仅对师生的身心健康有着积极的促进作用，能够使师生之间的距离进一步拉近，将"平等、民主、和谐"的师生关系营造出来，还能通过教师参与体育运动的榜样示范作用，来对学生参与体育活动的兴趣起到积极的激励作用，最终使学生养成终身体育的习惯与能力。

第四章 校园体育文化体系及其现代化发展研究

第三节 校园体育文化的未来发展走向

关于校园体育文化未来的发展趋势,可以大致归纳为以下几个方面。

一、校园体育文化的创新趋势越来越显著

同西方校园体育先进国家相比,我国的校园体育文化发展存在着不小的差距,这主要是由于我国传统教育观念、教育体制的落后以及我国当前的社会经济和政治发展水平等因素共同决定的。从层面上来看,虽然无法对以上三个方面因素进行有效的改善,但在校园体育文化改革方面可以从以上三个因素所影响下的管理观念和体育观进行着手。

在人类进入 21 世纪之后,全球化发展趋势日趋凸显,从某种程度上来看,领导自身观念的转变以及治校理念的创新决定了学校未来的发展。就拿高校发展来说,虽然说我国目前的高校教育中比较流行集权制,但就大学内部来说依然存在着分权制。只有对校园体育文化在延续学校传统、铸造校园精神、提高学校名誉和提高学生综合素质方面所具有的价值和作用形成一个充分的认识,学校才能给予校园体育文化所具有的潜在的教育价值充分的重视。校园体育文化只有以我国的本土文化作为基础,形成中国特色,才能获得更好的发展。就此方面来看,日本发展的相对较好一些,通过将东西方文化进行有效结合,探索学校教育的结合点,日本人树立了"集团主义"教育理念,并开始倡导个性教育;同时,在教育行政方面,其特征主要表现为集权制与分权制相结合。以上措施,都是日本为了更好地发展本国校园体育文化所采取的一系列创新方式。由此可见,我国必须要打破过去传统的教育观念,树立新的教育观,在校园体育文化方面加强创新,促进校园体育文化创新发展。

二、建立起科学有效的制度保障体系

只有健全校园体育制度文化才能保证校园体育文化得以健康、可持续发展。这就要求我国在发展校园体育文化的过程中,必须要建全校园体育制度文化,这主要包括建立教师辅导制度、建立校园体育文化发展评价体系、建设办公室等内容,只有从以上这些方面来对校园体育文化的发展建立相应的制度保障体系,才能够更好地促进我国校园体育文化得以科学、系统

的发展。为了更好地保障体育文化的多样化、规范化和有效性,必须要对校园体育文化建立和健全相应的制度保障体系,也只有如此才能通过学生的努力促进校园体育文化得以繁荣发展。

三、有针对性地构建出具有自身特色的校园体育文化体系

一般来说,不同的学校,具有不同的校训、不同的发展历史以及不同的体育运动传统等,通过这些不同的方面能够很好地将学校所具有的办学理念和价值追求鲜明地展现出来。学校的校训和校史都渗透在校园文化的各个方面。也就是说,每一个学校都有着其独特的传统和特色。在发展校园体育文化方面,我们应多借鉴和学习美国,在美国有很多高校都是以自身的传统作为基础来充分发挥自身所具有的特色和优势,构建具有本校特色的校园体育文化,从而保证校园体育文化得以更好地发展。这些经验都是值得我国借鉴的,通过立足于本校实际来促进校园体育文化的开展和发展,能够有效避免过于千篇一律的校园体育文化发展模式。

四、校园体育文化发展的转型工作要做好

具体来说,校园体育文化发展转型,主要包括以下几个方面的内容。

(一)逐渐由精英型向大众型转变

所谓精英教育是指高等教育,20世纪90年代末开始,我国的这种精英教育开始发生变化,直到现在已经转变为大众化教育。由此,我国已经进入大众化教育时代。随着我国社会经济的快速发展,以及体育社会化发展程度的不断提高,我国的校园体育文化呈现出从精英型转变为大众型的发展态势。这也就是说,越来越多的人开始享受到接受教育,甚至是高等教育的机会,正是在这一时机之下,我国的校园体育文化得到了非常广泛的开展和发展,这也说明我国校园体育文化的建设已经让越来越多的学生受益。

(二)逐渐由单一型向多元型转变

进入21世纪,校园体育文化的发展要与时代发展保持同步,也就是说,校园体育文化的发展必须要跟上时代的发展步伐,其所具有的内容也必须满足大众健身的要求以及社会发展的实际需要。

校园体育文化之所以进行多元化发展,是由社会个体对体育的不同需

求所决定的,因此校园体育文化必须要摆脱单一性,向着多元化的方向转变。详细地说,校园体育必须要改变过去以往只是引导学生参与体育锻炼这种较为单一的教育目的,通过组织开展诸多具有活力、更加新颖的体育文化活动,来对学生的业余生活进行完善和充实,在使学生掌握相关体育文化基础知识,树立健康的体育生活理念的同时,更好地促进学生创造能力和审美能力的提高,从而实现校园体育文化从"健身—教育、娱乐—激励"转变为"传播、审美、创新"。

(三)逐渐由封闭型向开放型转变

随着我国社会主义制度的确立和社会主义市场经济的发展,我国学校已经摆脱了过去闭门造车的教育模式,开始走出校门,甚至走出国门,并且与国外的一些学校积极建立了交流和联系。正是在这种社会背景下,各种文化方面的交流也日益变得频繁,不同文化之间的碰撞也变得日益激烈,其中包含了体育文化交流。这也进一步促进我国校园环境变得更加开放,校园体育文化的发展也必然要博采众长,变得更加丰富多彩。

(四)逐渐由自我型向社会型转变

我国学校教育的重要任务之一就是培养处于能够满足社会发展需要的高素质人才。学校的发展核心是承担相应的社会责任,而其使命就是服务社会,并满足社会发展的需要。在建立和完善社会主义市场经济的过程中,校园体育文化的发展必须要社会化。最近几年,随着我国大众体育的快速发展,校园体育文化开始从自我型转变为社会型,正是这种转变促使着校园体育文化得以更好地持续发展。

第四节 校园体育文化体系的科学构建

一、科学构建校园体育文化体系的基本原则

构建校园体育文化体系需要遵循以下几种原则,即主体性原则、协调性原则以及与时俱进原则,这是经过长期的理论研究和实践总结出来的构建我国校园体育文化体系最基础、最合理的原则,也是现阶段构建我国校园体育文化体系的客观规律的必然要求。

（一）主体性原则

主体性原则，又称"以人为本"原则。学生是校园体育文化的创造者和受益者。现代素质教育理念注重对学生全面性和社会适应力方面的培养，即培养出德、智、体全面发展的综合型人才。因此，校园体育文化体系的构建必须围绕着学生这个主体来进行。

科学构建校园体育文化体系遵循主体性原则，需要做到以下几个方面的要求。

（1）坚持素质教育，使学生能够在这种有利的氛围下，通过丰富多彩的体育运动得到充分锻炼，对体育观念、体育精神、体育价值、体育道德有一个正确的认识。

（2）重视学生在享受参与体育活动体验时，还应该注重培养学生掌握体育活动的组织方法和运行规律，使其能亲自组织一些体育活动。

（3）学校体育活动的组织要以学生为核心，了解学生需要什么，想要得到什么样的体育文化氛围，满足学生的合理体育需求。

（二）协调性原则

校园体育文化体系的构建是一个系统工程，要做到多方面统筹兼顾，必须协调各方面的内容和利益。只有做到这些才能将校园体育文化建设体系的构建更加合理、有序。

具体来说，科学构建校园体育文化体系遵循协调原则，主要从以下两个方面得到体现。

（1）课堂教育与课外活动的协调。课堂教育和课外活动是现代校园体育教育的两种主要形式，是当前构建校园体育文化体系的基础。一方面，体育课（包括室内理论课和室外体育实践课）是学校的必修课，体育教学大纲规定了学生每周的最少体育活动时间。体育课的开展是构建校园体育文化体系的重要内容之一。另一方面，课外活动是校园体育的重要组成部分，它虽然不是国家规定的活动内容，但它的丰富程度会直接影响校园体育文化的开展水平。由于课外活动不受教学大纲限制，它体现出比体育课更为灵活、内容更为丰富的特点，能够充分地满足学生的个性需求。但课外体育活动的开展是需要体育理论知识和运动技能做基础的，因此，应该把课堂理论知识赋予课外活动实践，用实践的经验来补充理论知识，两者相互完善、相互促进，以促进校园体育文化体系的构建。

（2）校园体育硬件与软件的协调。校园体育文化的硬件建设包括体育场地、体育器材、体育师资队伍和体育社团的建设；校园体育文化的软件建设主要包括校园师生的体育精神、体育制度和体育观念等。在校园体育文化的硬件与软件建设中,不应偏废任何一方,只有这样才能确保校园体育文化的发展始终保持在一种平衡的状态下,达到事半功倍的效果,这是因为,校园体育硬件设施建设是开展校园体育活动的必要物质基础,而校园体育软件建设是校园体育文化的完善,如果学校的组织内容多样、制度完善,但硬件设施始终跟不上组织活动的要求,那么,所谓的组织计划、规章制度都只是一种空谈,而如果体育硬件设施完善,但软件设施建设与现存的校园体育文化格格不入,体育活动组织内容单一,那么学校的硬件设施就成了一种摆设,因此,必须"两手抓,两手都要硬","软硬"协同发展。

(三)与时俱进原则

文化是时代的产物,文化的发展必须顺应时代发展的潮流。作为文化的一种形式,校园文化的建设也应符合时代特点。现代社会,随着经济的发展,人们生活观念的转变,人们越来越重视生活品质的提高,追求精神层面的富裕,在这种时代背景下,作为社会亚文化的校园体育文化,必须要随着社会需要而转移建设方向,与社会同步,才能更好地服务于社会,满足学生的体育需求和社会对人才的需求。

二、科学构建校园体育文化体系的主要途径

要想顺利实现校园体育文化体系的科学构建,需要选择适宜的途径,其中,最主要的有以下几个方面。

(一)媒体宣传力度进一步加大

现代社会媒体种类多、影响力大,因此,通过加大媒体宣传力度,如利用标语、图片、广播、互联网等,可以扩大校园体育文化对师生的影响力,使校园体育文化慢慢地走到每个人的周围并在无形之中渗透入人的主观意识中。对于身处校园的广大学生来讲,就是使他们能够真正认识到强健身心的作用,培养他们对体育运动的兴趣,提高他们对体育运动的参与热情,真正落实终身体育理念。

(二)体育文化内容要更加丰富

当前,丰富校园体育文化的内容,吸引更多的学生参与到校园体育文化的学习中来是构建校园体育文化体系的重要途径。为此,学校应重视举办以体育为主题的知识讲座与竞赛。

体育知识讲座组织形式可以很多样,内容更是可以五花八门,讲座的主讲人可以是著名体育记者、运动员、教练员,还可以是在体育、保健、健身等领域有影响力的专家学者,也可以是本校的体育教师。讲座的内容可以是某项运动的战术技巧、某知名运动员的成长经历、运动医学知识等。

体育知识竞赛是学生获得体育知识技能的有效方法。竞赛可分为笔试和现场口头抢答两种形式,笔试人数多,答题面广,可以提高学生对体育文化知识的了解,口答可以提高学生的反应能力和竞争意识。

从实践来看,体育讲座与竞赛的成效需要一个长期的过程才能显现出来,因此,要坚持长期举办。

(三)有效提升学生的体育文化意识

体育教师在课堂教学中应重视培养学生的体育参与意识,引导学生关注体育运动,培养其感兴趣和热衷的项目与球队,使学生能将这种体育精神和体育文化带到日常生活中去,如果没有亲身参与到运动本身中去,那么永远不能体会到运动的精髓。

体育意识的建立需要一个长期的培养过程,在这个建设过程中,意识的传播工具和方式是关键因素。因此,学校要善于通过校园媒体向学生传播体育知识和最新体育信息。

(四)对校园文化队伍建设提高重视程度

这里重点阐述校园体育文化建设中学生骨干和教师队伍的建设。

学生骨干方面,让学生参与到体育活动管理事务中来,如在运动会或其他体育竞赛举办期间,各班、年级应成立学校运动会宣传报道小组,还可以组织学生作为运动会的志愿者,完成多种如赛会辅助、服务和裁判助理等工作。由学生自己来组织符合他们心意的体育活动绝对是开展校园体育文化活动的最佳方式。

体育教师方面,体育教师对体育知识的传播与人才的培养负有重要责任,之所以肩负这些责任主要是因为他们是最了解学生日常体育运动表现的人,他们既要完成体育教学任务,又要组织学生开展校内外体育活动,还要为学校购置体育器材,一些教师还要进行科研工作,可谓任务繁重,因此,学校对体育教师的关心是非常重要的,如奖励优秀教师,对工作量安排、工作福利保障、优秀教师职称的评选给予特殊照顾等,使体育教师在自己的事业中获得适当的满足感,并且真切地感受到尊重和劳有所获。

第五章 休闲体育文化体系及其现代化发展研究

体育文化本身就是一个系统性的体系,体系中包含着许多具体的不同形式的体育文化,休闲体育文化体系就是其中非常重要的一个方面。当前,随着人们闲暇时间的增多,休闲体育已经成为人们热衷的重要选择,因此,休闲体育文化体系的建立健全及其发展就显得尤为重要了。本章主要对休闲体育文化的基本理论、发展态势、未来发展走向、价值的实现及其产业化发展进行剖析和研究,由此能够对休闲体育文化体系及其现代化发展有整体上的了解和认识,这对于休闲体育文化的可持续发展也是有着积极影响的。

第一节 休闲体育文化的基本理论

一、休闲体育文化的概念解析

休闲体育文化是休闲体育的重要组成部分,因此,要对休闲体育文化的概念有所认识,就需要首先对休闲与休闲体育的概念有一定的了解和认识。

(一)休闲与休闲体育的概念界定

1. 休闲的概念界定

尽管人们对休闲的认识各不相同,国内外对休闲的定义也有很多,这是由休闲的多含义性决定的,也体现了休闲的多含义性。但是,总的来说,往往能够从三个层次来对休闲进行了解和认识,具体表现为:时间、社会活动以及心理。

总的来说,对休闲的定义为:以各种"玩"的方式调节和放松身心,以达到体能恢复、身体保健、身心愉悦的目的,在非劳动及非工作时间内的一种业余生活。

2.休闲体育的概念界定

体育活动逐渐成为人们休闲生活的一种方式,这是由体育活动的属性和作用共同决定的。体育活动具有健身性、娱乐性、竞技性和社会性等多重属性。同时,其也有着非常重要的作用,主要表现在两个方面:一是能提高人体机能水平;二是对人的身心健康具有改善和提高的作用。

整体来看,休闲体育是用于娱乐、休闲的各种体育活动。相较于其他体育运动来说,休闲体育是一个相对独立的领域,与其他体育运动有着不同之处。按照休闲体育的目的和作用,可以将休闲体育定义为:人们为满足自身发展需要,以愉悦身心为主要目的,在余暇时间所进行的具有一定文化品位的体育活动。

(二)休闲体育文化的概念界定

关于休闲体育文化,很多学者都持有不同的观点,但是,休闲体育文化的概念应该遵循基本的逻辑关系,即属种关系,这一点是得到公认的。换句话说,就是作为这种概念的休闲体育文化的外延应该完全被包含在属概念——休闲文化和体育文化的外延之中。但从宏观的角度来看,无论是休闲文化还是体育文化,都是宏观意义上的文化的组成部分,或者说是文化的表达维度而已。因此,休闲体育文化的概念,更应该参照文化定义的范畴。

由此可以看出,无论是休闲文化还是体育文化乃至休闲体育文化的全部外延都应该被包含于其中。根据逻辑要求,可以将休闲体育文化定义为:休闲体育文化是人们通过体育运动的方式,在休闲的实践过程中创造并共同享有的、关于这一社会现象的物质实体、价值观念、制度规范及其行为方式的总和。从该定义中可以看出,对休闲体育的理解首先是从文化方面出发的,换句话说,就是将休闲体育看作一种社会文化现象,而这种社会文化现象是被包含于休闲文化和体育文化之中。另外,这里所说的休闲体育文化是休闲文化和体育文化的一种表现方式,而要将这种表现方式建立起来,需要很多方面的内容,其中,物质实体、价值观念、制度规范和行为方式等方面的建构因素共同形成了休闲体育文化,而同时,这几个方面的因素也是文化的基本构架。由此可以看出,休闲体育与文化有着非常密切的联系。

二、休闲体育文化的特性

休闲体育文化是休闲文化的重要组成部分,并且它属于一种特殊的文化现象。一般来说,文化和休闲文化所具有的民族性、地域性、传承性和时代性等特性都能够从休闲体育文化中表现出来。除此之外,休闲体育文化还具有自身独有的特性,具体来说,可以从以下几个方面得到体现。

(一)直接参与性

与其他休闲活动不同,休闲体育具有直接参与的特点。直接参与休闲体育指的是参与者身心直接参与并投入其中。人们要想实现自己的身心共同发展,就要在参与休闲体育活动的过程中全身心地投入,亲自感受并体验休闲体育运动给自己带来的一系列变化。因此,个人只有亲自参与到休闲体育中,才能完成休闲体育文化的积累和体现。休闲体育文化的创造者和体验者就是亲自参与其中的每个人。

(二)自娱自足性

人们参与休闲体育活动,要通过完成一些基本动作才能体验休闲体育给自己带来的各种身心变化。有些时候,参与者从休闲体育中获得的满足感难以通过休闲体育行为层面完全反映出来,因为有时候人们进行一项活动会从外表上反映出一种艰难和痛苦,但运动所带来的快乐与自由只有参与者能够体会到。这种现象说明,休闲体育具有自娱自足的特性。

(三)领先性

任何社会活动或现象的发展都是与社会生产水平的发展分不开的,休闲体育也同样如此。在现代社会背景下,生产条件具有新材料、新技术以及自动化的特点,在这一条件下,高科技的物质被人们直接用于休闲体育中,或经过加工转化为体育器材用于各种休闲活动中。所以,与其他休闲运动相比,休闲体育的物化水平明显处于较高的层次,这表明休闲体育文化具有领先性的特征。

(四)跨文化性

一直以来,可供人们休闲娱乐的体育活动项目非常丰富,无论是现代的还是传统的,或是国内外的体育活动,都可以为人们提供娱乐。这说明休闲体育具有明显的跨文化特征。体育运动的国际性特征主要决定了休闲体育文化的跨文化特性。体育活动能够使人的身心需要同时得到满足,人们通过参与体育活动能收获健康,并且促进社会文明的发展,不管是何种类型的体育活动,也不论是在何种文化背景下产生的体育活动,人们都会欣然接受。

三、休闲体育文化的内涵

休闲体育文化有着丰富的内涵,涉及多个方面,下面就从休闲体育文化的物质文化内涵、精神文化内涵以及制度文化内涵三个方面着手,来对休闲体育文化的内涵加以剖析。

(一)物质文化内涵

休闲体育文化的物质文化内涵主要包含两个方面的内容:一个是自然物,另一个是人造物,具体如下。

1. 自然物

这里的自然物所指的是被改造后的自然物,而非纯自然物。改造自然物的主要目的在于满足参与体育活动的需要。其中,滑雪场、高尔夫球场、游泳池、漂流场等是比较常见的自然物。

2. 人造物

为了使体育活动项目顺利开展,人们建构的场地器材、硬件设施等,就是所谓的人造物。对人造物的命名主要是以其功能与作用为依据,其中,球场、体育馆、球杆、球拍、球等是比较常见的。

体育的形成与人类运动本能有着不可分割的联系,同时也需要经过社会化改造,体育是由二者而成。在人类的社会实践活动中,文化的物化形态通过体育这一方式被完美地体现出来。人们在参与休闲体育运动的过程中,在自然世界和人造世界中对自己的有机体进行改造,从而对物质文化的成果加以体验与享受。与此同时,人们在参与过程中也在对体育物质文化进行改造。

(二)制度文化内涵

社会的制度规范体系的特点也能够通过休闲体育多角度地表现出来,具体来说,可以从以下几个方面得到体现。

第一,社会中每个公民对休闲体育活动的参与都必须履行一定的准则,体育法规便是公民这一休闲行为的最高法律规范准则,同时体育法律也可以保护公民的参与权利。

第二,社会对人们行为的评判倾向、社会对余暇时间的规定以及社会劳动生产制度和社会发展的水平等都可以通过休闲体育文化体现出来。

第三,为了使人们参与共同活动的权利得到保障,不同的休闲体育活动项目都属于自身的统一的活动方式和规则要求,这有利于规范人们的参与行为。

第四,一直以来,各种各样的休闲活动中就融入了体育活动这一方式。在人们看来,体育活动本身就是一种行动,这一行动主要包含两方面的内容:一方面,表现出人的自然属性,即以人的特殊方式进行运动并且满足着人的本能的运动需求;另一方面,休闲活动的运动方法大都已经经过了社会化处理,人们能够通过参与其中来满足自身的其他社会需求。由此可以看出,休闲体育文化是一种社会文化现象。与此同时,人们在闲暇时间参与不同的休闲活动正将其价值倾向充分体现了出来。

(三)精神文化内涵

人们的休闲观念与体育观念是休闲体育文化价值观念层面的主要内容,同时,这也在一定程度上体现出了休闲体育精神文化内涵。当人们在了解与认识休闲体育的功能与作用时,也包括人们对休闲体育价值与内涵的理解。休闲体育的精神文化内涵能给人产生重要的影响。具体来说,可以从以下几个方面得到体现。

第一,人们参与休闲体育活动,这是其将自己对体育的态度与看法通过实际行动表现出来的主要方式。人们如何看待体育的意义、价值及功能能够通过直接参与的行为反映出来。

第二,人们通过参与休闲体育,能够表现出自己对不同休闲方式的倾向性,能有效地培养和提高人的积极能动性。

第三,人们在参与休闲体育运动的过程中,能够在加深对体育运动的认识与了解的同时,充分发挥自身的主观能动性,对休闲体育的价值体系进行积极的挖掘与构建,从而使休闲体育的功能不断得到强化与发展。

第二节 休闲体育文化的发展态势

一、现代休闲体育发展的概况

(一)休闲体育呈现出国际化发展潮流

现代人们参与休闲体育已经成为一种国际化的潮流,这在一定程度上促进了休闲体育的发展和普及。20世纪60年代,随着世界经济的恢复和发展,在一些经济较为发达的国家,休闲体育得到了快速的发展,逐渐呈现国际化的趋势。常见的运动项目有游泳、自行车、网球等,而这些项目逐渐在世界范围内开始流行,并且得到了人们的广泛认可。

(二)不断涌现出相关的新兴项目

随着现代社会的发展,为了满足人们的休闲需求,一批新兴的休闲体育项目快速兴起并得到了迅猛的发展。20世纪70年代时,极限运动十分单一,主要为滑板运动,而到20世纪90年代,极限运动出现了"海、陆、空"等方面的多种运动形式,如漂流、攀岩、滑翔等运动。新兴的大量运动项目吸引了众多的爱好者,这也促进了相应的运动组织、运动团体以及运动产业的发展。

总而言之,休闲体育体现了现代人的生活观念:享受人生、创造人生,将生活与自然协调统一起来。因此,休闲体育在世界范围内得到了广泛的开展。

(三)竞技体育呈现出休闲化特点

第二次世界大战结束之后,各国致力于自身的经济恢复和发展,这一阶段竞技体育得到了快速的发展,奥运会的参与人数、项目的设置以及比赛的竞争程度等各方面都大大提高,竞技体育的发展水平在一定程度上代表了该国的体育发展水平。随着竞技体育的发展,人们对竞技体育的关注和欣赏已经成为人们生活的重要方面,这在一定程度上刺激了人们参与休闲体育运动的积极性。另外,随着竞技体育的发展,各国也逐渐认识到了体育产业发展对于经济社会发展的重要作用,为了使人们更好地参与健身活动,竞技体育逐渐向休闲体育方向转化。竞技体育的休闲化并不是竞技体育和休闲体育之间的对立,这两者是并行存在的,并且在一定程度上起到了相互促进的作用。

二、当前我国休闲体育文化发展的环境

我国休闲体育文化的发展是需要在一定的环境中进行的,这大致可以分为竞技社会环境和人文环境两个方面,具体如下。

(一)现代休闲体育文化发展的经济社会环境分析

改革开放之后,现代意义上的休闲体育在我国得到了快速发展,这并不是偶然的,有其产生和发展的经济社会环境。改革开放之后,我国具备了休

第五章 休闲体育文化体系及其现代化发展研究

闲体育的外部环境,因此,使得休闲体育得到了快速发展。具体而言,随着改革开放的进行,我国加强了与国际的交流与合作,这在一定程度上促进了休闲体育在我国的传播;改革开放对我国的经济和社会等方面进行了相应的改革,从而使得我国经济社会得到了更好的发展。经济条件、余暇时间、思想意识等方面都得到了一定的发展,因此,休闲体育在我国广泛地兴起和传播开来。

1. 经济条件

随着改革开放的进行,我国的经济发展水平飞速发展,国民生产总值显著提高,人们生活水平得到了一定程度的改善,我国居民的恩格尔指数也逐渐呈下降趋势。

人们用于基本生存的消费比重下降,可支配收入得到了大幅度的提高,这为休闲体育在我国的快速开展提供了必要的经济基础。尤其是进入 21 世纪以来,我国人民初步实现了小康,虽然人均国民收入水平与发达国家仍有一定的差距,但是,这一差距正在逐步减小。

经济压力的缓解只是一个方面,更为重要的是思想上的解放。思想自由消除了心理压力,人们按照自己的意愿自主从事休闲体育运动,这才是真正意义上休闲体育发展的根本原因之一。在改革开放之前,我国施行计划经济,严重地挫伤了人们工作的积极性。而"文化大革命"期间,来自政治环境的压力,更是阻碍了人们参与休闲体育运动的积极性。在"文革"期间,很多体育运动、艺术等都停滞不前,严重影响和禁锢了人们的思想。随着改革开放的进行,人们的思想得到了进一步的解放,人们的个性呈多元化的发展趋势,这为休闲体育的发展提供了思想基础。

2. 余暇时间

在 20 世纪 80 年代时,我国施行的是每周六天工作制,人们的余暇时间相对较少。随着改革开放的深化进行,每周五天的工作制逐渐在我国得到了推广和普及,从而使得人们能够自由支配的时间逐渐增多,从而为人们参与休闲体育活动提供了时间保障。另外,随着服务产业以及家用电器等的发展,使得人们从日常家务劳动中解放了出来,人们有了更多的闲暇时间。同时,我国的节假日制度也逐渐完善,以上这些因素都使得人们进一步摆脱了工作的束缚,相应的生活和休闲的时间逐渐增多。

3. 视野的开阔

随着改革开放的进行,我国对外交流逐渐增多,这在一定程度上开阔了国人的眼界,使得人们了解到了如何更好地使用闲暇的时间,也使得现代休闲体育在我国得到了快速的传播。如今,休闲体育产业已经成为我国国民经济的重要组成部分,休闲体育市场呈现出了一派繁荣的景象,台球运动在我国得到了广泛的传播,高尔夫球也在我国逐渐兴起,很多城市都开设了高尔夫球场。

随着物质条件的改善、闲暇时间的增多,以及人们思想观念的转变,休闲体育呈现出了蓬勃发展的势头。但是,在发展的同时,也出现了一些问题,如台球运动的快速发展,台球厅遍地开花,从而造成了一定的资源浪费;再如,高尔夫球场增多,而参与高尔夫球运动的人并没有相应的增加,这也造成了巨大的场地浪费。

通过对上述内容的分析可以得知,在商业发展的不断促进下,休闲体育产业得到了快速发展,使得人们的运动消费观念逐渐确立,这对人们健康水平的提高以及生活质量的改善等方面都有重要的作用。产业化和设施的完善使国民从事休闲体育的人数大大增加,与那些传统的休闲项目相比,休闲体育这种方式更富有健康、活力、号召力。

(二)现代休闲体育文化发展的人文环境

对我国休闲体育文化的发展产生相关影响的人文环境包含多个方面的内容,具体如下。

1. 主流文化

社会文化对于事物的发展具有重要的影响,其对于休闲体育的影响同样尤为深刻。一般地,人们将社会的文化分为主流文化和非主流文化两种类型。所谓主流文化,主要指传统文化和地域核心文化,它是一个社会、一个时代受到倡导的、起着主要影响的文化,现阶段我国的主流文化即中国特色社会主义文化。非主流文化是相对于主流文化而言的,它主要包括那些由外来文化及技术发展等原因造成的新兴文化。

人们在主流文化的基础上选取个人偏好,如中国人的传统文化倾向于和谐、涵养等,这在主流文化的大方向上确立了我国人民的总体模式。中国传统文化讲究"和",并且已经深深地融入了我国的民族文化之中,在休闲体育中也表现出一定的长于和气、少于争斗等。

一个区域和一个民族的传统文化是经历多年的发展和积淀之后逐渐形成的,因此,具有一定的稳定性。我国的传统文化也表现出了一定的稳定性,同时,我国文化也具有一定的适应性,能够适应和吸收新的文化内容,增加新的文化特质,从而形成新的主流文化。

第五章　休闲体育文化体系及其现代化发展研究

2. 非主流文化

一般来说,非主流文化的主要承载人群是青少年,因为他们追求个性。在非主流文化发展过程中,一些与主流文化发展相适应的被主流文化逐渐同化、融合,而那些不适应主流文化发展的则逐渐被摒弃。一些与非主流文化相伴生的休闲体育活动或是逐渐汇入主流文化的发展之中,或是逐渐被人们遗忘。

在我国,一些危险的休闲体育运动具有一定的争议,比如登山运动,它具有很多的危险性,并且近年来也有很多的事故发生,因此,登山运动引起了人们的思考。登山运动作为一项休闲体育运动,人们冒着生命危险参与其中到底值不值得。登山运动与我国传统文化的冲突在于其强调征服自然,而这与我国传统文化与自然和谐相处相违背。因此,我国登山者将我国的传统文化融入登山理念之中,从而形成了独具特色的登山文化。人们登山是为了陶冶自身,做到人与自然的和谐相处,而并非冒着生命危险去征服它。

3. 地域核心文化

所谓地域核心文化,实际上就是指在一定地域范围内占主导地位的文化,当地的风俗礼仪、社会关系准则、禁忌等都属于其重要内容。不同地区的地域文化特点是各不相同的,其核心的文化内容具有一定的稳定性和独立性,尤其是在一些偏远地区,由于信息的闭塞,人们与外界之间缺少沟通,从而使得区域核心文化处于主导地位。休闲体育的发展和传播受地区风俗、禁忌礼俗等方面因素的影响。

民俗中的禁忌在地域文化中具有重要的地位,它规定了人们不应该做什么。禁忌在我国古代和法律一样对人们的行为起着规范和制约作用,随着人们思想意识的进步和科学的发展,现代很多禁忌逐渐得到了消除,但是仍有一些禁忌保留了下来,并对人们的生活产生了重要的影响。很多禁忌都源于宗教和神话传说,并与一些休闲体育内容相抵触,这时相应的休闲体育项目在该地区的发展就会面临巨大的阻碍。例如,有些地方的高山湖泊具有一定的宗教意义,如果开展相应的游泳活动必然是不合时宜的;又如,藏传佛教对鱼有着严格的禁忌,因此,钓鱼活动在相应的地区推广和传播是不可能的。

民俗中的一些禁忌在一定程度上不利于某些休闲体育的开展,但是,有些地区的风俗对于休闲体育的开展具有积极的意义。我国民俗中的一些民族节日、聚会和一些传统体育项目对于休闲体育的发展具有重要的促进作用,如"那达慕"大会、赛龙舟、荡秋千等,这些活动都具有鲜明的民族特色,并被人们广泛接受,这些活动的内容也可能成为我国休闲体育的重要组成部分。

4.休闲体育价值观念

尽管休闲体育在我国兴起的时间比较晚,起点也相对较低,休闲体育产业的运作理念和运作方式还有待提高,并且相应的法律法规还有待完善,但是,我国休闲体育的发展也有其相应的优势。休闲体育作为一种生活方式和文化现象,它的形成和确立需要一定的过程。随着我国改革开放的进行,许多外来的价值观念正逐渐冲击着人们的认知和价值观念,很多价值观念逐渐被人们所接受,在与传统价值观念的融合之后,形成了新的价值观念类型,并且得到了人们的广泛认可。

休闲体育文化作为一种新型的价值观念,它需要借助相应的市场、资金、物品与环境等来开展相应的活动,最终达到自我目的的实现。休闲体育的过程和效果产生了相应的愉悦的心理体验、身心的健康、幸福等。参加相应的休闲体育的人要通过自身的价值观念去评价和分析其有无价值。因此,休闲体育价值观念的形成建立在自身的理解和认知的基础之上。休闲体育价值观念的形成过程是在和原有价值观念融合的基础上建立起来的,它与中华民族的固有精神内核具有高度的一致性。为了促进休闲体育更好的发展,应将其与我国传统文化相结合,从而使得大众在心理和价值观念上形成一定的认同感。

从上述内容中可以得知,在目前经济社会的发展现状下发展休闲体育是一项庞大的系统工程,需要涉及社会生活的方方面面。除了上述的影响因素之外,人们的休闲体育观念和对休闲体育的认识是影响休闲体育发展的重要影响因素。很多人财富增长的速度与其思想观念之间的转变具有一定的差异性,这使得他们对于休闲体育的认识有限。

三、影响休闲体育文化发展的重要因素

我国休闲体育的发展受多方面因素的影响,其中,较为主要的有人口、生活水平、空间、时间,以及其他休闲方式等几个方面。而这些影响因素对于休闲体育的发展会产生一定的促进或阻碍作用。具体来说,可以大致归纳为以下几个方面。

第五章 休闲体育文化体系及其现代化发展研究

(一)人口因素

人口因素是影响我国发展的重要因素,人口的数量、素质和结构等方面都会对各项社会事业都会产生相应的影响。尤其是人口老龄化发展,将成为我国发展所面临的重要问题。

1.人口的数量

我国人口基数大、总量多,并且已经成为制约我国经济发展的重要因素。2017年年底,我国的人口总数已经达到了13.9亿,人口总量的不断膨胀对经济的发展水平造成了一定的制约,也对我国休闲体育的发挥产生了重大的影响。人口数量较多,则相应的休闲运动场馆、资源等的人均数量会相对降低,在一定程度上限制了休闲体育的发展。

2.人口的质量

随着我国经济发展水平的提高和我国教育水平的不断发展,使得我国受教育人口逐渐增多,人口的素质也得到了一定程度的提高。国民素质的提高使得休闲体育得到了更好发展,人们能够文明、健康、科学地利用闲暇时间,对休闲体育的内部结构产生一定的影响。

3.老龄人口比例的增大

人口的老龄化是21世纪初我国人口的显著特征,是我国面临的重要人口问题之一。在人口老龄化阶段,适龄劳动力所占比重下降,造成劳动力的相对短缺;同时,老龄化还会造成家庭负担的加重,社会负担也会相应增加,使社会经济负担加重。人口老龄化的问题会引起我国消费水平和消费结构的变化,从而对休闲体育的发展产生一定的影响;家庭和社会负担的加重也会相应地压缩人们的闲暇时间。

4.城市人口增多

娱乐需求随着城市化的扩大而不断提高,大城市提供了休闲活动的广泛选择。随着我国经济社会的发展,城市化的进程逐渐加快,小城镇、卫星城和城市的人口会明显增加,而农村的人口呈逐渐下降的趋势,这是我国人口分布的特点。而城市规模和城市人口的明显增加会使得休闲体育迅猛发展。城市中的休闲体育布局会因为人口的增多而发生变化,休闲体育的组织形式、活动空间、消费比例等方面都会有所改变。另外,随着城市人口的增多,第三产业也会有所发展,这在一定程度上也会促进休闲体育的繁荣。

城市化所带来的改变是多方面的,其中一方面是居民区和商业用地等的增加会使得自然因素逐渐减少,那些亲近自然、使人愉快的休闲体育活动将会更受人们的欢迎。

(二)余暇时间

当前,我国的大部分地区已经实行五天工作制。另外,随着社会服务体系的不断发展,以及家庭劳动中的新技术手段的引入等,使得我国人民的闲暇时间逐渐呈增多的趋势,这对休闲体育的发展能够起到一定的促进作用。但是,保证人们开展相应的休闲体育的时间也受到多方面的威胁。其中,较为主要的有以下两个方面。

1.某些行业工作时间的延长

尽管从总体上来看,人们的工作时间呈不断下降的趋势,但是,很多服务行业,如通信、教育、交通、医疗等行业的工作时间并没有缩短,由于我国人口压力较大,有些行业的工作时间甚至还被延长。这些服务行业需要服务社会,需要面对很多琐事,因此需要耗费的时间较长,这是由其行业特点所决定的。工作时间的延长必然会导致人们闲暇时间的缩短,从而对休闲体育发展造成不利的影响。

2.其他休闲方式的影响

随着经济社会的发展,人们的休闲方式会呈多元化的发展趋势。尤其是随着电子科技的迅猛发展,电子游戏已经成为人们的一种重要的休闲娱乐方式,对于青少年具有很大的吸引力。电子游戏种类众多,并且逐渐占领了人们大量的闲暇时间,这对休闲体育的发展造成了很大的竞争压力。

(三)生活方式与生活水平

生活方式和生活水平也是影响休闲体育文化发展的重要因素,具体来说,可以从以下几个方面得到体现。

1.社会竞争的程度不断提升

改革开放以来,经济社会结构不断发生着变革,随着商业社会的发展,人与人之间的竞争逐渐加剧,这使得人们不得不努力提高自己,在工作和生活之余,人们也利用自身的闲暇时间来进行"充电",不断努力地提高自身的素质,这在一定程度上使得用于休闲体育的时间被挤占。

社会结构的复杂化和社会信息的海量使得人们疲于应对,社会生存的

第五章　休闲体育文化体系及其现代化发展研究

竞争和压力正在逐渐加大。社会结构的复杂化也使得人们需要必要的时间来维系人际关系；知识的更新换代更为频繁，人们不得不去学习越来越多的新知识，这些因素都会导致人们休闲体育的时间缩短。

2.物质需求有了一定的增长

随着经济社会的发展，社会物质条件日益改善，不断增多的商品满足着人们的多元化的物质需求。这些丰富的物质产品丰富了人们的生活，但是，它在一定程度上会促使人们物质欲望的增加，人们为了满足自身对于物质的欲望会更加努力地去工作来获取更多的金钱，从而使得人们的生活观念和生活方式产生一定程度的畸变，不利于休闲体育的发展。

另外，随着市场经济的发展，如今的社会成为一个消费型社会，人们的消费也在不断增长，维持日常开销的费用逐渐增多，为了维系高水平的生活，人们不得不付出更多的工作时间。尤其是在我国，由于房价的高涨，为了偿还房贷，有些人甚至会身兼多职，根本没有时间参与休闲体育。

3.地区发展出现了显著的不平衡性

由于地理环境和经济发展历史和条件的限制，我国的经济发展呈现一定的不平衡，具体表现为东西部地区经济发展的不平衡性，以及城乡经济发展的不平衡性。休闲体育的发展与经济发展水平具有密切的联系，在经济欠发达地区的休闲体育发展必然会受到一定程度的限制。随着经济社会的发展，这种不平衡性会在一定时间段内呈现一定扩大的趋势，而这些地区也会成为休闲体育发展的死角。由于经济发展水平的限制，贫困地区的人们根本没有时间、金钱去享受生活，在思想观念上与发达地区的人们也有很大的差异性。因此，为了改变这种状况，应积极推进地区之间的共同发展和共同富裕，促进经济社会的协调发展。

四、我国休闲体育文化发展的现状与存在的问题

发展到现在，我国居民生活水平发生了显著的增长，休闲体育产业也获得了快速的发展，但同时也存在着相应的问题。如今的社会背景下，我国的休闲体育发展有着以下两方面的现实情况。

（一）休闲体育文化已经得到快速发展，但缺陷仍然存在

随着经济社会改革的深化进行，我国居民的收入水平得到了显著的提高，特别是城镇居民的生活质量得到了明显的改善。人们收入的增加、消费

能力的提高以及假日和周末等闲暇时间的增多,使得人们思想观念发生了重大改变,人们的日常消费也向着休闲消费倾斜。有需求就会有相应的市场,在人们休闲消费增加的同时,也大大地增加了休闲体育产业的发展,而休闲体育产业的发展反过来又促进了我国人民的休闲体育生活的改善,这是一个良性循环的过程。如今,在城市居民的日常生活中,休闲体育发挥着越来越重要的作用,城市经济的发展也需要借助于休闲体育的发展。休闲经济也将日益成为未来城市经济发展的重要动力。相应地,也大大提高了人们的生活质量和生活品位。

然而,需要注意的是,在体育产业迅速发展的同时,也必然会存在很多不规范的现象。如今,很多服务性行业得到了快速的发展,但是相应的政策法规的出台速度却相对较慢,从而造成了相关行业发展的不规范性,休闲体育产业的发展也同样会受到一定程度的影响。商业组织和团体是以盈利为目的的,但是,休闲体育作为一项服务性经济产业,其具有很大的人性化特点,是物质和精神的综合体现。这就是说,以休闲服务为核心的经济类型,必须是经济效益、社会效益、环境效益、文化效益并举,只有兼顾各方面的效益才能够使得休闲体育产业获得长远的发展,而就目前来看,由于发展速度较快,人们普遍追求商业利益,从而对于其他方面效益的追求有所缺失,进而影响到休闲体育产业的可持续发展。我国居民对于休闲体育的认识还存在一定的误区,在地域上其认识水平也具有很大的差异性,同时缺乏必要的保障和规范措施,这些因素在一定程度上限制了其发展。

(二)机遇与挑战是共同存在的

经历多年的发展,如今,有学者认为我国处于工业化的中后期,工业化的发展并没有充分实现。我国经济的发展对于第一产业的倚重虽然逐渐减少,但是,我国第一产业的就业比重仍然处于较高的水平。同时,由于地域发展的不平衡性的限制,使得我国的城市化发展水平落后于我国的工业化的整体水平。

在尚未实现工业化的时代背景下,我国如今又面临着信息化浪潮的冲击,从而使得我国社会转型阶段所面临的环境较为复杂。在复杂多变的时代环境下,一方面为休闲体育的发展带来一定的挑战,另一方面也为其发展变革提供了契机,因此,如今休闲体育的发展机遇与挑战并存。

如今,我国现代意义上的休闲体育主要集中于城市之中,影响范围相对较为狭窄,还没有形成实质意义上的规模经济,这是休闲体育发展的硬性限制,在短时间内并不能得到相应的改善。休闲体育对经济功能的能力还处于培养和壮大阶段。另外,人们对于休闲体育的认识虽然得到了一定程度

第五章 休闲体育文化体系及其现代化发展研究

的发展,但是,人们对其的认识并没有形成稳定的休闲体育观念,因此,在面临众多的休闲选择时,人们往往会选择其他的休闲方式。休闲体育正面临着众多休闲方式的挑战,如电子游戏、看电视、打麻将等,这些都具有很强的娱乐性和休息性,这在一定程度上限制了休闲体育产业的发展。

虽然面临着众多的挑战,但是,休闲体育作为竞技和文化的综合体,其具有多方面的优点,并且由于人们对于健康生活方式的追求以及健康观念的确立,使得休闲体育的发展获得了良好的时机。休闲体育寓休闲于运动,使得人们能够真正地体味到其中的快乐,同时也能够在一定程度上促进人们身心的发展,因此,休闲体育将成为人们更好的选择。

休闲体育发展需要政府采取相应的措施,有效调动和借助各方面的力量,促进其健康发展,既不能操之过急,也要避免裹足不前。只有这样,才能把握如今的发展机遇,使得休闲体育产业获得长远的发展,为人民生活质量的提升和经济的发展做出积极的贡献。

休闲体育的发展需要大众各方面的素质都有所提高,这是一个逐渐发展的过程,需要各方面的努力才能最终实现。如今我国在教学方面推进素质教育,在全社会开展相应的全民健身活动,这就对人们思想意识的发展起到了积极的促进作用,对于人们形成积极、健康的生活方式,形成休闲体育生活方式具有重要的促进和推动作用。

(三)群众体育的休闲化特点越来越显著

"群众体育"即为人民大众普遍参与的体育活动,它是一个具有中国特色的概念。在新中国成立初期,国家各方面面临着严重的困难,为了增强人民的体质,以更好地促进我国经济社会的建设和发展,党和国家高度重视群众体育的发展。新中国成立初期的群众体育带有一定的政策导向性,政治因素浓厚,因此,对于体育参与的动力和意识的培养不利。

随着我国经济社会的不断发展,群众体育也得到了相应的发展。在建设社会主义和谐社会的过程中,大力开展群众体育活动,不仅对于改善和提高人民的健康素质具有重要的作用,对于我国和谐社会主义的建设也具有重要的意义。

如今,人民的生活水平得到了一定程度的提高,对于健康和生活质量有了更高的要求。原本以锻炼身体为根本目的的群众体育项目逐渐不能满足人们对于提高生活质量和精神文化方面的需求。同时,由于生活节奏的加快,人们会赋予一种事物多项功能,从而在从事某项工作和活动时,实现多种功能作用的发挥。而休闲体育正是多种功能整合而成的综合体,它既可以满足人们追求高品位、高品质生活的需要,保持旺盛的生命活力,同时也能够实现人们进行社会交往等方面的功能,因此休闲体育在我国逐渐兴起,并得到了快速的发展。

"休闲体育"这一词已经被越来越多的人所认识和了解,在紧张的工作和生活之余,休闲体育正成为人们的重要放松方式。随着我国对"全民健身战略"的重视程度的不断提高,由群众体育发展而来的休闲体育也逐渐受到了普遍重视。由群众体育发展而来的现代休闲体育项目将会更加注重运动的舒适性和愉悦性,它能够使得群众真正地实现身心的轻松。

第三节 休闲体育文化的未来发展走向

从当前休闲体育文化发展的态势中可以看出,尽管其发展中仍然存在着一定的弊端,但是,其发展前景是非常好的,关于其未来的发展走向,可以大致归纳为以下几个方面。

一、更好地融入人们生活中

群众体育的快速发展得益于经济的迅速发展,从宏观层面来说,我国的经济发展水平和经济增长率以及经济结构的不断优化,第三产业在国民经济中所占的比重也逐年增加,这些方面的变化最终会使得国民的购买力得到一定程度的提高。人民生活水平的提高、购买能力的改善为休闲体育消费提供了重要的物质保证。一般而言,随着居民生活水平的提高,人们消费结构会发生相应的变化,人们在提高和改善生活质量方面的消费会逐渐提高,满足其基本需求的消费比重会减少,这是消费结构变化的总体趋势。

当国民的消费结构得到了整体提升时,休闲体育也将成为社会上一项广泛的消费项目。如果我国国民经济发展水平进一步提高,则休闲体育消费将成为人们的一种基本的消费项目,成为普通群众的一项重要的生活内容,形成休闲体育生活方式。这一目标的实现并不是由物质生活水平一方面所决定的,需要精神文明建设也得到相应的提高,这样才能够实现休闲体育生活方式的形成。

随着人们生活水平的增加以及闲暇时间的增多,休闲体育将更多的平民化和社会化,并逐渐发展成为人们的社会生活的重要组成部分。在众多休闲方式中,休闲体育以其独特的魅力吸引着人们的广泛参与,并终将成为人们的基本消费对象之一。

第五章　休闲体育文化体系及其现代化发展研究

实践表明,物质生活水平的提高并不意味着人们会获得相应的幸福和快乐,这与人们的不健康的生活方式具有重要的关系。在物质生活水平提高时,人们的体质健康状况却呈下降的趋势,糖尿病、心血管疾病等越来越多地威胁着人们的身体健康。因此,作为现代中国人,不仅要建设和发展好和谐社会,还应该充分享受到和谐社会的发展成果。这就需要人们培养和建立健康的生活方式,使得身心健康得到综合、全面的提高。

休闲体育消费不仅能够娱乐身心,也能够提高人们的生活水平和生活质量,对于人们培养健康、文明的生活方式将发挥着重要的作用。近年来,人们参与体育休闲活动的消费占总消费份额的比例逐年升高,休闲体育将更广泛、更深入地介入中国人的生活,成为基本需求之一。

二、专业化程度越来越高

休闲体育作为一种重要的休闲娱乐方式,对于人们的技术要求并不是很高,这是休闲体育给人们的第一印象。但是,相关的调查和研究发现,由于休闲体育是人们根据自身的兴趣和爱好自发参与的活动,因此,能够最大限度上调动人们的积极性和创造性,在很多休闲领域,人们的技能水平与专业、竞技选手的技能水平不相伯仲,甚至还犹有过之。以山地自行车为例,很多业余爱好者甚至要比专业选手的技术水平要高;再如登山运动,近年来,登山运动的参与者越来越多,各种民间的团体和组织不断兴起,个人自发登山运动也十分普遍,其技能水平也得到了专业水准。

三、逐渐趋于个性化、社会化

现代社会注重个性化的发展,这已经成为现代社会的基本特征,如商品的私人订制,处处体现着人的个性特征。在教育方面,我国也注重学生的个性化教学,促进学生素质的个性化发展。休闲体育项目众多,这为人们进行项目的选择提供了充分的可能性。人们在进行休闲体育项目选择时,会根据自身的个性特点进行选择,而在参与休闲体育运动过程中,也会表现出一定的个性特征,同时,他们也注重自身的创造性。

同时,休闲体育也越来越表现出社会化的特征,这是经济社会发展的重要趋势。在休闲体育发展过程中,人们的技术水平也在逐渐提高,有着共同爱好的人逐渐聚集在一起,形成了相应的组织和俱乐部用以交流经验,从而形成了一定的社会化的组织,这些组织对于休闲体育的开展起到了组织、协调的作用,有利于休闲体育的发展和传播。

四、商业化色彩更加浓厚

随着我国经济改革的进行,社会主义市场经济在我国逐渐建立并逐步完善。在市场经济条件下,商业利益将成为社会活动的重要推动力。对于休闲体育而言,休闲体育行业的发展和壮大必然是各商业群体共同推动的结果,而其出发点正是商业利益。各种商业组织在以盈利为目的的经营活动中,进行相互的配合协作,从而使得休闲体育得到不断发展和壮大。

在休闲体育发展过程中,一些商业组织的资金投入能够更好地促进其发展。有些休闲体育项目的开展需要借助于相应的场地和器材设备,而国家的体育基础设施建设并不能满足人们更多的休闲体育需求,这就需要人们充分发挥商业群体的作用。在休闲文化较为发达的国家中,其休闲服务分别由政府、非营利性组织和营利性组织,其中大部分的服务由营利性组织承担。随着我国经济的发展,休闲体育的产业化和社会化的程度不断发展,休闲体育的营利性服务组织将大幅度增加,其也将成为我国经济发展的重要增长点。

需要注意的是,在进行相应的休闲体育发展过程中,并不能将其局限于社会物质层面,应更加注重其对于居民生活水平的改善等方面的作用。在商业团体的共同作用下,使得人们的价值观念发生相应的变革,促进休闲体育朝着健康的方向发展。

五、产业发展逐渐趋于完善

虽然我国目前的休闲体育产业得到了一定程度的发展,但休闲体育产业的发展并不完善,在未来的发展过程中,随着经济社会的发展,其产业化水平将会进一步完善和提高。休闲体育是较为复杂的社会现象,与社会的发展和进步具有密切的联系,随着社会的发展,休闲体育也会得到相应的发展,而其发展在一定程度上又促进了我国社会的进步。虽然休闲体育对社会的作用可以通过多种途径,但是,在现阶段最为有利的方式是市场化的休闲体育产业。

休闲体育的发展过程是其产业化发展的过程,这是行业发展和壮大的必然趋势。随着产业化发展进程的加快,休闲体育的发展水平也在快速的提高。休闲体育的产业化是其未来发展的重要特点,也是其发展的重要推动力。只有实现休闲体育的产业化,才能够使其形成一个相对独立的系统,促进其各方面的自我完善,才能更好地满足人们各方面的需求。

休闲体育的产业化发展并不是传统意义上的大规模生产,因为现代社会更加追求人的个性发展,其产业化也表现出专门化、个性化的特点。休闲体育服务和商品也不是那些统一的标准产品,它更多的是针对人们的个性化需求而生产和设计的定制化的产品和服务。

六、逐渐向亚文化方向发展

人们在价值观念方面有着个性化的差异,表现在人们的休闲娱乐方式方面,则会出现多样的潮流,从而形成独特的亚文化圈。日趋增值的各种消遣方式、业余爱好、游戏活动和体育休闲方式将把人们划入不同的亚文化圈内。而且,对某些人来讲,一种业余活动可以作为他们整个生活方式的基础。

随着休闲体育项目的多样化发展,而围绕这些项目也会产生相应的亚文化圈,从而形成多样化的亚文化群体。很多休闲体育项目逐渐被人们赋予了一定的象征主义,以这些象征为中心,聚集了大量的参与人群,从而形成了亚文化群体。随着休闲体育项目的增多,这种亚文化群体也会相应增加。国外有学者对冲浪的人群进行了相应的研究,很多冲浪者赋予了一种象征意义,很多人以冲浪为中心而形成了一个整体,而为了彰显其参加过该项运动,他们会晒出古铜色的肌肤作为相应的标志,他们的发型表现出一致性的特点。在一些休闲体育项目中,形成的相应文化群体都会相应有一定的圈内语言、服饰风格,从而形成了自身的独特风格;在人际交往过程中,他们也多与圈内的人员进行交流,他们在与圈外的人进行交流时,会有一定的无法沟通或是不被理解的状况。

围绕着相应的体育项目而产生的最常见的亚文化群体即为"粉丝"和"球迷"等,这些"球迷"和"粉丝"会形成一定的亚文化现象。这些亚文化群体深受其群体文化的影响,其日常用语、服饰、发型等各方面都会有一定的亚文化特征,并且随着明星、体育团队和体育运动项目的变化而变化,并且这种亚文化已经成为他们生活的重要组成部分。而亚文化显然也促进了相应的体育事业的发展,促进了相关体育产业的发展。

随着人们生活水平的提高和闲暇时间的增多,休闲体育得到了快速的发展,休闲体育的亚文化现象有助于人们更好地度过闲暇时光,实现群体之间更好地交流和沟通。但是需要注意的是,亚文化的发展可能使得亚文化群体中的人与外界交流的困难。

七、逐渐被纳入到高校教学中

随着我国教育改革的进行,素质教育逐渐在全国范围内推行,而体育教学方面,则竞技体育项目有所减少,相应的健身性体育教学内容有所增加。随着人们对休闲体育认识的不断深化,以及其自身对社会发展的作用的不断增强,休闲体育也必将走进校园,成为高校体育教学中的重要内容。休闲体育的发展现实也证明了这一点,为了适应社会发展的需求,很多体育院校都开设了相应的休闲体育学课程,培养出众多的休闲体育的研究、指导、组织和经营人才。

第四节 现代休闲体育文化价值的实现

一、我国休闲体育文化价值实现的可能性

我国休闲体育文化价值的实现,并不是偶然的,而是具有一定的必然性,具体来说,其实现休闲体育文化价值的可能性主要表现在以下几个方面。

(一)良好的经济基础

我国经济的快速发展,人们的生活水平得到了很大的提高,城乡居民的生活已经基本达到了小康水平,为我国当代休闲体育文化价值的实现提供了坚实的物质基础。

(二)生产方式和生活方式不断得到改善

生产方式和生活方式的变化为人们提供了更多的空闲时间,这些空闲时间的增多已经为休闲体育文化价值的实现提供了时间的平台。

(三)良好的政治环境

我国政治民主化建设进一步发展和完善,为人们创造了参加休闲体育活动的自由民主的政治环境,这为休闲体育文化价值的实现提供了可靠的政治保障。

(四)价值观有所转变

现代价值观向后现代价值观的转变使得人们更加关注人类自身的发展,更加注重自我真实的感受和生命的意义,在后现代价值观的影响下,休闲理念开始更加深入,这就为我国休闲体育文化价值的实现创造了前提条件。

(五)现代体育观建立

代表现代体育价值观的人本体育观和人文体育观,更加尊重个人体育兴趣,更加注重体育对自我身心的全面发展。人们试图通过休闲体育来获得精神自由和人的全面发展,这是我国当代休闲体育文化价值实现的基本前提。

(六)人文精神发生转变

人文精神的转变使得人们更加渴望通过休闲体育在大自然中感悟生命的意蕴和人生的价值,休闲体育文化价值得到了重视,这就为休闲体育文化价值实现创造了可能条件。

(七)现代思维方式发生转变

科学型、开放型、多维型的现代思维方式解放了人们的狭隘的思维,进而产生对休闲体育文化价值的认同,为我国当代休闲体育文化价值实现创造了先决条件。

(八)行为方式发生转变

我国当代的行为方式体现出更多的自主性和进取性,促使人成为更具探索性、更具现代进取精神的人,我国当代休闲体育文化价值的实现正是需要这种基础。

二、我国休闲体育文化价值实现的注意事项

我国休闲体育文化价值在具备良好的条件后,就会得以实现,但是,在实现过程中,也有一些问题是需要加以注意的,具体有以下几个方面。

(一)可持续性休闲体育行为处于重要的前提和基础地位

休闲体育文化价值在于使人类发展的需求得到满足,人类的发展是一

个长期持续的过程,因此可以说,满足人类发展需求的我国休闲体育文化价值也应是个持续不间断的过程,鉴于此,便要求人们从事的休闲体育活动要在可持续性休闲体育行为的基础上建立起来。

从某种意义上来说,休闲体育行为是一种个体直接参与的身体活动。在个体的休闲体育行为过程中,个体与客体(参与的活动及周围的环境等)会产生一种互动,从而产生一种生理、心理等方面的综合感受。比如,个体所从事体育活动的挑战性水平和自己行动的能力都高于其平常的水平,并且二者处于平衡状态,这时个体能够感觉到正处于自身力量的高峰,最佳和最充分地发挥自己的潜能,自己对生活的体验达到极致,将会使人进入迷狂状态的一种快感,即为高峰体验。如果某种身体练习的难度远远低于个体的技能水平时,个体所产生的体验是厌倦,而不再是"畅"。个体在参与休闲体育活动过程中所产生的这种"畅"的体验,会在很大程度上影响到个体的愉悦度和满意度,进而影响个体是否会持续该休闲体育行为。只有在可持续性休闲行为的基础上,休闲体育文化价值才能得到真正的、最有效的展现。

(二)有效避免休闲体育文化价值异化的现象发生

当今社会在物质极大丰富的同时却在一定范围内出现了文化焦虑的现象。我国著名学者衣俊卿认为:当代人类"自觉地意识到文化对于人的生存所具有的安身立命的意义时,人们已经清楚地看到文化的危机性、悖论性的困境;或者说,当人们通过文化的自觉开始从自身确定生存的依据时,却惊讶地发现了人类自己的自觉的或不自觉的行动和生存活动正在破坏着这个基础"。他所说的"文化的危机性的、悖论性的困境"在某种意义上反映了文化的异化。

作为自由象征的休闲体育是惬意的、自由的、多元的存在方式。它的价值体现了人对感性生命需求,因此休闲体育活动应当是人自愿、自觉的活动。但是我国当代休闲体育文化价值的实现需要现实的条件,它首先需要一定的经济作为基础的。被人们称为贵族运动的高尔夫球运动就是一种高消费的休闲运动。由于参加高尔夫球俱乐部往往需要高额费用。这些费用是普通人无法承担起的。因此有些人将这类的休闲体育作为显示自己财富、身份的符号。在这样的过程中人们所从事的休闲体育活动不再是一种出自内心、追求自由的过程,而是一种炫富性的过程。早在20世纪初,美国著名学者凡勃伦在《有闲阶级论》中认为:休闲是与参与者的经济和社会地位紧密联系在一起的。有些参与者总是想借助休闲的方式来炫耀自己的特殊地位。凡勃伦将其称为"炫耀性的闲暇"。正如西方学者所预言的那样,

第五章　休闲体育文化体系及其现代化发展研究

21世纪会是一个休闲的时代。但是在物质财富和经济状况依然束缚人们休闲行为的当代中国,对于那些需要高额费用的休闲体育项目,在一些人的内心依然只是作为一种占有财富、地位等社会资源的象征。在这种情况下,休闲体育的消费者可能只会过多地关注如何将自己作为一种特权阶层表现出来,而不是真实地关注休闲体育文化的价值。在这一过程中,休闲体育文化的价值实际上已经被异化了。

(三)对休闲体育公益性的重视程度要有所提升

我国当代休闲体育文化价值的实现是建立在一定的物质基础上,它应建立在普通大众的普遍参与的基础之上的,因此在我们开展休闲体育活动的过程中应注重休闲体育的公益性,使休闲体育成为大众喜闻乐见又能积极参与的健康身心的体育运动内容。只有建立在公益性基础上我国的休闲体育才会尽可能多地吸收更多人的参与,当代休闲体育文化价值才可能在人民大众中得到更充分的展现。

当代中国比任何时候都注重全面的整体素质的提高,比任何时候都注重整体国民自身的发展,诚然,在现阶段,我国还存在相当一部分低收入阶层,其中包括城市中的下岗和贫困人员,也包含广大的农民。一个基本的事实是,农业从业人员还约占全部从业人员的50%,农业生产的增加值已降到不足GDP的17%,这不足17%的GDP在50%的从业人员中分配,无论实行什么样的分配制度,也无法改变农业利益低、农民收入难的局面。他们在从事休闲体育过程中面临更多的困难,对于这些群体应积极利用国家政策,充分发挥中国公益事业的作用,加大对公共休闲体育场所的投入,我们政府只有在政策上多给予这些群体以关心,我国的休闲体育事业才可能得到更大范围的发展,当代休闲体育文化价值的实现才可能有着更广泛的群众基础,才可能成为更多人的追求价值。

当前,有相当一部分体育场馆使用是附有了限制的条件,这就使得低收入人群有时很难利用这些场馆设施从事休闲体育活动。另外,像有些地方的高尔夫球运动因为其高昂的使用费用,使得其只能成为少数有钱人的贵族活动。这就需要我们建立一个能满足大多数人进行休闲体育活动的场馆标准,制定相应的制度,使体育场馆能切实为大多数人使用。

(四)对休闲体育教育作用的重视程度要提升

人的素质和学习是由很多方面构成的,其中,休闲教育是非常重要的一个部分,政府及社会应将休闲时间放到以人为本的治国框架中,将休闲教育作为"育化人"的重要手段加以对待。人们只有学会既享受工作,又不浪费自由时间,才会感到他们的生活是一个整体,才会感到生命的价值。由于休闲教育对于"成为人"有着重要的意义,在西方发达国家工业化早期阶段就将休闲教育纳入了政府管理的范围。国外的"休闲教育"是全体国民一门人生必修课,通过学习获得休闲的"资格",以使每个人都享有时间培养他个人和社会的兴趣。

休闲体育教育是人类为了把握余暇、培养休闲能力而进行的一种社会实践活动。对其更为准确的表述应该是,它是一种通过身体活动谋求个体身心健全发展的集竞技性、表现性、娱乐性和教育性于一体的社会实践活动。休闲体育教育是通过人类自身的活动来改善和提高自己生活过程的全面过程,其在人的一生都贯穿始终,是一种终身教育,为人们自主地确定休闲在生活中的位置提供一定的帮助,同时,其也将从"为体育的生活"到"为生活的体育"的桥梁构建了起来。

第五节　休闲体育文化的产业化发展

休闲体育文化包含的内容非常丰富,不同内容在产业化发展上都有所体现。下面就对较为主要的几个方面的产业发展加以剖析和阐述。

一、体育健身休闲产业的发展

(一)体育健身休闲产业发展中存在的问题

目前,我国体育健身休闲产业虽然得到了一定程度的发展,但体育健身休闲产业的发展并不完善,在未来的发展过程中,随着经济社会的发展,其产业化水平将会进一步完善和提高,这些不完善地方的问题将日益凸显,并期待得到及时、正确的解决。

1.没有建立起科学的健身休闲观念

当前,尽管人们对体育健身休闲的认识得到了进一步的深入,但是,人们对其的认识并没有形成稳定的休闲体育观念,因此,在面临众多的休闲选择时,人们往往会选择其他的休闲方式。体育健身休闲正面临着众多休闲方式的挑战,如电子游戏、看电视、打麻将等,这些都具有很强的娱乐性和休息性,这在一定程度上对体育健身休闲产业的发展产生了限制和制约作用。

第五章 休闲体育文化体系及其现代化发展研究

2.居民体育健身消费能力相对不高

相较于发达国家来说,我国居民收入水平仍然较低,农村人口比例较大,总体上体育健身消费能力不强。据有关资料显示:我国城乡居民除日常生活消费之外,子女教育仍然是家庭最主要的支出,占15.9%,而体育消费仅为4%。

从目前的形势来看,我国现代意义上的体育健身休闲主要集中于城市之中,影响范围相对较为狭窄,实质意义上的规模经济还没有形成,这是体育健身休闲产业发展的硬性限制,在短时间内并不能得到相应的改善。体育健身休闲产业对经济功能的能力还需要进一步培养和提升。

3.体育健身产业发展的平衡性相对较差

当前,我国体育健身休闲产业发展的平衡性欠佳主要从以下几个方面得到体现。

(1)区域的平衡性欠佳

休闲体育的发展与经济发展水平联系较为紧密,在经济欠发达地区的休闲体育发展必然会受到一定程度的限制。由于地理环境和经济发展历史和条件的限制,我国的经济发展呈现一定的不平衡,具体表现为东西部地区经济发展的不平衡性,以及城乡经济发展的不平衡性。受经济发展水平的制约,各地区体育健身休闲产业的发展规模和水平差距较大,东部地区各省份在体育健身休闲产业的发展速度和规模上远远高于内陆尤其是西部省份。随着经济社会的发展,这种不平衡性会在一定时间段内呈现一定的扩大趋势,而这些地区也会成为休闲体育发展的死角。由于经济发展水平的限制,贫困地区的人们根本没有时间、金钱去享受生活,在思想观念上与发达地区的人们也有很大的差异性。因此,为了改变这种状况,应积极推进地区之间的共同发展和共同富裕,从而对经济社会的协调发展起到积极的促进作用。

(2)布局的平衡性欠佳

体育健身设施和服务运作单位往往集中在大城市市区的商贸中心,而在中小城市,在城乡接合部,尤其是新建居民住宅小区的配套健身设施和服务运作单位却较为缺乏。此外,我国农村体育健身休闲设施落后会对农村体育健身休闲业的发展产生一定的制约作用。

(3)项目开发的平衡性欠佳

在体育健身休闲产业项目开发上的平衡性欠佳,主要表现在以下两个方面。

第一,在热点项目发展中缺乏市场导向,资源浪费明显,如台球运动的快速发展,台球厅遍地开花,从而造成了一定的资源浪费;再如,高尔夫球场增多,而参与高尔夫球运动的人并没有相应的增加,这也造成了巨大的场地浪费。

第二,在开展比较普遍的有氧健身操、各种舞蹈、乒乓球、羽毛球、网球、台球、瑜伽等项目中,服务同构化比较严重,产品差异度不高,缺乏运作特色。此外,我国群众体育健身需求的持续增加,世界健身巨头也纷纷进入中国市场,我国体育健身休闲产业面临市场考验。

4. 产业不够规范

国务院已经出台了一些体育产业发展和管理方面的条例,来促进我国包括体育健身休闲在内的体育产业得到进一步的发展,但针对体育健身休闲市场的法制建设还比较滞后,已有的法规制度也缺乏可操作性,政府对体育健身休闲产业的管理体制还没有完全理顺,多头管理、政令不一的现象普遍。

应该认识到,在体育产业迅速发展的同时,也必然会有很多不规范的现象。如今,很多服务性行业快速发展,但是相应的政策法规的出台速度相对较慢,从而造成了相关行业发展的不规范性,体育健身休闲产业的发展也同样会受到一定程度的影响。商业组织和团体是以盈利为目的的,但是,体育健身休闲产业作为一项服务性经济产业,其具有很大的人性化特点,是物质和精神的综合体现。也就是说,以休闲服务为核心的经济类型,必须是经济效益、社会效益、环境效益、文化效益并举,只有兼顾各方面的效益才能够使得休闲体育产业获得长远的发展。我国居民对体育健身休闲的认识还不太深入,有一定的误区存在,在地域上其认识水平也具有很大的差异性,同时缺乏必要的保障和规范措施,这些因素也对其发展产生了一定的制约作用。

目前来看,由于发展速度较快,人们普遍追求商业利益,从而对其他方面效益的追求有所缺失,进而对体育健身休闲产业的可持续发展产生相应的影响。

(二)体育健身休闲产业的发展策略

在运作体育健身休闲产业时,为了取得理想的发展成效,需要采取一定的策略,具体来说,可以从以下几个方面着手。

1. 主观标准客观化

当前,体育健身休闲产业中,对服务产品的质量评价一般是服务人员的主观描述和消费者的主观感受,缺乏客观评价标准。这对于体育健身服务企业对市场的预测不能提供科学依据。

一般来说,体育健身服务包括两个阶段,即健身过程服务(服务产品的生产和消费过程的服务)和健身前后服务(消费者进入健身场馆开始健身活动和结束健身活动开始休闲),为了规范体育健身休闲市场发展,应重视对这两个阶段的客观评价体系和标准的建立。

一方面,使服务过程和服务行为规范化、标准化。体育健身服务企业应该对健身服务的每一个环节(细节),做出明确的规范化的规定,并公之于众,既让服务人员有所遵循,也便于消费者了解和掌握。注意服务标准制定的具体化和定量化,避免含混不清,模棱两可。

另一方面,重视服务质量、效果的评价客观化。健身效果的评价,应尽量采用科学仪器来测试,用测试数据来评价效果。最好能利用科学仪器对服务质量和效果进行客观化测定和评价,使消费者信服。

2. 服务功效优先化

从经济学的角度上来说,追求功效动机是消费者购买动机的首要影响因素,调查发现,影响消费者是否购买某种产品(或服务)最主要的因素是产品的功效,认同产品功效对是否购买的消费者占86%起到重要的决定性影响,远高于其他购买影响因素(如价格、包装等)。

所谓功效,包括两个方面的内容,即使用功效和心理功效。既要用起来得心应手,看起来赏心悦目,又要同时具备使用价值和审美情趣。

3. 无形产品有形化

体育健身服务产品属于非实物形态的无形产品范畴。无形产品最大的特点是无法给予消费者一个清晰明确的印象,消费者无法感知服务水平和健身效果,对体育健身服务产品缺乏信心。针对无形产品的这种弱点和消费者的心理状况,体育健身运作企业应采取无形产品有形化的营销策略。

无形产品有形化,具体是指体育健身运作企业应该向消费者提供体育服务产品的有形线索,指导和帮助消费者了解产品优势。具体来说,这种"有形线索"可以从以下两个方面得到体现。

一方面,提供服务内容和质量等服务信息,使消费者通过视觉观察有形物,获得直观的信息。如健身场所的装饰装修、功能分区、卫生状况、器材设施以及相关的配套的休闲、娱乐、餐饮情况等硬件条件;如服务人员的衣着打扮、精神面貌、态度好坏等服务信息。

另一方面,把健身服务过程、环节、标准、质量、效果等通过直观的表现形式呈现给消费者,如文字、图表、照片、视频等。由此来打消消费者的疑虑,坚定其体育健身休闲消费的信心。

4. 同类服务差异化

在体育健身休闲产业中,作为同类企业——体育健身休闲企业,提供的都是同类服务——体育健身休闲服务,但应该根据消费者的需求差异和企业的市场定位,存同求异,重视服务的多元化、个性化、特色化、多功能化。以吸引消费者进行差异性优势消费。

需要特别提出的是,在提供产品和服务过程中,质量不是差异化的标志,任何产品都要强调质量,质量差异不能代表特色。

5. 重视情感人性化

重视情感人性化策略,往往也被称为"情感营销",具体来说,主要是指,要满足消费者的情感性需求,推行人性化服务,重视消费者的个人情感差异和需求。

当前,随着社会文明程度的提高和人们生活方式的进步,消费者的情感消费需求在不断增加。因此,在体育健身休闲产品和服务的营销过程中,要重视通过情感包装、情感促销、情感广告、情感口碑等,满足消费者的情感消费需求,以促进企业的可持续性运作。

二、体育旅游产业的发展

(一)体育旅游产业发展中存在的问题

1. 区域体育合作需要进一步改进

一定区域范围内不同地区之间的体育旅游经济主体,依据一定的协议章程或合同,将体育旅游资源在地区之间重新配置、组合,以便获取最大的经济效益、社会效益和生态效益的体育旅游经济活动,就是所谓的区域体育旅游合作。

一般来说,区域体育旅游合作的发展形态往往会经历离散态、聚集态、扩散态、成熟态四种发展形态。在离散态阶段,各个区域各自发展体育旅游,区域体育合作尚未形成;在聚集态,区域体育旅游合作主要采取"以点带线"的增长战略,主要体现体育旅游带的形式;在成熟态,主要采取"中心极化、区域均衡"的区域一体化战略,形成国际体育旅游圈的形式。

但是,目前我国区域体育旅游合作尚处于初级阶段,体育旅游资源整合

第五章　休闲体育文化体系及其现代化发展研究

带以及基于行政区域基础上的小板块体育旅游空间发展形态还没有正式形成,只是大体形成而已。虽然国家体育总局推行建设16个体育圈,但目前有几个实施进展较为缓慢,未达成事先预期,这几个是"环太湖体育圈""环青海湖民族旅游圈""长三角体育圈""环京津体育旅游网"。导致这一现象的原因主要有三个方面:首先,各个地区的体育旅游资源的开发与规划缺乏宏观的理论指导,存在地域的局限性,没能打破地域界限,区域间的体育旅游系统规划、开发与协调较为缺乏;其次,没有将区域体育旅游资源的整体优势和综合功能体现出来,特别是跨区域的体育旅游项目经营协作、促销与综合服务网络尚未形成;最后,体育旅游产品缺乏统一的促销氛围,难以形成整体的形象和持续的效应。这些是使我国各个地区体育旅游资源的开发利用程度大大降低的主要因素。

2.理论研究较为滞后,急需改进

我国体育旅游产业数量扩张的速度非常快,与此同时,我国体育旅游产业发展中的深层次矛盾也逐步出现。其中,比较具有代表性的问题有:体育旅游资源的可持续开发问题;体育旅游人才开发与培养问题;体育旅游服务质量问题;体育旅游产业政策体系的建立健全;体育旅游基础设施建设和产品开发不能适应高速发展的体育旅游市场的需要;体育旅游在WTO框架下如何进行有效的对外竞争;体育旅游市场秩序、体育旅游投融资服务;体育旅游与政府行为、体育旅游与环境保护、体育旅游与社会文化的融合、体育旅游产业组织形态的演化、外国体育旅游产业理论的中国特色化改造等,这些都需要运用相关的理论进行研究。

但是,目前的实际情况则是,体育旅游产业理论研究滞后,而且往往仅限于体育旅游者行为与市场、体育旅游资源评价与开发等较窄范围内,层次也较浅。随着体育旅游产业是国民经济新的增长点的产业定位,国家开始逐步重视从政策上引导体育旅游产业的发展,而体育旅游产业发展实践中出现的各种新问题以及体育旅游产业经济学作为独立学科的理论构建都亟须解决。

3."政府失灵"和"市场失灵"的现象有所发生

(1)"政府失灵"对体育旅游产业的影响

通过现代产业经济学理论的运用分析,和国外体育旅游产业发展的实践经验相结合来看,体育旅游产业的发展和政府与市场的合理分工与协作是有一定的关系的。由于我国体育旅游产业发展处于社会主义市场经济体制的背景下,因此必须强调政府主导,政府在发展体育旅游产业过程中应在整体战略规划、政策引导、信息服务、市场秩序规范、基础设施与服务供给、规划实施与监督、提升产业素质等方面发挥作用。同时在运用各种法律、政策、经济手段与方法激励企业发展，规范企业运营行为，维护消费者利益，体育旅游产业整体形象宣传，体育旅游品牌形象塑造，改善体育旅游大环境等方面，政府更是起着无可替代的作用。只有当政府依托行政体制和行政权力来将自身所掌握的各种经济资源、政治资源都动员起来，才能迅速地为体育旅游产业发展造成良好的基础设施环境、公共服务环境，从而使体育旅游产业较大的规模和供给能力得以有效形成。

当前，我国经济体制正处于转型期，在这一重要时期，就要求政府应积极推动体育旅游企业的改制、改组工作，建立现代企业制度，构建企业决策体系、日常制度、人事聘用制度，并采取宏观调控手段促进体育旅游产业组织扩张，来对体育旅游产业企业集团化发展产生积极的刺激作用，并为大型体育旅游企业进行资本运营，创造良好的制度环境。但是目前的实际情况是，我国政府对体育旅游产业采取的是粗放式的管理，没有形成长远的发展规划，缺乏产业政策的引导，体育旅游产业多头管理，体育旅游产业发展所需的各项管理法规与举措缺位，更遑论对体育旅游产业发展提供量足质优的基础设施与公共服务。同时区域体育旅游合作不畅，目前16个体育圈的实施进程较为缓慢也与政府处于"角色沉默"状态有关。由此可以得知，我国体育旅游产业发展存在着"政府失灵"的问题，亟须解决。

(2)"市场失灵"对体育旅游产业的影响

市场经济条件下的体育旅游产业发展的出发点应该是市场上的各种体育旅游需求，体育旅游产业为求得自身的发展会主动适应市场变化自发调整供给，从而满足市场需求，参与体育旅游产业发展的各个市场主体也通过运用市场竞争手段实现优胜劣汰，这一演进的过程应是在一种有效的市场秩序中完成的。但在现实中，我国体育旅游产业的发展存在着"市场失灵"，具体来说，主要体现在以下几个方面。

第一，社会成本过高的现象依然存在。

第二，体育旅游产品出现同质化、低级化。

第三，缺乏一定的体育旅游要素。

第四，体育与旅游的结合程度有待于进一步提高。

4. 强烈依赖"比较优势"的路径

关于路径依赖，美国著名经济学家诺思的理解为，从本质上来说，路径依赖是一种制度变迁的自我强化机制，换句话说，就是制度变迁会顺沿着当初选定的路径进行变迁，从而产生两种结局：一种是进入良性循环轨道，从

第五章　休闲体育文化体系及其现代化发展研究

而获得优化和发展;另一种是顺着错误的路径一直延续下去甚至被"锁定"在某种无效率的状态而导致停滞。我国体育旅游产业从开始发展就是秉持比较优势发展战略,各地依托其具有比较优势的体育旅游资源进行开发,形成了资源导向型开发模式。但是目前体育旅游产业形成了比较优势发展战略的"路径依赖",这是不利于体育旅游产业的长期发展的。

当前西部体育旅游产业发展的"比较优势"的路径依赖主要表现在以下几个方面:首先,体育旅游资源开发观念落后。西部重视对具有比较优势的民族体育旅游资源的开发,但是对于体育旅游产品营销缺乏足够的认识,体育旅游营销策划意识淡漠、策略营销专业技能水平低下,未能找准民族体育文化特色这一最大卖点进行包装与推广。其次,体育旅游产品结构失衡。出于对体育旅游资源开发成本和难易程度的考虑,西部体育旅游产品大多是观赏型体育旅游产品,未能依托其独特的地质地貌、水文气候推出惊险、刺激具有很高体验效用的参与性体育旅游产品。最后,没有将自然资源和人文资源进行有效的整合实施综合开发,没有突出资源优势与区域产业发展合力并逐步形成垄断局面,没有形成良好的品牌意识,产品的知名度和影响力小。

东部体育旅游产业发展就形成了"比较优势"的路径依赖,主要表现在以下几个方面:首先,体育旅游资源空间布局失衡,体育旅游产业资源扩散效应不足;其次,体育旅游赛事资源的开发价值逐年下滑;再次,体育旅游产业市场的开发与运作力度不够,没有依托东部地区雄厚的经济实力和居民旺盛的体育旅游需求来拓展其产业市场规模;最后,产品创新不足。体育旅游产品类型结构单一,难以对消费者产生吸引力,且产品开发存在较为严重的抄袭、模仿、跟风现象,造成资源的浪费。

(二)体育旅游产业的发展策略

根据体育旅游产业发展中存在的问题,要有针对性地提出相应的发展策略,具体来说,可以从以下几个方面着手。

1. 无差异目标市场策略

体育旅游企业把整个客源市场作为目标市场来运作的一种营销策略,就是所谓的无差异目标市场策略。通常,可以以多种因素和标准对客源市场进行分类,但是,如果客源市场对产品的要求不存在实质性的或有经济意义的差别时,体育旅游企业就可采用无差异的目标市场策略。

一般来说,体育旅游企业的无差异目标市场策略并不是在所有的情况下都能够适用的,具体来说,其适用范围主要有以下几个方面。

第一,整个客源市场的需求虽有差别,但需求的相似程度较大。

第二,客源市场的需求虽有实质上的差别,但各个需求差别群体的经济规模较小,不足以使体育旅游企业通过某个细分市场的运作取得效益。

第三,体育旅游业业内竞争程度较低,客源市场的需求强度较高。

成本较低是体育旅游企业采取无差异目标市场策略的经济优势所在。一般来讲,无差异目标市场策略使旅行社向市场提供标准化产品,能够使产品开发、广告促销、市场调研以及市场管理的各项费用大大降低,这对于企业形成规模经济是较为有利的。

2.差异性目标市场策略

体育旅游企业在多个细分市场上运作,并为每个存在明显需求差异的细分市场设计不同的运作方案的策略,就是所谓的差异性目标市场策略。

一般来说,体育旅游企业差异性目标市场策略的适用范围主要有以下三个方面:第一,客源市场的需求存在着明显的差异;第二,按细分因素与细分标准划分的各类客源市场都具有一定的运作价值;第三,体育旅游企业规模较大,以产品运作能力占领更多的细分市场。

与无差异性目标市场策略不同的是,差异性目标市场策略取得的运作绩效往往更好一些。体育旅游企业差异性目标市场策略被许多体育旅游企业普遍采取,究其原因,主要是由于它针对性强,满足市场需求的程度高,对体育旅游企业扩大市场占有率是十分有利的。但是同时也需要强调的是,体育旅游企业采取差异性目标市场策略,会增加运作成本,主要原因在于体育旅游企业要向不同的细分市场提供不同的产品、制定并实行不同的运作、建立不同的销售网络,并经常研究客源市场上的差异,而所有这一切又都需要相应的资金投入,这些则是体育旅游企业差异性目标市场策略的劣势所在。

3.市场营销组合策略

旅游企业在选定的目标市场上综合运用各种市场营销策略和手段,以销售产品,并取得最佳经济效益的策略组合,就是所谓的市场营销组合策略。市场营销因素的组合方式有很多种,其中,运用最为广泛的就是把市场手段或营销因素分成四大类——产品、价格、销售渠道、促销的"4PS"分类方法。

市场营销组合策略有着较为显著的特点,具体来说,主要表现在:可控性、动态性、复合性、统一性四个方面。

最后需要强调的是,在制定市场营销组合策略时,要对这四个方面加以注意:第一,价格、促销方式要服从产品和分销渠道;第二,市场营销组合中

第五章　休闲体育文化体系及其现代化发展研究

的各要素策略必须在综合分析的基础上同时制定；第三，市场营销组合的策略界限是销售额或利润额是否还会增加；第四，市场营销组合策略的制定要有对策性，要有利于加强产品在市场上的地位，避免恶性竞争。

4. 市场细分策略

市场细分是以区别消费者的不同需求为出发点，以消费者购买行为的差异性为主要依据，把消费者总体划分为许多类似性购买群体。

(1) 市场细分的意义

对于旅游企业发现新的市场机会，新的目标市场的形成来说，市场细分所起到的作用都是积极有利的。任何企业都不可能满足所有消费者的一切需求，实行市场细分，就是要研究现有产品对各个细分市场需求的满足程度，帮助发现在市场中该企业自身条件能加以满足的消费需求，从而形成新的目标市场；市场细分有利于及时反馈信息和调整营销策略。市场细分后，企业比较容易了解消费者的意见和要求，信息反馈加快可使企业及时地根据消费需求的变化调整自己的营销策略，提高企业的应变能力。市场细分有利于企业提高经济效益。市场细分之后，企业可面对细分市场，有效地利用企业的资源和发挥企业特长，生产出适销对路的产品，以满足消费者的需求。由此可以看出，市场细分有着非常重要的作用和意义，因此，运作体育旅游产业时采取市场细分策略是非常有必要的。

(2) 在体育旅游产业中进行市场细分的基本要求

具体来说，需要做到以下几个方面的要求，才能保证在体育旅游产业运作过程中遵循市场细分化策略。

第一，市场细分也就是市场分片集合化的过程。体育旅游企业先把总体市场按照划分标准分成若干个小的分片，然后再把一些小的市场分片相应地集合成较大的市场分片，使其有一定的规模，以适应商品的供销情况。

第二，市场细分后各市场的差异必须是明确和清楚的，细分的依据与标准要确切可行。各分片应当有各自的购买群体，有共同的特征，类似的购买行为。

第三，每个细分市场必须有适当的发展潜力。一个细分市场是否大到足以实现企业的营销目标，取决于这个分片的人数和购买力。当然，每个分片的潜在需求大小，还有待于企业去开拓和发展。

第四，细分后的市场应当在一段时期内能够保持相对稳定。只有当市场具有一定程度的稳定性时，才能够成为旅游企业制定较长期的市场营销策略的依据，变化太快、稳定性不强的市场会给企业营销带来较大的风险。

第六章 竞技体育文化体系及其现代化发展研究

体育文化本身就是一个系统性的体系,体系中包含着许多具体的不同形式的体育文化体系,竞技体育文化体系就是其中非常重要的一个方面。在奥运会、全运会等各项赛事的推动下,竞技体育文化得到了极大的发展。

第一节 竞技体育文化的基本理论

作为体育文化的重要组成部分,竞技体育文化包含人自身的和谐、人与自然的和谐、人与人的和谐和国际关系的和谐等内容,并且还体现出公平正义、充满活力和积极乐观向上的拼搏精神。

一、竞技体育文化的基本特征

一般来说,竞技体育文化的特征主要有以下几个方面。

(一)规则性

竞技体育文化具有的规则性特征,主要表现为竞技体育主体参与运动比赛受各种规则的制约。在竞技体育中,参与体育运动的主体要想参加某种体育项目,必须要受到这种项目规则的制约,否则就不能够有效地把握这种特殊游戏的运动进程,实际上这就是物对人的制约,也是参与运动主体之间的相互制约。

总之,竞技体育活动主体的规则性是自我约束机制的产物,是体育不同于其他活动方式的准绳,也是体育文化内部多种形态的基础。否则,体育运动就不可能呈现出现在这样的文化形态。

(二)功利性

体育文化具有一定的功利性,作为体育文化重要组成部分的竞技体育

第六章 竞技体育文化体系及其现代化发展研究

文化同样也是如此。体育文化的功利性表现在：它是促进体育活动主体向自然、自我挑战的源泉之一，是人类身心陶冶后的愉悦，征服自然后的快意。不同的社会角色也有不同的功利性，处于社会任何地位的人都是同样如此。从事竞技体育的运动员的功利性表现在：首先是自身价值的社会认可，然后才是生存手段，即谋生的工具。

功利性是和活动主体的价值观紧密联系在一起的。如在竞技体育中，运动员所获得的社会认可与自身价值相联系，或名高于利，或利高于名，又或名利双收，这都是功利性的体现。除此之外，不同的竞技体育活动，在内容上也表现出不同的功利性特征。如足球是第一运动，田径是运动之母，它们之中都蕴含着极大的价值，普通人从中能感受到运动的魅力，享受运动之美，而政府官员则从其职业化和商业化发展中谋取利益，获得经济价值。

另外，相同的运动项目，由于环境等各方面因素不同，其活动方式也不同，于是也就表现出不同的功利性。具体来说，活动主体选择不同的方式一方面是根据自身需要，另一方面是根据个人的价值观。如南美足球是艺术化的细腻，欧洲足球则是大刀阔斧的直白，这就是不同活动方式的具体体现。

(三)多样性

体育文化的内容异常丰富，其中包含诸多角色，不同的角色在某种条件下都会形成一定的体育文化形态。在竞技体育中，包含教练员、运动员以及各个部门的管理人员等角色，通过这些角色的通力合作，运动队才能取得理想的比赛成绩，进而获得好的发展。对于观众来说，观众通过欣赏高水平赛事，能很好地宣泄自己的情感，起到愉悦身心的作用。对于赛事组织者和管理者来说，体育活动只是一个工具，在竞技体育高速发展的今天，竞技体育逐渐成为市场经济下商品社会的附属品，体育经理人对赛事的操作，队员的转会实际是运动员作为商品的买卖，更多地表现出的是商业利益，对利益的追求是运动队的根本目的。如西班牙皇家马德里足球队来华访问，其根本的意义在于从中获得一定的商业价值，其次才是中国足球队与其之间的沟通和交流。从这一点上来说，竞技体育中的不同角色都直接地产生了经济效益和社会效益。

竞技体育文化自身的内涵非常丰富，参与者将体育作为一种健身健心的手段，从而使自己活得生理和心理上的享受，这也充分反映出现代人们的体育价值取向。体育文化的多样性反映了不同角色以不同目的或价值取向以及参与方式而形成的文化形态，很明显，体育活动内容的多样性与民族文化、地域环境等因素是分不开的，正是在诸多因素的影响下才产生了多种多样的体育文化形态,这些体育形式经过长时间的发展和完善从而为广大民众所接受,进而获得了多样化的发展。

另外,竞技体育文化在内容上也具有特殊的指向,在某一体育赛事中,运动员参加比赛要根据组织者指定的活动内容进行,但对于一般民众来说,他们可以根据自己的具体实际和爱好自由选择可参加的体育活动。在这一点上,后者对活动内容的选择具有较大的自由度和随意性,一般来说,具有较强的健身特性,而竞技体育的"竞争性"却很少见。所以说,活动内容的多样性也对活动方式的选择产生一定的作用。由于活动目的与内容的不同,活动主体就会以不同的方式参与其中。总之,运动员自身的价值是通过运动训练和比赛来实现的,而普通民众则是通过自发的活动来实现。

(四)互动性

体育文化是在人与自然、人与人关系的过程中的行为意识、行为方式、行为准则的积淀,这种积淀只有在活动的主体,即人与人在特定条件下的互动中才可以实现。而竞技体育文化同样也是如此。

在竞技体育中,参与主体之间的互动主要包括:运动员之间的互动,运动员与观众之间的互动,观众之间的互动,运动员协会与球迷协会之间的互动等。在以上各种互动的情况下,时常会发生一定的冲突,这是不可避免的。除此之外,我国政策制定的金牌战略、举国体制、职业化等也是受这种互动影响的结果。在某些体育活动中,活动内容之间一定的相似性,这种相似性使得活动项目之间的迁移有了某种可能,如乒乓球与网球、篮球与橄榄球、橄榄球与足球之间就表现出深刻的互动性特征。

(五)选择性

竞技体育文化还具有选择性的特征,这主要表现在竞技体育活动的主体的选择活动。在竞技体育中,参与主体的选择实际上是人与体育活动双向选择的过程,不同的参与主体有不同的选择,也可以说是活动内容对不同参与主体的选择。这种选择是根据活动的内容、参与主体和社会角色来确定的。一般情况下,普通人是不可能参与高尔夫球、一级方程式赛车等运动的,而参与各种竞技体育项目的运动员则具备这种条件。

竞技体育活动内容的选择性主要受两个方面因素的制约,即活动内容本身和不同的参与主体。在竞技体育中,运动员选择的活动内容在形式上体现出高度的专门性,但需要注意的是,也有一些运动员在其他项目方面也表现出高超的能力和技艺,如"飞人"乔丹既是篮球高手,又是棒垒球高手。在确定好竞技体育活动的主体和内容后,下一步就是活动方式的选择。但

第六章 竞技体育文化体系及其现代化发展研究

需要注意的是,尽管可能会出现不同社会角色选择同一活动内容,但是活动方式在质量和数量上仍然具有明显的差异。以竞技体育运动员和大学生为例,二者尽管选择了统一运动项目,但参与运动的方式却不同,运动员参与运动中所表现出来的竞争性和竞技性要更加强烈。

(六)渐进性

对于某一个事物来说,其文化特征不是一成不变的,而是随着时代的变化和历史的变迁而不断发展的。对于竞技体育来说,竞技体育文化在发展的过程中,其文化内涵也会发生某种程度的变化,这种变化就是竞技体育文化渐进性特征的表现。竞技体育文化的渐进性主要表现在纵横两个方面,纵是活动主体实施体育后在身心发展方面的渐进性,横是主体在实施体育后所形成的不同层次主体,这两个方面互相作用促进竞技体育文化不断向前发展。

竞技体育活动方式的渐进性是活动主体在长期体育实践中如何进行体育总结与归纳,其根本目的是更好地参加体育活动,在参与体育活动的过程中,运动器材的革新对主体活动方式具有较大的影响。如合金材料的使用使得某些体育运动器材更加轻便,因而更加容易创造优异的成绩;激光电子产品应用使得运动员的成绩更加准确;计算机技术的运用让体育竞技比赛变得更加公平和公正。总之,竞技体育文化在发展中表现出鲜明的渐进性特征。

二、竞技体育文化的价值

竞技体育文化的价值,主要从其对中国体育的影响上得到体现,具体可以归纳为以下几个方面。

(一)竞争观念对中国体育的影响

不同于其他体育运动,竞技体育具有强烈的竞争性特点。竞技体育所表现出来的这种竞争性对中国文化产生了较为深远的影响,它对于弘扬社会竞争意识具有重要的意义。

中华民族有着悠久的历史,受传统文化和封建统治的影响,中国人民在漫长的封建统治中压抑了人性,泯灭了锐意进取的精神,在这样的形势下,中国国民素质低下、体质羸弱,甚至被称为"东亚病夫"。其中,最为欠缺的就是勇于向前的竞争意识。

中国有着优秀的传统文化,然而受近世纪闭关锁国的影响,我们在对人类文明的贡献方面已经没有什么值得骄傲的了。在社会各个层面,我们都十分欠缺先进的观念和竞争的意识。在西方竞技体育进入中国后,中国社会各个层面都发生了一定的变化,对中国体育文化形成了一定的冲击和影响。在西方竞技体育文化传播的过程中,一些健康的、积极向上的竞争意识开始渗透社会各个层面,对传统文化形成了一定的冲击,这对于促进中国多元价值观的建立与发展起到了重要的作用。西方竞技体育所倡导的竞争观念,在某种程度上是符合市场经济发展的要求的,竞技体育所带来的竞争意识的价值也将随着时间的推移而不断显现。

(二)公平意识对中国体育的影响

任何竞技体育竞赛都有一定的规则,规则要求所有的竞赛参与者,包括教练员、运动员和竞赛管理人员等都要本着公正、公平的原则进行一切活动。可以说,如果没有公平原则,竞技体育便无法顺利进行。竞技体育运动员在比赛中起点相同,其比赛成绩都由共同的尺度来衡量,若尺度不同比赛就无法进行;比赛结束后,个人必须接受在共同尺度下决出的胜负结果。

在竞技体育中,所有运动员都享有自由、平等的权利,要在正当的竞争条件下努力获得比赛的胜利。所有的竞技体育运动员在比赛中要贯彻公平竞争的精神,按照既定的比赛规则参加比赛,不允许不正当竞争的发生。因此,竞技体育中公平竞争意识倡导为人类文化的发展做出了巨大的贡献。

(三)国际化观念对中国体育的影响

由于受各国历史传统、文化形态、观念意识等因素的影响,竞技体育表现出不同的特征,但是竞技体育是没有国界的,是人类共同的文化形式。从某种意义上来说,竞技体育已经成为全球化的人类语言,在增进各国之间的沟通和交流,促进世界合平等方面发挥着巨大的作用。如1971年中国的"乒乓外交",就是竞技体育促进国与国之间文化交流的典型事例。

改革开放后,中国的竞技体育获得了快速的发展,受到各个国家的瞩目。在国际比赛中夺取金牌,使得体育的地位越来越重要。在国际赛场取得的每一个成绩都增强了国人的信心,激发起了国人的自豪感,这也为中华民族的伟大复兴奠定了基础。

竞技体育所倡导的公平、公开、公正的竞争意识,实际上是树立了一种和平竞争的国际化观念。这对我国的发展也产生了较为深远的影响,这能促使我国迅速适应经济全球化、政治多极化、文化多元化的国际社会,从而

第六章 竞技体育文化体系及其现代化发展研究

更好地在世界上立足。

(四)规则意识对中国体育的影响

竞技体育比赛要想顺利进行,就必须要遵从一定的规则,为了体现公平竞争的精神,各种体育运动项目都有自己的竞赛规则,要求参赛者必须遵守,否则就受到规则的处罚。竞技体育所要求的这种公平、公正、公开的规则,与我国市场经济的发展有着异曲同工之妙。

20 世纪 50 年代,受政治因素的影响,由于中国台湾在国际奥委会中的席位问题,中国同国际奥委会断绝了一切联系。但是由于竞技体育规则的存在,使得中国必须要接受国际奥林匹克的非政治性原则。于是,经过双方的协商,中国最终同意台湾在改名、改旗、改徽的条件下,保留其在国际奥林匹克中的席位,这是"一国两制"在竞技体育中的体现。

在按规则办事的原则影响下,我国于 1979 年重新获得了国际奥委会的合法席位,经过多年的快速发展,我国的竞技体育取得了令世人瞩目的成就,正向着体育强国的方向大踏步迈进,这是按规则办事的良好体现。

(五)娱乐思想对中国体育的影响

中国传统文化在很多方面都表现出较大的功利性,并一向轻视游戏,认为很多游戏都属于"玩物丧志""游手好闲"的活动。而西方的竞技体育则完全不同,西方竞技体育中很多运动都是从体育游戏中发展而来的,而这些体育游戏都带有较强的娱乐性。发展到现在,竞技体育获得了飞速的发展,但其娱乐性特征仍然存在,并有不同程度的展现。竞技体育运动参与者通过表现自我,战胜对手而获得了愉快的心理体验;观众也从中获得了美的享受。这就是竞技体育娱乐思想的深刻体现,发展到现在,观赏体育赛事已成为大部分人们的一种生活方式。

(六)道德建设对中国体育的影响

在我国竞技体育教育中,各体育运动队会时常开展爱国主义、集体主义的教育,以帮助运动员树立正确的世界观和人生观,养成良好的运动风气。中国运动员在竞技赛场上所表现出来的"胸怀祖国,放眼世界,为国争光的精神;不屈不挠,勤学苦练,不断钻研,不断创新的精神;同心同德,团结战斗的集体主义精神;胜不骄,败不馁的革命乐观主义精神和英雄主义精神"对于我国社会各行各业都有良好的示范作用,而同时这也是中华民族实现伟大复兴的宝贵财富和重要前提。

第二节 竞技体育文化的发展态势

一、竞技体育文化研究的现状

竞技体育文化是体育文化的重要表现形式,是一种非常重要的社会活动方式,竞技体育文化是一个独立的文化系统,是国家文化和世界文化的重要组成部分。当前学术界对竞技体育文化的研究主要集中在以下几个方面。

(一)竞技体育文化内涵方面的研究状况

关于竞技体育文化内涵的研究,学者李龙和陈中林认为,现代竞技体育文化和谐的内涵主要表现在:人自身的和谐、人与自然的和谐、人与人的和谐和国际社会关系的和谐四个方面。文中认为:"造就和谐的人的个体,就是要使一个人既有健康的身体,又有健全的人格,有正确的世界观和人生观,能正确地看待和处理个人与环境的关系;所谓人与自然的和谐,是指既关注人类,又关注自然,实现人与自然携手,生物与非生物共进,过去与现在统一,现在与未来的对话,时间与空间协调;所谓人与人之间的和谐,是指人与人之间的公平、公正的关系,每个人享有的权利与义务对等,在整体上没有根本利益冲突、个体之间存在一定利益冲突的前提下,能达到相互激励、相互促进又相互依赖的人际互动的社会构想。"[1]同时,竞技体育文化悠久的历史包含了各国政治、经济和文化之间的友好交流和谐发展。

学者曾志刚和彭勇在《竞技体育文化的几点内涵探析》论文中分别从竞技体育的文化本质、民族精神、和人本思想三个方面来论述竞技体育文化的内涵。关于竞技体育文化的本质,他们认为:"竞技体育是一种社会文化模式,它的文化成因在于满足了人们因工业化发展而产生的社会需要。"[2]文中还认为:关于竞技体育文化的民族精神,我们应该用国际角度来审视,国际奥林匹克精神与民族精神相辅相成,民族精神与国家和民族的共同理想和目标是一致的;奥林匹克文化还是"以人为本"的体育文化,在锻炼人的体

---

[1] 李龙,陈中林.现代竞技体育文化的和谐内涵[J].体育学刊,2007(3).
[2] 曾志刚,彭勇.竞技体育文化的几点内涵探析[J].井冈山学院学报(自然科学版),2006(2).

第六章 竞技体育文化体系及其现代化发展研究

魄的同时,还能展示人的个性魅力。①

李龙和黄亚玲在发表的《竞技体育文化的动态和谐内涵阐释》一文中论述了竞技体育文化的和谐内涵,主要内容为:"体育与德育、智育、美育和劳动教育相协调,共同达到培养全面发展人的目的的理想追求。竞技体育文化努力塑造一种个体的身心和谐、人格和谐,以及个体与环境的和谐,但这种和谐一定意义上讲是相对的,同时也是动态的过程。"②

(二)竞技体育文化特征及价值方面的研究状况

关于竞技体育文化特征及价值的研究,邱江涛和熊焰在《竞技体育文化特征探析》一文中认为:"竞技体育是一种特殊的体育文化现象,以竞技体育文化为内核的奥林匹克运动超越了一般体育文化的范畴,成为社会发展的主流文化,更说明了竞技体育文化的特殊性,竞技体育文化的特征表现在活动主体、活动内容、活动方式形成过程中的多样性、规则性、渐进性、选择性和功利性等几个方面"。③

学者张恳和李龙在其发表的《我国现代竞技体育文化的特征》一文中阐述道:"现代竞技体育文化是精神文化、彰显和谐理念、礼仪文化、健身文化和道德文化。"④

李萍美和孙江在其发表的《对竞技体育文化特色的研究》一文中认为西方竞技体育文化的几点特色,正是东方国家传统体育所缺少的因素,"借鉴和有选择地吸取西方竞技体育文化特色,有利于促进民族传统体育发展。"⑤

张连江和李杰凯在《全面小康社会与绿色体育文化建设的广义进化论阐释——兼论竞技体育文化建设中的价值观问题》一文中阐述道:"针对竞技体育领域现存的各种不良行为倾向,提出其本质是价值观及其评价体系的扭曲和偏离,对引发价值观体系的'逃离'倾向以及导致竞技运动文化生存空间萎缩的后果进行了分析。论证了体育系统反腐败的重要意义,对建设'绿色'体育文化提出了强化体育发展战略研究、建立符合我国国情的发

---

① 曾志刚,彭勇.竞技体育文化的几点内涵探析[J].井冈山学院学报(自然科学版),2006(2).

② 李龙,黄亚玲.竞技体育文化的动态和谐内涵阐释[J].西安体育学院学报,2008(6).

③ 邱江涛,熊焰.竞技体育文化特征探析[J].吉林师范大学学报(自然科学版),2004(5).

④ 张恳,李龙.我国现代竞技体育文化的特征[J].体育学刊,2010,17(8).

⑤ 李萍美,孙江.对竞技体育文化特色的研究[J].浙江体育科学,2006,28(5).

展目标、治理体育文化灰色污染、强化体育为人民服务的法规建设以及加强对政府体育主管部门的监督等措施和建议。"

另外,学者林萌在其发表的《论竞技体育文化的价值及发展趋势》的文章中,也认为竞技体育文化具有教育价值、经济价值、娱乐价值。

(三)竞技体育异化方面的研究状况

关于竞技体育异化的研究,焦现伟、闫领先和焦素花在《关于竞技体育异化理论的探究》一文中阐述道:"竞技体育是人类自身创造并发展起来的。从游戏的创立,比赛的规则到竞技的对抗,竞技体育在其社会化的进程中,也不可避免地出现与人类的初衷相悖的异化问题。科学技术的进步是永恒的,然而被利欲所驱使,在竞技运动中利用科技成果作假舞弊及摧残人性的异化行为是违背科学的。"[1]

徐红萍在《关于竞技体育异化问题的探究》一文中阐述道:"随着市场经济不断完善和发展的深入,竞技体育的发展方向开始面向商业化和职业化,由于经济方面的诱惑,竞技体育的异化问题不断地崭露头角,成为当今阻碍竞技体育运动发展的重要因素。解决竞技体育异化问题需要从理论层面进行深入分析,该篇文章从竞技体育异化的概念入手,搜集和总结竞技体育异化的现象,并且对其形成的原因进行分析,结合实际提出解决竞技体育异化的应对策略。"[2]

庞建民、林德平和吴澄清在其发表的《对竞技体育中异化现象的分析与研究》一文中认为:"竞技体育异化已经成为危害竞技体育发展的毒瘤,因此很有必要研究和探讨竞技体育异化相关问题。"在竞技体育未来发展的过程中,要高度重视体育异化这一现象,充分分析其产生的原因,并提出解决竞技体育异化的基本思路:"弘扬人文精神,让竞技体育回归本质;弱化竞技体育的政治功能;正确引导商业化,建立良好的竞技体育环境。"[3]

学者杨杰和周游在其发表的《论竞技体育的观念及其异化》一文中认为:"竞技体育的观念表现在竞技体育的精神境界之中。竞技体育的精神境界包括三个方面:运动员之间的友谊、运动员为国争光的民族情怀和运动竞技的审美。在抽象的国家观念和市场经济的功利原则下,竞技体育的观念

---

[1] 焦现伟,闫领先,焦素花.关于竞技体育异化理论的探究[J].山西师大体育学院学报,2005(3).

[2] 徐红萍.在关于竞技体育异化问题的探究[J].安徽体育科技,2010(6).

[3] 庞建民,林德平,吴澄清.对竞技体育中异化现象的分析与研究[J].体育文化导刊,2007(1).

第六章 竞技体育文化体系及其现代化发展研究

发生了异化。克服竞技体育观念的异化,是体育事业发展的前提。"①

(四)竞技体育文化公平发展方面的研究状况

关于竞技体育文化公平发展的研究,学者范素萍在《重塑体育公平竞争的理念》一文中阐述道:"在体育竞赛中应该重视公平竞争的重要性,体现体育竞争过程中公平竞争的基本要求。要加强体育道德建设,培养良好道德品质;维护法规的权威,发挥其警示作用;加大监督力度,净化竞赛环境;完善奖励机制,引导人民见贤思齐。"

学者刘湘溶和刘雪丰在《竞技体育比赛中的欠公平状况及其合理性评判》一文中认为:"竞技体育比赛中的核心就是公平精神,当前竞技体育比赛不公平的状况也不在少数,表现在比赛用的器械,比赛前的训练和比赛中的竞技竞争,都体现竞技体育的不公平,分析出现这些不公平现状的原因,最重要的是这些现状在当前的不合理性以及判断的标准,这是我们应该引起重视的,这样才能在竞技体育竞赛过程中体现其竞技意义和公平的竞技体育伦理观,才能不断地推动竞技体育向前健康发展。"

学者王渊在其发表的《传播人文体育理念,打造高校体育品牌》一文中认为:"人文体育思想的渐进,反映了现代社会对人的价值的尊重,也体现了人们对体育的人文意蕴的感知。"②体育是高校校园文化建设的重要组成部分,对学校教育的发展具有重要的影响和作用,学校各部门及领导要引起高度重视,充分利用体育具有凝聚力和亲和力的作用,加强校园体育文化品牌建设,传播人文体育理念,形成具有特色的校园体育品牌。

(五)竞技体育与科学发展观方面的研究状况

关于竞技体育与科学发展观的研究,田麦久教授在其发表的《试论我国竞技体育的科学发展与国际责任》一文中认为:"我国竞技体育事业的发展应该遵循'以人为本,全面、协调、可持续发展'科学发展观的思想和要求来设计、规划与组织实施,要准确把握竞技体育的社会定位,努力拓展'享受竞技'的现代观念,不断完善竞技体育的发展环境,大力增强竞技选手的参赛实力,科学培养竞技体育的从业人才。"③田麦久教授还认为随着我国竞技体育运动的不断发展,我国应该在国际体育事务中发挥自己的应有作用和

---

① 杨杰,周游.论竞技体育的观念及其异化[J].成都体育学院学报,2010(6).
② 王渊.传播人文体育理念,打造高校体育品牌[J].市场论坛,2007(12).
③ 田麦久.试论我国竞技体育的科学发展与国际责任[J].武汉体育学院学报,2006(12).

价值,为世界竞技体育的发展做出自己的贡献。

学者陈淑奇和范叶飞在发表的《体育科学发展观的提出及内涵探讨》一文中认为:"运用逻辑推理、因果分析等方法对新时期提出体育科学发展观的必要性和客观依据进行深层次的阐述,提出新时期的体育科学发展观应当确立以人为本的价值内核,是以人为本的体育价值观、全面体育观、协调体育观和持续体育发展观的统一体。"①

另外,学者王勇在其发表的《发展体育产业必须树立科学发展观》文章中阐明了我国竞技体育产业的健康发展必须要走科学发展观的道路,保持竞技体育文化科学化的发展,要以科学发展观的眼光看问题。

二、竞技体育文化发展中存在的问题

(一)政治因素的影响

竞技体育运动的发展是离不开社会政治的制约的,即使是现代奥运会的创始人顾拜旦也从来没有考虑过竞技运动脱离政治,而他所希望的却是通过竞技运动来改善世界各国的政治关系。② 在世界各国交往的过程中,竞技体育运动有时候会起到意想不到的作用,如中国曾创造性地运用"乒乓外交"加强了中国同美国之间的交流与发展。

当然,由于上述事例是有利于我国总体发展的要求,所以可以当作积极的一面来宣传。但是,政治干预竞技体育运动更多的则会带来消极的一面。政治参与竞技体育带来的危害就是会使竞技体育文化出现迷失的现象,并且会对歪曲竞技运动理念。由于各国政治方面的原因,竞技体育成为一些国家抵制和报复的手段,是竞技运动会成为国与国之间较量的"战场"和政治筹码。随着国际关系大环境的趋于稳定,也随着竞技运动理念的不断推广,政治对体育的作用正在呈逐渐下降的趋势。然而,强权政治和霸权主义的黑幕依然会在某一时刻笼罩在竞技体育上,这无疑是违背竞技体育文化发展内涵的,对竞技体育文化的发展产生了不利的影响。

(二)运动员的运动理念有待进一步提升

随着现代竞技体育运动的不断发展,各类体育赛事越来越多,商业化味

---

① 陈淑奇,范叶飞.体育科学发展观的提出及内涵探讨[J].首都师范学院学报,2006(1).
② 庞建民,林德平,等.对竞技体育中异化现象的分析与研究[J].体育文化导刊,2007(1).

第六章 竞技体育文化体系及其现代化发展研究

道也越来越浓厚。受商业利益的驱使,很多运动队或俱乐部都急于求成,不重视对年轻运动员的培养和发展,这成为影响运动项目发展的重要因素之一。运动员的比赛成绩与教练员和俱乐部的经济利益直接相关,因此而造成运动员培养的理念出现异化现象。在很多运动队及俱乐部中,欠缺对运动员培养的理念,教练员只注重运动员的比赛成绩,而忽视了对运动员生理及身体机能的基本保护,忽视对其科学知识能力的培养,忽视了心理及技能的培养,这种做法使得运动员退役后难以适应正常的社会生活。很多运动员在退役后生活都非常艰辛,由于他们的自身知识水平与社会需求差距大,从而不能找到适合自己的理想工作。因此,当前竞技体育领域中对运动员的培养理念的异化现象,应该引起各体育运动队及职业俱乐部的高度重视,在重视运动员比赛成绩的同时,还要对其进行必要的文化知识的教育,使其掌握一技之长,从而为将来退役后从事其他工作奠定必要的基础。

(三)对竞技体育的狂热导致暴力事件频繁发生

暴力事件是指赛场上的运动员的暴力行为和观看体育比赛的爱好者的暴力行为。竞技体育赛场的暴力事件较多地出现在那些利益丰富的运动项目中,然而丰富的利益也不是引发赛场暴力事件的唯一因素。除此之外,还有如一些身体接触较为激烈的运动等都成为竞技体育暴力频发的场合。

争夺较为激烈对于一些要求身体对抗的竞技体育运动来说,运动员在比赛中可以利用身体的合理接触和冲撞来获得优势,这是符合比赛规则要求的。然而,有些运动员在比赛中为了取得比赛的胜利或是为其认为的裁判判罚不公等原因而发泄怨气,故意采用"恶劣"的动作或手段给对方运动员造成身体伤害、辱骂裁判员、破坏比赛正常氛围的行为,这是不符合比赛规则的。

为制止这种不符合体育精神的作风,众多国际体育组织都为非体育道德的行为制定了严厉的惩罚措施,但即使这样,暴力事件仍然不能完全避免,甚至是时有发生。这些行为严重破坏了竞技体育所该有的公平、和谐。

(四)资源的过度开发破坏了生态环境

随着竞技体育的不断发展,各类体育赛事层出不穷,每年各个项目、各种类型的体育赛事数不胜数,在这样的状况下,竞技体育规模不断扩大,场馆建设也需要进一步的扩建。而竞技体育场地、体育设施场馆的修建等,需要向自然界获取森林、占用农田、绿地等资源,这对生态环境造成了一定程度的破坏和浪费。再加上大型竞技体育赛事如果环境评估措施和环境保护措施治理不当,将会给举办城市带来诸多的生态和环境问题。因此说,竞技体育文化在发展的过程中遇到了生态环境破坏的问题,需要赛事组织者及整个社会参与人员共同合作,尽量避免和降低竞技体育发展对生态环境的破坏。

(五)拜金主义盛行

随着现代社会的不断发展,以及竞技体育比赛的不断增多,商业化逐渐成为竞技体育发展不可避免的趋势之一,在这个过程中,竞技体育运动的参与者(教练员、运动员、体育工作者、俱乐部等)都将追求利益作为他们参与竞技体育活动的重要目的,而比赛的胜负则关系到俱乐部和运动员的自身利益,因此就出现了竞技体育中的各种腐败现象,以足球运动为例,许多国家的足球职业联赛都出现过"黑哨""假球"等丑恶现象,他们妄图通过这种不光彩的方式使获得的利益最大化。另外,对于运动员个人来说,他们知晓只有赢得更多的荣誉才能获得国际新闻媒体的广泛关注和大品牌公司的巨额赞助。因此,对于那些实力不强的运动员,在面对巨大诱惑时往往选择铤而走险,如服用兴奋剂或通过其他非正常渠道获得利益,这就是竞技体育中各种丑陋现象不能完全避免的真正原因。在竞技体育运动中,参与者们在各自利益的驱动下,违反竞技体育文化内涵中的公平竞争,扭曲了人格尊严,破坏了以人为本的科学发展。

第三节 竞技体育文化的未来发展走向

根据当前竞技体育文化的发展状况,竞技体育文化的未来发展走向可以归纳为以下几个方面。

一、改变观念,将国际竞争力的增强作为关注重点

真正意义上的国际竞争力,绝不单纯是金牌数的排名。国际竞争力是竞技体育综合实力的体现,它至少应当包括以下一些内容。

第一,整体技术水平,特别是奥运会大项,如足球、篮球、排球、田径、游泳等项目的技术水平。

第二,国际大赛,特别是奥运会(夏、冬)的成绩。

第三,承办世界大型综合性运动会的能力。

第四,在国际体坛上主导竞技体育的话语权,如在国际奥委会和国际单项协会任职的官员人数和级别,以及参与"游戏规则"制定的程度。

第五,竞技体育产品市场竞争力与国际化程度。

因此,要提高我国竞技体育的综合实力,在认识上就不能搞单一"金牌"数字指标,要着眼于竞技体育的可持续发展和整体素质的提高,树立竞技体育的科学发展观。其任务是通过提高运动技术水平、开展精彩的竞赛活动等手段来满足社会不同的需求。变单纯的"争光"观念为满足不同需求的综合发展观念,以增强综合实力和国际竞争力为竞技体育发展的战略总目标。

二、将"政府主导,协会管理,实施主体多元化"的组织体系建立起来

政府对体育事业承担主要发展责任,体育单项运动组织承担竞技体育发展的管理责任,社会(企业、学校、社会团体、军队、地方政府和个体)参与竞技体育的发展,促进参与项目发展主体多元化。具体设想主要有以下几个方面。

第一,政府职能部门(体育总局)退出竞技体育直接管、办工作,通过规划、政策、投资实行宏观调控,并监控代行管理职能的社会团体。

第二,中华全国体育总会及其领导的体育单项运动协会,全面承担竞技体育发展的组织、管理工作,并承担国际体育交流的任务。

第三,按照谁投资、谁受益的原则,鼓励学校、地方政府、军队、行业体协、企事业单位和个体参与竞技体育的发展,形成多元实施主体。

第四,中国奥委会承担奥运会、全运会的规划、参赛或赛事的组织工作,协助中华全国体育总会落实"奥运争光"任务,推动奥林匹克运动在中国的发展和处理与国际奥委会相关的事务。

三、做好"体教结合"的规律研究与制度建设方面的工作

"体教结合"是20世纪80年代探索竞技体育人才培养新途径的尝试。尽管也取得一定的成果,但引出的问题比取得的成效更多。或许,这正是社会探索客观规律使然。当前在认真检讨20多年实践的基础上,第一,要明确"高校办高水平运动队"的目标与任务;第二,加强"学训结合"规律的研究,总结"学训结合"的经验和存在的主要问题;第三,进一步完善"高校办队"的相关政策;第四,也许是更为要紧,即在现行体制之外,改弦更张,依据

"学训结合"的特点,设计一个以学校为主的新的竞技体育发展体制;第五,在一定时期,实行"双轨制",两种体制并行,国家在不减少对现行体制的支持力度的前提下,侧重扶持以高校为主体的新体制;第六,依据新体制的发展和完成"奥运争光"计划任务的情况,决定现有体制向新体制转移的项目和速度;第七,国家利用税收、投资政策,整合社会资源,鼓励竞技体育后备人才培养社会化与市场化结合。

四、通过经验教训的总结,推进职业化体育的稳步发展

职业化体育是体育产业的台柱,是当前竞技体育发展的重要趋势,也是产生高水平运动员的基本渠道。第一,必须尊重职业体育发展的基本规律,解决好与我国国情的契合;第二,进一步明晰职业俱乐部产权关系,尊重并保护投资人的合法权益;第三,稳定和完善职业俱乐部联赛,减少人为或行政干涉;第四,厘清职业俱乐部、单项协会、管理中心的关系和职责,建立和完善相应自律机制,依法营运、依法管理、依法监督;第五,依法完善职业俱乐部内部管理制度,加强对俱乐部执法监督,保障俱乐部所有人员的合法权益;第六,管理中心退出职业联赛的具体工作,成立在协会领导下的职业联赛自治组织,具体运作职业联赛;第七,承担有"奥运争光"项目的职业俱乐部,国家以契约方式给予资助。通过这些工作,逐步将职业体育做大,在做大的基础上,争取涌现更多的高水平运动员,以满足"奥运争光"的需求。

五、国家政策有所倾斜,营造出良好的政策制度环境

不论是计划体制还是市场体制,都需要一个良好的政策制度环境。对我国竞技体育发展做出巨大贡献的"举国体制",就是在国家一系列政策的扶持下逐步完善的。在社会主义市场经济体制下,体育事业的发展更是需要一些特殊政策的扶持和保障。就近期来讲,影响体育体制改革有这样几项政策,首先是有关社团的政策,体制改革涉及的管、办分离,在制度设计中必须考虑到政府"退出"后的"补位"。其次是有关减免税收政策。[①] 最后是运动员权益保障政策。当然,竞技体育良性发展所需的政策制度环境,远不止这些内容。我们认为,深化我国体育的改革,特别是竞技体育的改革,必须首先满足这些要求。

---

① 刘邦华,周怀球.北京奥运会后中国竞技体育的发展方向[J].山东体育科技,2010,32(3).

第四节　竞技体育文化发展的影响因素

一、对竞技体育文化发展产生影响的政治因素

竞技运动自产生以来就同政治有着密切的联系,以奥林匹克运动为例,奥林匹克运动产生于一定的社会经济、政治基础之上,受政治、经济的制约和影响,在为社会政治、经济服务的过程中获得发展。

奥林匹克运动虽然是在一定的社会政治、经济基础上产生与发展的,虽然受到政治的干预和影响,但它为世界政治的和平、稳定做出了自己应有的贡献,其地位和影响高于世界上任何一项组织。这充分说明了奥林匹克运动一方面受制于国际政治因素的影响,另一方面它又高于社会政治活动。如果奥林匹克运动与政治之间的关系处理得当,奥林匹克运动也能在更高层面上很好地维护世界的和平与发展。

竞技体育运动与政治这两种文化现象之间是相互影响、相互作用的关系。不可否认,在一定的历史时期,社会政治的需要制约着竞技体育的目的性质。但在当前世界竞争格局发生变化的今天,各种政治力量重新分化组合,民族主义气焰高涨,世界发展也进入了多极化时代,竞技体育这种文化现象正逐渐被整个社会所接受,并且越来越广泛地服务于社会,也因而被政治青睐。因此,在这样的状况下,竞技体育运动极易成为政治社会化的手段。任何一个运动队,在国际比赛中,他们的服装、旗帜、国歌等都表明他们在代表一个国家比赛。比赛不仅是为自己拼搏,更是为国家而搏。随着国家民族尊严在赛场的体现和强化,观众的情绪也会随着竞技成绩的好坏而跌宕起伏。竞技运动产生的这种凝聚力、向心力和爱国心在其国家发展的历史进程中,无疑就成为联系社会各阶层的桥梁和纽带,成为政治家手中重要的砝码。[①]

发展到现在,竞技体育运动作为塑造和再现民族形象的重要手段,能在很大程度上体现民族的威望乃至国家的地位,因此这就直接涉及国家在国际上的政治地位。在国际比赛中,竞技运动场上的每一次胜利,都能为一个民族或国家带来自豪感,成为爱国主义的生动素材。

---

① 袁海强.现代竞技体育的发展与代价研究[D].安徽师范大学,2005.

二、对竞技体育文化发展产生影响的经济因素

竞技体育的发展还经济因素的影响和制约,竞技体育与经济因素之间的关系非常紧密,这表现在以下两个方面:第一,竞技体育吸收社会经济的投入,以满足自身生存发展的需要;第二,竞技体育又通过自己特有的生产方式产生巨大的经济价值,推动着社会经济的发展。

(一)社会经济基础为竞技体育发展提供有力的保障

现代奥林匹克运动自从诞生之初起就受到社会经济的制约和影响。1896年,第1届现代奥运会就面临经济问题,为了筹集资金,希腊全国上下掀起了募捐活动,但募集所得只是杯水车薪。如果没有希腊侨民富商乔治·阿维罗夫的巨额捐赠,第1届现代奥运会恐怕就难以举办。

纵观百年奥运史,我们可以清楚地看到现代奥林匹克在市场经济渗透下的发展过程,尤其是20世纪80年代后的这几届奥运会,以事实说明了经济对奥林匹克运动发展的重要性。

(二)社会经济为竞技运动的发展提供了必要的设施及条件

随着参加人数和比赛项目的增多,奥运会的建设在现代化道路上飞速发展。主办城市市政基础设施的建设以及体育场馆、运动设施、通信设备、奥运村的兴建,这一切都需要有强大的经济做后盾。

(三)社会经济发展水平制约着竞技运动的结构和手段

现代社会经济的快速发展对竞技运动的发展产生了极为深刻的影响,表现在运动场地、器材、运动员的服装和设备等方面,这些都发生了质的飞跃。竞技体育中一些高水平的比赛选手,借助科学仪器的帮助和科学训练的手段,获得了优异的竞技比赛成绩,这无不显示出科技的力量,而科技手段的运用则是以经济发展为基础的。另外,竞技人才队伍的结构是否合理也依赖于国家经济基础是否雄厚以及国家对竞技体育事业的重视程度。

三、对竞技体育文化发展产生影响的科技因素

竞技体育的发展还离不开科技因素的影响,众所周知,要在同一个时间使全球亿万人能够同时关注同一体育盛事,就必须借助科技的创作。正是现代电视、电脑网络等传播工具的普及,才使得竞技运动受到社会的更多

关注。

在大型竞技体育运动会上,通过科技设备、产品的使用能保证赛事的顺利举办。科技水平的快速发展,使得竞技体育更为大众化,更加带有消费的色彩,这一层意义在当代社会已变得越来越明显。

大量的实践证明,现代竞技体育运动成绩的比拼,已逐渐演变成多学科科研人员的"幕后操纵的科技之战"。每一运动纪录的产生,都包含诸多的科技要素。科技与体育的结合推动着竞技体育向"更高、更快、更强"的方向发展,这又同时反过来刺激着科学技术的不断创新与发展。

由此可见,频繁的体育赛事活动在拉近了人与人、国与国之间交往的范围和方式的过程中,极大限度地提升了科技的伟力。竞技运动借助了科技,也推动了科技;而科技刺激了体育,也宣扬并牵引了体育。可以这么说,先进的运动手段、方法的产生以及先进的转播和通信设备是由科技发展的,竞技运动的场地、器材、设备、服饰等物质材料的丰富也只有在科技的光照下才显示了其神奇和壮美。科技的任务不只是简单地给予竞技体育以科学意义的伸展,更重要的是借体育这个舞台来探究时代和时代的体育价值。

第五节 竞技体育文化的现代化发展理念与策略

一、现代竞技体育文化发展的理念

当前,竞技体育文化已经有了非常好的发展,并且处于发展势头迅猛的时期,这与其发展理念的科学引导有着非常密切的关系,具体来说,现代竞技体育文化发展的科学理念主要有以下几个方面。

(一)"绿色奥运"理念

作为竞技运动的重要组成部分,奥林匹克运动对竞技体育的发展起着重要的作用。因此,在竞技体育文化发展的过程中倡导"绿色奥运"的理念是非常重要且必要的。

具体来说,所谓的"绿色奥运",就是指奥运会以及奥林匹克运动的开展应以不破坏自然环境为目的,注重可更新能源的利用,水资源的保护,废物利用和管理;保护人类适宜的空气、水和土壤;保护古建筑等自然和文化环境的社会活动方式。在竞技体育文化发展的过程中,倡导"绿色奥运"能够将奥林匹克精神更好地展现出来,使竞技体育的文化内涵得到进一步的丰富。

竞技体育文化大力提倡在竞技体育活动的开展要应用绿色科技和绿色技术，充分利用好自然资源，维持和保护好整个生态系统的平衡，选用无公害的绿色材料建设体育场馆，增强体育场馆的利用率，做到充分利用不浪费。

（二）"人文体育"理念

"人文体育"理念是伴随着现代社会的发展而出现的，它是竞技体育在现代社会发展中非常重要的价值观，因此竞技体育文化在发展的过程中，坚持"人文体育"的发展理念是非常有必要的。

在竞技体育中，"人文体育"理念主要表现在："人的全面发展是一个提高生存机会的过程，从总体上说，健康、长寿、接受良好的教育和生活幸福美满是人类发展的基本标志。"人文体育理念在很大程度上顺应了现代社会的发展规律，针对社会主义现代化健身与和谐社会建设提出了新的思路和方法。因此，在竞技体育发展的过程中，要坚持人文体育的发展理念，坚持"以人为本"，这样才能使竞技体育文化的科学化发展得到有力的保证。

（三）"享受体育"理念

经过不断的发展，竞技体育已发展到了一个很高的层面，它成为展现人类现代文明进步的一个窗口。因此，拓展"享受体育"的发展方向，促进"享受体育"的发展，已经成为竞技体育文化发展的一个重要目标。具体来说，"享受体育"主要在以下几个方面得到体现：第一，运动员享受比赛过程；第二，裁判员享受指导比赛的过程；第三，观赏者享受比赛本身的内容等。

在竞技体育比赛中，有成功就有失败，但是不论成功还是失败，运动员都能获得不同的感受。在比赛中，运动员都有自己的人生经历和不同的感触，无论成功与否，运动员都在比赛过程中获得了极为宝贵的经历，享受到了自己所独有的快乐。教练员比赛前、比赛中和比赛后对运动员的指导和鼓励，也能够在一定程度上影响到运动员，成为运动员的一种享受和体验。而教练员在指导运动员的同时，也能享受到竞技体育给自己带来的价值和愉悦的感受。因此，在竞技体育文化发展的过程中，要遵循"享受体育"的理念，这对于整个体育文明的发展与进步起到了积极的促进作用。

二、现代竞技体育文化发展的策略

针对当前竞技体育文化发展的状况及存在的问题，需要有针对性地采

第六章 竞技体育文化体系及其现代化发展研究

取相应的策略来加以改善,具体可以从以下几个方面入手。

(一)要保证发展理念的科学性、全面性、协调性

摆正竞技体育事业在国家经济与社会发展中的地位,处理好竞技体育与体育事业之间的关系,以及竞技体育事业内部各要素之间的关系,这些都充分体现出了在竞技体育文化发展的过程中坚持"全面协调、科学化发展"的理念。从当前的形势来看,我国的竞技体育取得了举世瞩目的成绩,但是,这与体育强国的战略目标的实现还有着非常大的距离,鉴于此,就要求必须要坚持全面协调、科学化发展的理念,从而对我国竞技体育事业的科学化发展起到积极的促进作用。具体来说,主要从以下三个方面着手:第一,在竞技体育发展中,要促进中国体育事业与国家重大方针政策、经济建设、政治建设、精神文明建设等各个方面协调发展;第二,在发展竞技体育文化的过程中还要注重大众体育、学校体育和社区体育的共同发展;第三,在社会发展水平较低的地区,要采取必要的措施加强人们对竞技体育文化的认识,对我国竞技体育运动的发展起到全方位的促进作用。

(二)坚持"以人为本"的发展策略

当前,人本思想已经成为重要的指导思想。在竞技体育文化发展的过程中,人也是最为重要的要素,因此,坚持"以人为本"的发展理念是非常重要的。对此,田麦久教授提出了自己的观点:"在竞技体育事业中贯彻'以人为本'精神的含义,就是要把竞技体育从业者(主要是运动员)的正当利益与合理诉求以及竞技体育关注者(即广大社会成员)的正当利益与合理诉求放在一切设计与行为的首位,而决不应该把对'成绩'、对'锦标'的追求放在首位。"[1]

加深全民体育运动参与的意识,带动整个社会的体育运动风尚,增强人民的体质,提高国家的凝聚力,促进中国与世界其他国家的友好和平,是竞技体育发展的最终目的。因此,在竞技体育文化发展的过程中,要求在注重经济效益和社会效益的同时,还要对人的全面发展起到积极的促进作用。在运动员培养和训练的过程中,要发展和提高运动员的运动能力的同时,在加强对其文化知识的学习和培养,使运动能力和文化知识共同发展方面也要引起重视。总的来说,就是只有有效提高运动员的知识文化水平,才能在训练和生活中更深刻地体会到作为社会人的感受,在退役后也能更好地融

---

[1] 田麦久.试论我国竞技体育的科学与国际责任[J].武汉体育学院学报,2006(12).

入社会,提高社会适应力。而对于教练员和裁判员来说,要具备较高的职业操守和综合素养,在平时的工作中要重视和加强"以人为本"思想的学习,并把这一思想充分运用到实际工作中,只有这样才能杜绝"假球""黑哨"等不良现象的发生。

(三)严格遵循人与自然可持续发展的原则

竞技体育文化在发展过程中必须遵循人与自然的可持续发展这一重要理念的,究其原因,主要是由于竞技体育的发展不能以牺牲大自然为代价。竞技体育运动作为人类社会活动的一部分,在其发展的过程中会对周围城市的生态环境造成一定的破坏和影响。如为了举办大型的体育比赛,必须要修建大型的场馆,准备必要的设施和设备,而这就需要大量砍伐树木,占据绿化之地等,这给举办城市的生态环境造成了极大的破坏。这种做法是不可取的。因此,在新形势下,人们应该反思这种破坏自然的行为所带来的代价,要采取必要的措施和手段促进人与自然的和谐发展。

(四)严格遵循与国际社会协调发展的准则

所有的文化发展都不是孤立的,对于竞技体育文化来说也同样如此。在竞技体育文化发展的过程中要与国际社会的协调发展相适应。自加入奥运大家庭后,中国就一直是其重要的一分子,并且取得了举世瞩目的成绩。在奥林匹克运动会上,中国有乒乓球、羽毛球、跳水、举重等自己的传统优势项目,在这些方面,取得优异的成绩并不难。但是即便如此,为了能够使我国竞技体育得到进一步的发展,也要主动将这些优势运动项目向全世界推广,加强同其他国家之间的沟通与交流,从而对以上各种运动项目的发展和创新起到积极的促进作用。

另外,我国在一些项目上也存在一定的劣势,这就要求对这方面的强国进行认真的学习,并且将成功经验与我国的国情有机结合起来,走出一条适合我国发展的道路。

第七章 社会体育文化体系及其现代化发展研究

体育文化本身就是一个系统性的体系,体系中包含着许多具体的不同形式的体育文化体系,社会体育文化体系就是其中非常重要的一个方面。社会体育文化具有显著的全民性、健身性、社会性、公益性和时代性等显著特点,人们都是社会中的一员,其与社会体育文化的接触较为广泛。本章主要对社会体育文化的基本理论、发展态势、未来发展走向以及多元化发展进行剖析和研究,由此能够对社会体育文化体系及其现代化发展有更加全面和深入的了解和认识,也能够为社会体育文化的进一步发展提供必要的依据和支持。

第一节 社会体育文化的基本理论

一、社会体育的相关知识

在剖析社会体育文化之前,首先要对社会体育的相关知识加以了解和认识。

(一)社会体育的概念解析

在日常体育工作和体育活动中,社会体育与群众体育往往被人们所混用,这种在历史过程中形成的现象,是可以理解的。但是,从严格意义上来说,社会体育与群众体育的含义是不同的。具体来说,这种差异性主要表现在以下方面:从我国体育行政管理部门分工的角度来看,我国体育分为两大部分,一个是群众体育,另一个是竞技体育,其中,群众体育包括社会体育、校园体育、军队体育。这时,可以将社会体育认为是群众体育的一部分;但按照《中华人民共和国体育法》所体现的体育构成来看,我国体育分为四个部分,即社会体育、校园体育、竞技体育、军队体育,群众体育是融入各个领域中的。

据文献调查,1918年我国已使用了"社会体育"一词。并提出:社会体育者,指学校、军队以外一般社会之运动而言,其以锻炼身心,养成坚实之国民也。而"群众体育"一词,我国至迟也在1929年开始使用。

社会体育是指职工、农民和街道居民等自愿参加的,以增强身心健康为主要目的的内容丰富形式多样的群众体育活动过程。它是我国现代体育事业的重要组成部分。社会体育亦称群众体育,有广义和狭义之分。广义的社会体育是相对于高水平竞技体育而言的,即英文称为"sport for all",在国外称为大众体育,包含了除竞技体育之外的所有体育活动;狭义的社会体育是广大民众利用闲暇时间自愿参加的,以健身、健美、医疗、消遣、娱乐和社交为目的的内容广泛形式多样的体育活动过程。

社会体育是人的全面发展不可或缺的途径。社会体育既促进人的全面发展,又体现人的全面发展,社会体育存在的本质就是为了人的全面发展。社会体育是一种最为普遍的体育现象。社会体育作为体育的一部分,有别于竞技体育、校园体育和军队体育,其中最主要的区别体现在作为社会体育的主体——活动参与者,对活动参与的自愿性和对活动要素把握的自主性上。需要注意的是,社会体育不同于高水平的竞技运动,它是以普通人群为对象的,但不涵盖学校中的体育教育,也不包含武装力量的军事体育训练。社会体育与社会文化有着密切的联系,有些形式和内容是相互交叉的,作用是互补的。社会体育的活动形式不仅包括体育教学、体育训练、体育竞赛、体育表演,而且包括体育锻炼、体育娱乐、体育旅游、体育观赏、体育探险等;不仅包括以体力投入为主的活动,而且包括以精力投入为主的活动。社会体育的活动内容丰富多彩,不拘一格。既有传统的,也有现代的;既有规范的,也有随意的;既有成套的,也有单一的;既有集体的,也有个人的;既有对活动条件要求较高的,也有要求较简单的。

社会体育活动作为一种社会现象,长期存在于人类社会,它是一定社会政治、经济、文化、教育的产物,同时又为增进人类的健康而服务。随着社会生产力的不断发展,人们闲暇的逐步增加,参加社会体育的机会和条件正在逐渐得到改善。社会体育不受固定规则、器材、设备、场地的限制,参与对象不受性别、年龄、职业、兴趣、爱好等方面的限制,在人们健康价值观念越来越高的今天,社会体育得到了广泛的重视,成为一种参与程度极高的社会文化活动。

(二)社会体育的分类

社会体育作为一种面向全民,遍及全社会的体育现象,为了认识或管理的便利,人们从不同的角度将它分成不同的类型。

1. 按照参与者的身份、年龄、性别、健康状况等特征分类

按照这一划分标准,可以将社会体育分为职工体育、农民体育、居民体育、婴幼儿体育、少年儿童体育、青壮年体育、老年人体育、妇女体育、伤残人体育。

2. 按照社会体育的分布地域分类

按照这一划分标准,可以将社会体育分为城市体育、农村体育、社区体育、乡镇体育、单位体育、家庭体育、公园体育、广场体育以及国外大众体育。

3. 按照社会体育产生的渊源分类

按照这一划分标准,可以将社会体育分为民族传统体育、民间体育、古代体育、现代体育。

4. 按照社会体育的功能分类

按照这一划分标准,可以将社会体育分为健身体育、健美体育、康复体育、医疗体育、娱乐体育、休闲体育、冒险体育、旅游体育、防卫体育,等等。

需要强调的是,各种分类之间是相互包容、相互交叉的。比如以身份特征划分后,还可再以地域特征为主要依据进行划分,产生农村老年人体育。上述分类只是从某几个角度的某个层次进行的常见分类情况。为了更深刻地认识社会体育现象,人们还可从新的角度和新的层次去进行分类研究。

(三)社会体育的特点

社会体育与其他的体育形式有着一定的差别,这在一定程度上体现在社会体育的显著特点上。具体可以归纳为以下几个方面。

1. 全民性与普遍性特点

社会体育产生与发展的进程,就是不断使人的需要得到满足的过程。人的需要是分层次的,这种多层次的需要经常交织在一起,并且随着时间、空间条件的变化而变化。社会体育可以使人们不同层次的需要得到满足,由此可以看出,年龄、性别、职业、爱好、体质与健康状况有一定差异性的人,在一定条件下都能在社会体育中找到适合自己的位置。据统计,我国目前约有1/3的人经常参加体育活动,有50%左右的人参加体育活动,这就充分体现出了社会体育的全民性特点。社会体育范围的普遍性特点是由社会

体育对象的全民性决定的。究其原因，主要是由于无论是哪种地方，只要有人群，就会有人的生存、享受、发展的需要，就需要社会体育去满足这些需要。因此，社会体育或迟或早地会出现在那个地方。

2. 健身性与娱乐性特点

亿万群众参与的体育活动，这是社会体育最基本的形式。亿万群众在自愿、自主的基础上，通过直接的身体运动过程，达到强身健体、愉悦身心、陶冶情操、交友合群的效果。健身性与娱乐性不仅是社会体育最本质的特点，同时也是社会体育区别于其他体育和文化活动的最显著特征。社会体育的健身性与娱乐性是统一的，这充分体现出了人的身心合一的特点。具体来说，健全的精神寓于健全的身体，健全的身体孕育健全的精神。体育活动既作用于人的身体，也作用于人的精神。社会体育健身性与娱乐性和谐一致的特点，对其在社会中的独特地位起到了重要的决定性作用。

3. 多样性与灵活性特点

我国幅员辽阔，民族众多，经济文化发展不平衡，这样的国情对人们体育需求的差异性起着重要的决定性作用。只有因地、因时、因人、因事制宜，采取灵活多样的工作方式和组织形式，提供丰富多彩的体育活动形式和内容，才能使人们不同的体育需求得到满足，对社会体育持续发展起到积极的推动作用。正因为如此，我国人民才在长期的体育实践中创造并且继续创造着灿烂的民族体育文化。社会体育活动形式不仅包括体育教学、体育训练、体育竞赛、体育表演，而且包括体育锻炼、体育娱乐、体育旅游、体育观赏、体育探险等；不仅包括身体直接参与的而且包括精神直接参与的。社会体育的多样性与灵活性和社会体育的全民性和社会性是相辅相成、相互影响、相互促进的。

4. 余暇性与主动性特点

社会体育不是一种工作或劳动，它是人们在工作学习、生产劳动、饮食睡眠、家务劳作之余可自由支配的时间里从事的一种活动。这种活动不带有任何强制性，具体体现在以下几个方面：第一，参加与否自愿；第二，活动内容自选；第三，怎样活动自由就怎样活动。人们总是以自身的兴趣爱好和活动条件为主要依据，来有针对性地选择适当的活动时间、地点、形式和内容，而没有被驱使、被强迫的感觉。正因为如此，《中华人民共和国体育法》规定"国家提倡公民参加社会体育活动"，而不是要求公民必须参加社会体育活动。

第七章　社会体育文化体系及其现代化发展研究

5.公益性与社会性特点

社会体育事业的公益性和社会性是由社会体育的全民性和普遍性决定的。社会体育事业作为一项关系全国人民体质与健康的事业,无疑带有很强的公益性。因此,这就要求一定要对政府发展和管理社会体育事业、普遍增强人民体质的政府职能进行强化,保障在"市场调控"的条件下,为广大人民群众提供基本的社会体育公共物品,满足公民的基本体育需求,保持社会体育的社会公平,实现人人享有基本的社会体育公共服务。同时,社会体育事业作为一项涉及13亿中国人民的事业,仅仅依靠政府是不能满足人民群众的多层次、多样化的体育需求的,必须在政府提供的基本社会体育公共物品和公共服务,满足人民群众基本体育需求之外,依靠市场和社会中介组织、民间非营利组织等所谓"第三部门"来提供"政府调控与市场调控间"所缺失的私人物品和准公共物品,满足人民群众日益增长的多层次、多样化的体育需求。这些都充分体现出了社会体育的社会性特点。

6.民族性与世界性特点

社会体育是当今每个民族、每个国家共有的社会现象。民族文化是民族创造的,民族文化是民族的重要标志。每个民族都有自己独特的文化,其中包含着自己独特的体育形式和内容。我国目前已整理出少数民族传统体育项目676个,汉族体育项目301个。这些风格各异的民族、民间传统体育项目的存在,是中华民族体育的重要构成因素。而蔚为壮观的世界体育就是由各国瑰丽的民族体育构成的。独具特色的民族体育是对世界体育的巨大贡献。社会体育的民族性并不意味着不同民族间的体育互相排斥、互相隔绝。相反,各民族之间、各国家之间始终在体育交流中相互吸纳着对本民族、本国体育发展有益的东西,最终成为本民族、本国体育的有机组成部分。

7.时代性与永恒性特点

社会体育是时代的产物。不同时代的政治、经济、文化的发展方向和发展水平对不同时代的社会体育发展方向与内容、规模和水平起着重要的决定性作用。不同时代的社会体育的时代内涵和时代特征也有一定的差异性。人类社会越进步,人类的体育需求越旺盛,人类对社会体育的依赖性就越强。运动在某些方面可以代替药物,而药物则无法替代运动。目前,人们还没有预见到可以替代社会体育的东西。人类不仅在改造客观世界时需要社会体育,人类在生存、繁衍、发展、完善自身时,同样需要社会体育。社会体育将与人类共存。

(四)社会体育的地位与作用

社会体育具有非常重要的作用,具体来说,可以从三个方面来进行体现,具体如下。

1. 社会体育在个人生活中的地位与作用

(1)有助于人的全面发展

社会体育作为人的一种活动,其地位与作用都是从人的个体上得到充分体现的,进而通过个体作用的集合影响社会。社会体育对于个人的作用主要体现在三个方面:第一,人们的一种生活方式,即人们精神文化活动、社会交往活动和日常消费活动中的一种生活活动形式;第二,社会体育是反映人们生活质量的一个标志,是满足人的生活需要的一种手段,无论是对生活条件的满足,还是对精神状态、健康状况的满意,都离不开社会体育;第三,社会体育在人的全面发展中有着不可缺少的地位,无论是人的智力还是体力的发展都离不开社会体育的作用。

(2)有助于增强体质,提高健康水平

参加体育健身活动能够使人的形态和机能得到改善,人的心智和意志得到有效的锻炼。社会体育在这方面的作用主要体现在以下两个方面:一方面,可以促进人的生长发育,使人健康成长;另一方面,可以调节人的精神,健全人的心理,促进人的身体、心理与社会的均衡发展。人们对社会体育的需求一般包括:健康的、强壮的、健美的、娱乐的、休闲的、交友的、冒险的、防范的等,参与社会体育活动可以满足人们的不同体育需求。

(3)有助于提高人力资本

生产劳动需要劳动者具有与劳作相适应的力量、耐力、速度、柔韧性和灵敏性,以及相应的动作技能、心理品质和适应能力。这是劳动者的基本素质,是劳动者从事生产活动的物质基础。体育锻炼具有重要的作用:首先,能够使劳动者的体力和适应能力有所增加,疾病得到预防,出勤率有所提高;其次,能够使劳动者体力充沛,精力集中,延缓疲劳,提高劳动效率;再次,能够增加劳动者的技能储备,通过技能转移规律的作用,使之向生产技能转移,提高职工劳动技能水平;最后,还能够减少劳动者疾病、工伤等医疗费用支出。

(4)有助于提升文化素养

社会体育作为一种文化形态,具有自己独特的知识和技能。这些知识和技能构成文化的一部分。一个有知识、有文化的人,只有同时具有体育的知识与技能,才是一个全面发展的人。参与社会体育活动,能够起到以下几个方面的重要作用:第一,能够使人学到丰富的体育知识,更深刻地理解身体运动的价值,掌握自我保健的知识和方法;第二,能够使人学会正确的技术动作,掌握体育技能的要领,享受体育技能的愉悦,使身体更加灵活协调,动作更加准确、轻盈。在现代社会,一个缺少体育知识和技能的人将被看作"体盲"。

(5)有助于适当调节情绪

参与体育健身活动,可以达到以下几个方面的目的:第一,能够获得美好幸福的情绪体验,使人心情舒畅,精神愉快;第二,能够使人的心理得到有效的调节,使人精神振奋,朝气蓬勃,充满活力;第三,能够使人得到心理的满足和自尊,增强自信心和自豪感,更加热爱生命,热爱生活;第四,能够形成人的团结友爱、助人为乐、勇敢坚毅、拼搏进取的精神和民主参与意识。

2.社会体育在体育中的地位与作用

社会体育作为体育的主体组成部分,它的发展规模和发展水平从总体上将体育的发展规模和发展水平充分体现了出来。社会体育的发展受到很多方面因素的制约,其中,经济、政治、体育发展方向都是较为重要的影响和制约因素。校园体育、竞技体育与社会体育同为体育的基本组成部分,校园体育是社会体育的基础,社会体育是校园体育的继续。对于青少年儿童来讲,社会体育不是校园体育的补充,而是与校园体育并列的领域,具有同等重要的地位。因为学生离开学校,便投入到社会中去,而参与体育活动是他们的基本行为取向。从社会体育角度来讲,竞技体育的竞赛与表演活动,是人们参与社会体育的一种形式。竞技体育与社会体育两者相辅相成。竞技体育如缺少群众的观赏,就失去了存在的价值和发展的活力;而社会体育如果缺少竞技体育的竞赛和表演,人们也失去了一种普遍而美好的体育观赏形式。

3.社会体育在社会中的地位与作用

(1)作为社会发展的基本内容,有助于提升国民素质

社会发展是"社会以一定的活动内容与方式满足社会成员物质需要和精神需要的进步过程,是反映着人类物质文明和精神文明的进步过程"。很明显地可以看出,社会体育能够使社会成员的物质需要和精神需要得到满足,能够将人类物质文明和精神文明的进步程度充分反映出来。社会发展作为与经济发展相并列的概念,一般包括人口、就业、分配、社会安全、生活保障、教育、科技、文化、卫生、体育、大众传播、环境、资源、城乡建设等多方面内容。作为社会发展的基本内容之一,社会体育能够使国家整体发展水

平得到有效提高，对社会总体进步程度起到积极的促进作用。社会发展在本质上是人的发展，人的发展是一切发展的目标。没有人的全面发展就无所谓社会的全面进步。社会发展的目标就是以人为本，为人的发展提供条件，满足人的需求，促进人的素质和才能的提高。人的素质既包括思想道德素质和科学文化素质，也包括身体素质和心理素质。由此可以看出，体育在实现社会发展目标和提高中华民族整体素质中的地位和作用是不可替代的。当前我国已进入全面建设小康社会，社会体育的发展规模和发展水平是小康生活的一部分。发展社会体育对于国家整体发展水平的提高，社会文明程度的提高都是较为有利的。另外，对于振奋民族精神，促进民族和睦团结，促进社会稳定和巩固国防也较为有益。

（2）是一个重要的社会文明的衡量标志

精神文明是人类在改造客观世界的同时改造主观世界而"获得的精神生活和精神生产的成果"。这种成果包括两部分：一部分是包括教育、科技、文化、卫生、体育等事业的发展状况和水平的实体部分；另一部分是包括人的思想观念、道德规范等的状况和水平的观念部分。显然社会体育是人类在改造自然、适应自然的长期实践中创造的精神生活和精神生产的成果，是一笔宝贵的精神财富。一个国家的政治主张和思想意识对这个国家发展社会体育的目的和任务、方针和政策起着重要的制约甚至是决定性作用，国家的基本政治制度和经济制度也对这个国家的社会体育制度起到重要的决定性作用。同时社会体育的发展规模和水平，也反映了人类精神生活和精神生产的进步状态。从文化的角度讲，发展社会体育就是继承、传播社会体育文化的过程，就是创造新的社会体育文化的过程。发展社会体育可以为人民提供更加丰富的体育文化成果，使人民更好地享受体育文化成果。同时，对于人与人、地区与地区、民族与民族之间体育文化的交流与传播也是较为有利的。社会体育通过自身功能的发挥，可以为物质文明建设提供体力支持和精神助力，能够使人民群众精神生活质量和城乡文明程度得到有效的提升。

（3）能将综合国力充分体现出来

综合国力"作为可以动员起来投入社会发展，施加国际影响和进行国际抗衡的综合力量"，不仅包括资源力、经济力、国际力、科技力、文化力等之外，同时还包括人的体力。究其原因，主要是由于无论哪种力量都必然体现在人的身上或者是需要人去创造的。如果负载或创造这种国力的人没有一个强健的体魄，其能力自然要减弱。社会体育能够使劳动者的体质与意志品质得到有效增强，对生产力发展起到积极的促进作用，有助于综合国力的增强。经济是基础，社会生产力水平归根结底决定着社会体育发展规模和

第七章　社会体育文化体系及其现代化发展研究

发展水平,社会体育发展必须与经济发展水平保持协调一致。同时社会体育可以通过增加人们的体育消费直接拉动经济的增长,带动基础设施建设、旅游、服务等相关产业的发展;可以发展体育产业,增加就业机会,直接推动生产力的发展。

二、社会文化中的体育文化

社会体育文化,不仅是体育文化的重要组成部分,同时也是社会文化的重要组成部分。

(一)社会体育文化的属性

从行为和方式来看,体育运动是一种自身的强健、自身潜在能力的开发过程。体育运动是人类在其发展过程中的创造性身体活动,它不同于其他动物的活动,体育运动是人类可以继承的活动。

从文化的角度来看,体育运动是社会文化的一种,体育的价值绝非强身健体如此简单。就是说,体育不仅仅是人类生物能量的开发和释放。马克思认为,体育是通过人和为了人而对人的本质真正占有的过程,是人向自身,向社会的(即人的)"复归过程"。

马克思在《论犹太人问题》一文中指出:"任何一种解放都是把人的世界和人的关系还给人自己。"体育作为一种人类文化形态和现象的伟大意义和价值主要表现在以下两个方面:一方面,同人类通过劳动改造和创造环境一样,体育也改造和创造着环境,体育所改造和创造的环境并非自然环境,而是指人类自我的个体生理环境,乃至社会群体的生理、心理环境,体育在不断地、永恒地创造和赋予新的意义和价值。另一方面,体育运动作为一种实践活动的文化价值就在于人自身的价值,换句话说,就是人的全面、自由、和谐的发展,是人的身心的完美展开和全面实现,是个体人格和社会人格的和谐与统一。

(二)社会流行体育文化

社会流行体育文化,是社会体育文化的一个重要类型,下面就对此加以分析和阐述。

1.流行文化的概念

流行文化,又称大众文化或通俗文化,它是指在某一特定时间与空间里,在社会中大面积传播的一种文化现象。英国学者社会学家斯宾塞(H.

Spencer)最早开始探讨文化流行性问题,他曾在著作中探讨过社会中流行与模仿之间的关系。德国社会学家齐美尔(G. Simmel)曾专门撰写文章《论流行》来专门探讨流行文化的问题。20世纪80年代后,法国社会学家皮埃尔·布迪厄(P. Bourdieu)开始从斗争与场域的角度分析"流行",他认为,"流行是一个文化场域,也就是一个自身影响力可以获得有效发挥的场所。身处流行中的人都会受到流行文化的影响,有些是愿意的,有些人则可能反对这一影响的存在。"[①]

2. 流行文化的特点

一般来说,流行文化的特点主要表现在两个方面,即空间范围和时间特征,具体如下。

(1)社会流行文化具有空间范围特征。例如,美国流行打橄榄球,而在东方国家这一项运动的参与者就比较少,它就不能流行。至于为什么有些事物可以成为流行文化,有些事物则不能成为流行文化,这个问题至今都是社会学家所探讨的难题之一,这里就不再详细讨论了。

(2)社会流行文化具有时间特征,这是它区别于经典文化的主要原因。流行文化的时间特征具体表现如下。首先,流行文化是一种短暂存在的,新颖但肤浅的文化形式;而经典文化是经过长时间的发展与磨炼的;从大众的关注来看,流行文化的消退期很快,而经典文化的消退期要长很多。例如,跆拳道运动是韩国的一种传统体育活动,是一种经典文化形式。但是,跆拳道对于中国的爱好者来说则是一种流行文化。但如果跆拳道在中国普及度、文化认同度、社会认知度等达到一定水平后,它也可以成为一种经典文化。

3. 流行文化与大众传媒的关系

流行文化主要借助于大众传媒与各种文化制品来获得生命与传播,如互联网、电视、杂志、广播等。流行文化本身是双向的、不断变化的文化形式,原因在于,一方面,流行文化的发生与发展依赖于大众与大众传媒间发生的不断互动。另一方面,大众的价值观念、审美倾向影响着大众传播媒介,而大众传播媒介又迎合、引导着大众。

4. 作为流行文化的体育运动及其文化

在大众传媒的影响下,目前,体育出现的形式往往是流行文化。无论是

---

① 卢元镇.体育社会学[M].北京:高等教育出版社,2010.

第七章　社会体育文化体系及其现代化发展研究

追捧某一项运动,或者某一个运动明星,都成为流行文化的重要表现形式。反之,流行文化的发展也通过传媒影响着现代体育的发展。美国职业篮球联赛(NBA)就是最好的例子,为了吸引更多的社会关注,主办方想方设法改变比赛的形式,如举办全明星赛,派出球星参加各种媒体活动,建设最为时尚的网页与电视节目,都是为了进一步突出自己的流行文化属性。

作为流行文化的体育表现形式是多样的,一些体育运动努力最大限度地贴近自己的受众,这对于体育运动的社会化发展是十分有利的,例如,以往仅限于贵族参与的体育舞蹈,正是得益于流行化的发展才在当今社会被人民大众所喜爱和普遍接受。

社会流行体育文化的基本受众是青少年儿童,贴上"流行"的标签是青少年儿童进入体育运动的动机和初始。有的人可能因此稳定在一项活动上,形成兴趣和习惯。如奥林匹克、NBA、世界杯等,这些体育流行文化与时尚文化纠合在一起,在全世界范围内影响着人们的生活方式和精神世界。由此也带来一定的负面影响,例如,一些人过度追求"舶来品",几乎忘记了自己民族体育文化,这是一个应该深思反省的社会现象。

(三)社会精英体育文化

与社会流行体育文化一样,社会精英体育文化也是社会体育文化的一个重要类型,具体如下。

1.精英文化的概念

精英文化是指由社会精英主义所主导的文化。具体来说,它是指那些并不为全社会所普遍认知、接受或参与,而仅由社会中的精英阶层所塑造与分享的文化。它是一种与大众文化、平民文化等相对应的文化。

精英文化的主体是受教育、训练程度或文化素质较高的少数知识分子或文化人,精英文化存在的意义在于它旨在表达其主体的审美趣味、价值判断和社会责任的文化。因此,精英文化的拥护者一般反对大部分的流行文化,认为社会的发展应当以少数精英分子为引领。

我国学者(如早期社会学家如韦伯、熊彼特等)普遍认为,精英文化是西方社会保守主义思维的代表,是社会权力的持有者们对流行文化的制衡行为。随着社会的发展,人类文化呈现出多元化发展的特点,社会大众对精英文化的认识也发生了明显的变化。

2.精英文化的特征

精英文化的主体对它的贵族特征起到了非常重要的决定性影响。

早期的精英文化有明显的贵族倾向,就参与精英文化的群体的身份、出生、地位等标准进行划分,精英文化只存在于"上流阶级"。例如,中国古代的"六艺"即礼、乐、射、御、书、数,实际上就是一种精英文化,因为只有极少数的贵族才真正有能力和机会获得这种教育;古代希腊的奥林匹克运动会,也是精英文化的象征,因为只有希腊公民才有资格参加比赛,奴隶是被拒之门外的;奥林匹克运动会复兴初期的主要的理念——"业余主义"精神,也是一种精英文化的表现,因为要求参与者不以体育竞赛谋生,而是单纯热爱竞赛而参与奥运会,这种对参与者"有钱有闲"的资格约束实际上是中世纪欧洲贵族精神的遗存。

3.作为精英文化的体育运动及其文化

从文化视角出发,高水平竞技运动可以被认为是体育文化中的精英文化。我们常常把优秀的高水平运动员视为精英运动员,高水平竞技运动也因此代表着体育文化范围内的最高位置。

现代奥林匹克运动会是当今世界上体育精英文化的最主要的代表,其他如各类职业比赛,包括美国四大联赛、欧洲足球联赛、四大网球公开赛、斯诺克台球赛等,也均是体育精英文化的表现,与此同时,这些比赛也不断诞生着新的运动精英。

体育精英文化对青少年的影响主要表现为体育明星效应,当今社会,运动精英像影星、歌星、舞星一样受到青少年的追捧,成为他们的偶像和榜样,如一些青少年并不一定知道政治领袖的姓名,却对一些明星运动员如数家珍。这一文化现象也值得体育社会学家研究和探讨。

第二节 社会体育文化的发展态势

一、制约我国社会体育文化发展的重要因素

具体来说,能够有效制约我国社会体育文化发展的因素主要有以下四个。

(一)健康观念

现阶段,仍然有很多人认为专门性地参与体育活动,尤其是在社会体育事业产生体育产品的消费是不必要的,甚至有着"进行体育活动既浪费时间

第七章　社会体育文化体系及其现代化发展研究

而且没有实用性"的误解。这种落后的健康观念都在影响着我国社会体育向前发展。

（二）生活方式

随着现代高科技的发展，计算机网络的普及在很大程度上改变了人们的生活方式，这也导致很多人以往进行的户外体育锻炼的时间转移到了荧屏前，变成了看电视、玩电脑。消极的生活方式吞噬着人们的健康，同时，也在阻碍着人们参与社会体育活动的激情。

（三）经济水平

经济的发展水平对人们参与社会体育的制约性主要表现在人们参与体育活动所必需的物质条件的匮乏上面。

虽然在社会经济改革的形势下，我国居民的生活水平有了大幅度的提高，但是，人们的消费水平相比于欧美发达国家仍然相当低下，这样的经济条件无法保证物质消费，更无法保证在体育方面的正常开销。很多人都面临较大的经济压力，人们忙于赚钱的同时，而对健康的投资却往往少得可怜。

此外，我国幅员辽阔，地区间经济发展的不平衡在很大程度上决定了我国各地区之间的体育发展也会有一定的差距，我国目前正处在经济高速增长和体制转型时期，各地区的经济差距逐步扩大，这会对我国全面发展社会体育产生较大的影响和制约。

（四）过度重视竞技体育，忽视社会体育发展

由于我国体育机制还存在许多问题，而竞技体育工作出了成绩更加显眼，相比于社会体育见效快，周期较短，因此，各级体育管理者更容易把工作重心和注意力放在竞技体育上，主要强调金牌的数量，如为了在奥运会、亚运会、全运会等大型体育赛事上打出成绩而投入了大量的人力、物力和财力。

与竞技体育相反，社会体育几乎是需要全民参与，因此，具有投入大，见效慢，周期长，使得许多体育部门的领导不屑于抓这些"得不到成绩的东西"，对于他们来说，社会体育往往处于嘴上说起来很重要，而在现实当中干起来次要，甚至比如到了大赛期间忙起来可以不要的尴尬境地。

二、社会体育文化产业的基本发展状况

经济的发展为社会体育产业的发展奠定了物质基础。随着人们物质文

化生活水平的提高,人们在心理和健康方面的需求在不断扩大。为了适应这一社会需求,健身体育、休闲体育、娱乐体育等大众体育正在蓬勃兴起,为满足人们对体育文化享受的需要和大众体育消费的需求,体育产业得到了迅速的发展,并逐渐形成规模生产。

由于不同国家之间有着不同的国情,因此,相比较来说,国内外的社会体育文化产业的发展状况也是不同的。

(一)国外社会体育文化产业的发展状况

社会体育在市场经济条件下运作并逐渐形成一项产业已有100年的历程。尤其是近年来,西方部分国家经济的高速发展、人们生活水平的大幅度提高和余暇时间的增多,对以职业体育和健身休闲娱乐为代表的社会体育业的兴旺发达起到了积极的推动作用。全球体育产业的形成和发展,不仅与竞技运动项目的职业化、商业化有关,而且还与大众体育的发展和健身娱乐业的崛起有很大关系,这在很大程度上对体育产业发展起到积极的推动作用。

相较于竞赛表演业来说,大众体育商业化的形成时间较晚。20世纪中期,欧洲国家第二次世界大战后经济的重新崛起,人们收入和消费水平的大幅度提高,体育健身娱乐消费活动实现了平民化、生活化、普及化后,大众体育才具有了产业的位置。经过几十年的发展,以体育健身娱乐业为代表的社会体育产业后来居上,在规模和产值上都超过了竞赛表演业,并以其对相关产业的拉动作用,成为全球体育产业中的主导产业。

西方经济发达国家社会体育产业有较快的发展,除此之外,亚洲一些国家的社会体育产业也有了较大程度的发展。

经过多年的形成和不断发展,西方发达国家中的体育产业的结构、功能相对完善,生产规模也较为庞大。从社会体育产业的组成形式上看,健身健美和体育娱乐经营、体育技术培训、体育旅游以及各种体育文化产品的经营是其主要内容。尽管世界各国的体制、国情和经济发展水平不同,社会体育产业的结构、规模、产业发展方向和产业政策等也有较大的差异性,但作为一新兴行业,社会体育产业目前在世界上许多国家都有不同程度的发展。

(二)我国社会体育文化产业的发展状况

从目前情况分析,我国社会体育产业的发展现状主要从以下几个方面中得到体现。

(1)以本体市场为主的社会体育市场已粗具规模,产业和市场体系的基本框架较为明确。包括体育健身娱乐市场、体育培训市场等在内的体育本

第七章 社会体育文化体系及其现代化发展研究

体市场已逐步发展成为层次结构较为清晰的产业。

(2)社会体育产业的质量与效益不断提高,开发领域正在扩展,社会体育资本和资源开发的巨大潜力得以充分的显示。

(3)一批多种所有制的体育经营场所、体育俱乐部和体育企业开始出现。随着人们生活水平的提高和社会体育消费需求的扩张,许多健身娱乐性强、受大众喜爱的体育健身项目成为社会投资的热点。

(4)社会体育产业开发多渠道、多层次、多形式的筹资渠道已经基本形成,政府对社会体育的资金投入已经不再是单一的方式,从不断发展的社会体育产业和市场中的获得也开始成为重要途径之一。

我国社会体育产业虽然已初步形成规模,但因其形成和发展的时间较短、基础比较薄弱,在许多方面与发达国家同类产业的发展水平还有一定的差距。由于社会体育产业在我国还属于新兴产业,虽在近年得以较快的发展,但还存在着一定的问题,比如,管理体制和运行机制不完善,发展不平衡,结构不尽合理,产业规模不大,相关政策法规也不太适应体育产业的快速发展。具体来说,我国社会体育产业当前发展中出现的问题主要有以下几个方面。

(1)结构与产品质量方面。社会体育产业结构缺陷主要表现在本体产业的发展还未形成支柱性优势,以健身娱乐业和体育培训业为主的社会体育核心产业落后于体育用品业的发展。从主体产业的方面来说,存在的相关问题主要包括其市场开发与利用的深度与广度不够,市场运作也不很规范。如果不能将体育本体产业发展滞后的问题及时解决掉,社会体育产业在体育产业中占有的份额就会逐步减少。产业质量问题主要体现在社会体育市场中各类企业规模较小,管理水平、管理方式和经营理念落后,市场竞争力不强。各类体育经营场所很少有能够按现代企业制度组建运作和提供高质量服务的。除此之外,体育企业要想保持良好的可持续发展的动力,就必须在生产和经营上下功夫,降低成本、使产品与服务质量有所提高、扩大经营利润。

(2)发展的平衡性方面。社会体育产业的不平衡发展问题主要体现在三个方面。第一,地域间的不平衡。由于受各种因素特别是经济基础和发展水平的制约,城乡差距、东西部差距十分明显,并且在个别地区这种差距还在扩大。这些差距必然会对某些地区体育消费状况产生影响,从而制约着该地体育市场和社会体育产业的发展产生较大的影响。第二,所有制结构失衡问题。由于过去计划经济条件下所形成的在资产和资源配置上的差别,虽然经过近些年的体制改革与产业结构调整,国有资产的比重有所下降,但所有制结构仍然呈现出不平衡的发展现状。如我国目前体育场馆国有率占75.4%,集体占12.4%,个体占5.1%,外资占4.7%,其他为2.4%,其中集体所有中又有相当一部分属国有。这种所有制结构对于资源共享是非常不利的,同时,对市场的公平竞争也会起到一定的制约作用。第三,项目开发的不平衡。目前社会体育产业存在着三个层次,即已形成的市场、正在形成的市场和尚未形成的市场。其中,体育用品业、体育健身娱乐业和体育技术培训业是已形成的市场,体育旅游业等是正在形成的市场,还有尚未形成的市场。这些市场和行业的发展速度也有快有慢,发展规模有大有小,行业管理有好有差,市场发育不全,都对社会体育产业的整体发展产生了一定的制约作用。

(3)市场管理的规范化方面。规范有序的市场是产业稳步发展的前提,管理的法制化是市场规范化发展的保证。我国体育市场的管理还缺乏高层次的立法,虽然不少省、市、区发布了地方性体育市场管理法规或政府规章,其中包括了一些社会体育市场的管理措施,但是在管理中的许多问题仍然需要高层次的立法加以明确。

社会体育产业管理过程中,在市场上一些体育经营项目存在着交叉与越位管理的问题,具体来说,就是在不同的地区由不同的部门管理,或在同一地区由不同的部门同时管理,甚至有些项目无相关部门管理。因此,加强宏观管理,在全国范围内制定出高层次的社会体育产业和体育市场管理专项法规是非常重要且必要的。

目前在社会体育产业中还没有一个覆盖全国的统一的行业管理标准。科学的、切实可行的行业管理标准和行业服务准则是加强市场管理工作的切入点,目前除个别地方正在进行这方面的尝试外,不少地区并未实施积极有效的管理,市场的科学化、规范化管理程度不高。

除此之外,社会体育产业发展过程中还存在着其他一些问题,比如投入不足、资产管理不顺、经营人才不多和部分行业经济效益不理想等。目前我国体育产业中虽然还存在着这样或那样的问题和矛盾,但是作为新兴的体育产业,在其发展过程中出现这些矛盾与问题也是难免的。随着我国体制改革的深入,社会的进步和经济的发展,以及部门和行业管理水平的不断提高,社会体育产业定会逐步壮大。

第三节　社会体育文化的未来发展走向

关于社会体育文化未来的发展走向,可以通过当前的发展状况来进行一定的预测,具体可以归纳为以下几个方面。

第七章　社会体育文化体系及其现代化发展研究

一、逐渐趋于全面社会化

目前,我国已经建立起了比较完善的社会主义市场经济体制,社会体育活动由政府部门独办的格局也将被打破,取而代之的是像经济体制一样由国家进行调控,依托社会力量发展多元化的社会体育。

首先,政府在社会体育的社会化过程中更多是起着政策制定、宏观调控、监督、协调、领导、服务的作用,社会体育活动的实际操作由社会组织团体负责,各级各类的体育社团及体育协会负责社会体育的运作。

其次,社会体育活动组织网络的社会化程度将进一步扩大和完善,各体育社团及体育协会之间的合作将会加强,从而利用他们自身的能力充分动员和组织社会力量全面、有序、有效、合理地开展社会体育活动。

再次,未来一段时间内,跨行业系统、跨单位、跨社区的组织形式将不同的企事业单位、机关、学校和社区有效的联合起来,充分整合它们各自的体育资源优势,实现体育资源的优化配置,从而使体育资源在有限的空间里最大限度地发挥其价值,满足人们参与体育锻炼的需求。

最后,社区体育、家庭体育将有较大的发展,并将进一步推动全民健身计划的实施。

二、社会体育法制建设越来越完善

伴随着社会的发展与进步,我国建设社会主义法治国家的进程正在加快,依法治国成为我国的治国之本。随着国家法律体系的逐步建立和完善,各种体育政策、法规体系将会更加完善,社会体育活动自身的法制建设也将不断加快、加强,从而实现社会体育活动的可持续发展。

社会体育活动的开展将有法可依、有章可循,人们的体育权利将得到法律的有力保障,人们的体育法制意识、维权意识将不断增强,同时人们也将会运用法律武器保护自身的合法利益和权利,对社会体育活动造成威胁的违法活动将不复存在。

三、社会体育科技水平越来越高

社会体育科技水平的不断提高主要体现在以下两个方面。

一方面,随着我国社会体育活动的开展,为了满足日益增长的社会体育需求,社会体育活动的理论研究将得到重视,科学求实的理念和原则将得到充分的拓展和实施,人们的体育健身锻炼将有科学理论作指导。

另一方面,随着科技的发展,一些科技的最新成果应用到社会体育当中,以人为本,服务大众。为社会大众提供更多科学的体育健身场地器材和更多的科技服务,如结合个体的实际情况提供适合他们自身条件的科学运动方案、科学的体育健身方法与手段。

四、社会体育产业方面的发展前景

尽管当前我国的社会体育产业还不尽成熟,但作为一朝阳产业,在社会经济发展、人们收入水平提高和大众消费结构变化的推动下,在产业结构调整、扩大内需与增加就业政策的作用下,社会体育产业的快速发展已成必然。当前我国社会体育产业已经呈现出了一定的发展趋势,具体体现在以下几个方面。

(一)产业结构调整给社会体育产业带来机遇

体育产业总体上讲属于第三产业,而大力发展第三产业是目前我国调整产业结构的基本方针。国家产业结构调整和升级的变化,对社会体育产业的发展产生的影响主要体现在以下三个方面。

1.国家产业政策给予一定的扶持

投融资的优惠政策、税收减免的优惠政策、用工用地的优惠政策等都属于国家产业政策。尤其是随着我国产业结构调整的力度不断加大和体育产业规模、效益的不断提高,国家和政府很有可能会给予社会体育产业一定的优惠政策。

2.产业结构调整带来更多的社会投资在体育产业上

由于资本的流向是由资本利润决定的,体育产业是朝阳产业,随着产业结构调整步伐的加快,如果在社会体育产业中投资的回报率明显高于社会投资的平均利润率,那么各种资本向社会体育产业流动的良好态势是很有可能出现的。

3.产业结构调整会给社会体育产业带来更多高素质的经营管理人才

到了后工业化时代,高素质的经营管理人才将会出现由制造业向服务业转移的趋势,利润率高低在很大程度上决定着人才流向和资本流向。一般来说,产业结构调整的力度越大,体育产业集聚高素质人才的优势也就越

第七章 社会体育文化体系及其现代化发展研究

明显,而高素质专业化人才对于社会体育产业这样一个具有生机和活力的新兴行业来说是十分重要的。

(二)社会体育产业能够拉动经济增长

当前,扩大内需,拉动经济持续增长是我国经济领域的中心工作。近年来,在市场消费不旺的情况下,我国的体育消费持续增长,体育市场逐渐繁荣,体育产业的规模和效益不断提高,保持了较快的发展势头,这一现象已得到了政府和社会的关注。社会体育产业要抓住机遇,在扩大内需,拉动国家和地区的经济增长上起到明显的绩效。要达到这一目的,需要在以下几个方面上做出一定的努力。

1. 体育用品业在出口创汇方面做出的贡献越来越大

尽管我国是一个体育用品数量上的出口大国,但在产品的质量和附加值方面还较落后。体育用品是人们参与体育活动的物质条件,世界上许多国家对此的需求都是比较大的。这些年来,我国体育用品业在出口上做出了一定贡献,但要取得更大的发展则须做到以下几个方面的要求:首先,要使我国体育用品业整体的规模效益得到有效提高,从而使我国体育用品企业与国外同类企业的竞争力有所提高;其次,体育用品企业要加大研究与开发的投入力度,不断提高我国体育用品的科技含量,使所出口的体育用品在国际市场上的竞争力得到进一步增强。

2. 社会体育产业在增加投资需求方面的作用越来越显著

增加投资能够对有效需求产生刺激作用,从而对经济增长起到积极的推动作用。社会体育产业有着美好的发展前景,有望成为民间投资的热点。究其原因,可以大致归纳为两个方面:一方面,是社会体育产业的主体部分是健身娱乐业,在这一领域投资,相对来说投资少、见效快、效益好,因而符合民间投资小额、分散的特点和投资主体规避风险的心理;另一方面,是以健身娱乐为主要内容的体育消费正在成为全社会新的消费热点,而先期在这些领域投资的企业经营绩效也越来越好。体育消费渐旺和巨大的增长潜力以及先行者获利的示范效应,都使得在这一领域启动民间投资成为可能。

3. 能对居民有支付能力的体育消费需求进行积极的引导

增加最终消费是实现扩大消费需求最主要的途径。从我国情况看,增加居民的消费需求是当前增加消费需求的重点。而居民消费需求又分为实物消费和非实物消费两类。目前,进一步增加居民的消费必须把工作重点由实物消费领域转到非实物消费领域,而非实物消费主要指文化消费。体育消费是广义文化消费的形式之一,从本质上讲属于满足人们享受的发展需求的消费。要把居民有支付能力的体育消费需求引导出来,是扩大内需的一种方式。

(三)城市社区化和农村城镇化有效推动了社会体育产业发展

目前世界高收入国家城市化水平已达 80% 以上,中上收入国家达 60%,中下收入国家达 55%,低收入国家平均也在 35% 左右。近 20 年来,我国的城市化水平尽管有了较大幅度的提高,但目前我国的城市化水平在世界 43 个低收入国家中仍然处在中位偏下的水平。整体城市化水平的低下对消费结构和产业结构的升级产生了较大的制约作用。鉴于这种情况下,我国政府将会采用一系列的政策和措施,对现有大城市的功能进行适当调整,适度扩大大城市规模和积极发展中小城市等多种手段,从而使我国的城市化水平迅速提高。同时,与农村城镇化趋势相伴随的将是城市社区化程度越来越高。随着城市人口的自然增长以及城市化带来的农民进城效应,我国的城镇人口今后一个时期将会有一个较快的增长。按照发达国家的经验以及我国在部分城市试点的情况,新型的组织管理形式就是社区化服务。从体育产业的角度看,城市社区化和农村城镇化都将为加快体育产业的发展提供机遇。

城市社区化和农村城镇化能创造出巨大的体育消费需求。目前我国的体育消费主要在大中城市表现得比较活跃,约占 70% 的农村人口几乎没有体育消费。由于农民的低收入和传统的生活方式从客观上对他们在体育服务和体育用品方面的消费起到了很大程度的制约作用。因此,如果没有激发 8 亿农民体育消费的有效途径,体育产业成为国民经济新的增长点就不太现实。而城市社区化和农村城镇化为解决广大城乡居民基本体育消费需求提供了可能。

城市社区化和农村城镇化,是非常有利于培育和发展社会体育市场的。从市场学的角度看,消费者在一定规模上的聚集是市场形成和发展的必要条件。社会体育市场的培育和发展,也需要消费者的聚集效应来支撑。城市社区化和农村城镇化还会拉动对社会体育产业领域的投资需求。社区化和城镇化在激发体育消费、活跃体育市场方面的效应,会使社会投资者对在这一领域投资的信心增强,从而能吸引更多的资金进入,扩充体育产业的资本总量,提高社会体育产业的规模效益。

第七章 社会体育文化体系及其现代化发展研究

(四)社会体育消费呈现出逐渐增长的趋势

体育消费作为现代人日常生活消费的组成部分,与消费结构变化的趋势相符合。以我国社会经济发展的基本走向和社会体育市场的基本走向为主要依据,社会体育消费的发展呈现出的趋势主要有以下几个方面。

1. 城乡居民体育消费的总量将持续增长

未来20年我国的GDP仍将保持7%以上的增幅,城乡居民的收入水平也将保持同步增长的势头。城市化进程将进一步加快,城镇消费人口总量将会有一个较快的增长,这些因素都在一定程度上对城乡居民消费结构不断优化产生一定的影响,未来我国居民体育消费的总量定会有所增长。然而,消费总量的增长作为一般趋势,在不同的体育消费领域会有不同的效应,具体来说,就是体育物质产品的消费在一定时期内仍会高速增长,而随着时间的推移,增幅会逐步回落;与此同时,体育服务产品的消费会逐步活跃,并且随着时间的推移,其增幅将会不断提高。

2. 个性化、多元化的体育消费将会不断出现

实物型体育消费将继续增长,但消费差别与档次将不断加大,个性化、多元化消费的趋势开始显现。实物型体育消费的持续增长,具体来说,主要是指运动服装鞋帽、健身器械、体育图书、报刊、音像制品等实物型消费资料需求的持续增长。与此相对应的消费结构也发生了一定的改变。具体来说,主要在两个方面得到充分的体现:第一,城乡居民收入水平差距的拉大将导致对体育用品消费档次的进一步加大。城市居民对体育用品的消费需求将由低档商品向中高档商品方向发展,而农村居民在一段时间内仍将维持对低档体育用品的需求。第二,人们对体育用品的需求逐渐呈现出个性化和多元化的特征。这一特征主要在两个方面得到体现:一个是体育用品会出现多样化的趋势,新产品、新品牌将不断涌现;另一个是同类商品在款式、规格、用料、功能、价格以及售后服务等方面也会出现高中低档并存的现象,以适应体育消费者多元化和个性化的消费需要。

3. 观赏性体育消费者群体的数量会大大增加

随着我国居民收入水平的不断提高和消费结构的不断变化,人们不但对观看高水平竞赛表演的需求将会进一步提高,对趣味性、娱乐性、刺激性等类体育活动的观赏兴趣也会有一定程度的增加,观赏性体育消费者群体也会越来越大。需要强调的是,广大群众对高水平运动竞赛和对趣味性、娱

乐性、刺激性等体育活动的观赏并不是一种刚性需求,具体来说,就是在这方面的消费弹性很大,假如各项目比赛质量不能切实得到提高,或娱乐趣味体育活动无观赏价值,观众花了钱得不到应有享受的话,就很难使这种潜在的增长趋势得以实现。

4.参与性体育消费会将整个体育消费的快速增长有效带动起来

人们为追求健康和娱乐而花钱购买由体育服务企业提供的健身娱乐服务,健身技能培训、辅导、咨询,体质测试,健康评估以及体育康复等服务产品,就是所谓的参与性体育消费。这一类型的消费之所以将会成为带动整个体育消费快速增长的因素,可以总结为三个方面的原因:首先,我国居民人均收入的不断增加以及生活方式的改变是带动参与性体育消费快速发展的动力;其次,医疗保健制度的改革激发了人们对"参与性"体育消费的需求,人们更愿意花钱参加各类体育健身消费以增进健康;最后,政府的重视与支持,为参与性体育消费群体的扩大和消费水平的提高造就了良好的外部环境。

我国国民经济的持续稳定发展,将会在一定程度上为我国社会体育事业的进一步兴旺发达起到积极的推动作用,而社会体育产业作为社会体育的一个重要组成部分,必将与社会经济和社会体育事业同步协调发展。因此可以说,我国社会体育产业的发展是具有广阔的前景和巨大的潜力的。

第四节　社会体育文化的多元化发展

当前,社会体育文化呈现出的多元化的发展趋势,具体来说,主要是指其与其他体育形式之间的和谐发展,比如竞技体育、校园体育等,具体如下。

一、社会体育文化与竞技体育文化的和谐发展

竞技体育在体育事业当中是重要的组成部分,也是体育金字塔的塔尖,社会体育则是体育中的普及部分,是体育金字塔的根基。二者的和谐发展是促进我国体育事业健康发展的根本。

(一)两者的根本目标是一致性的

就竞技体育而言,其目的是追求全面发展身体素质,最大限度地挖掘和发挥运动员在体力、心理、智力等方面的潜力,通过不断地完善运动员的技

第七章 社会体育文化体系及其现代化发展研究

术水平,最大限度地提高或保持运动员的运动成绩。

就社会体育而言,其目的是增强人民体质,增进人们身心健康,增进社会健康,延长人的寿命,满足人民群众的健美、消遣、娱乐、休闲、保健、医疗、康复、社交等多方面的需要,为建设社会主义物质文明和精神文明服务。

总的来看,竞技体育和社会体育二者之间存在的关系是普及与提高的关系,因此,协调好社会体育的普及与竞技体育的提高是保证体育事业是否能健康全面、有序发展的关键因素。从根本上说,二者的强身健体、促进体育事业发展的根本目的是一致的。

(二)两者的发展过程是相辅相成的

从竞技体育与社会体育的发展过程来看,二者是可以互相依靠、互相渗透、相辅相成、相互促进、共同发展的。《全民健身计划纲要》和《中华人民共和国体育法》都明确指出:坚持社会体育与竞技体育协调发展,实行普及与提高相结合,以增强人民体质为重点。

具体来说,竞技体育与社会体育的共同发展体现在以下几个方面。

(1)社会体育活动的开展,可以为竞技体育的发展创造良好的社会文化环境,提供适宜的沃土,打下坚实的基础,在众多的参与者中及时地发现更多的有运动天赋的少年人才,使他们成为耀眼的少年新星,为竞技体育发展提供源源不断的人才资源。

(2)社会体育活动的开展可以为竞技体育的发展提供广大的支持者与爱好者,从而促进竞技体育的良性发展。

(3)竞技体育的发展可以为社会体育的开展提供一系列科学训练的理论、方法与手段的借鉴,提供引导和示范作用,有效地探索出适合社会体育活动开展的科学方法与手段,提供技术性的指导和服务等。

(4)竞技体育的发展可以为社会体育的开展增强吸引力,吸引更多的青少年参加体育运动,比如刘翔、林丹、李娜等人的明星效应吸引了万千少年投入到体育健身活动中去,类似这种先例都能为全民健身打下良好的基础,从而促进社会体育的开展,又可以从中发现大量的运动人才,从而达到社会体育与竞技体育的和谐发展,形成良性循环。

二、社会体育文化与校园体育文化的和谐发展

社会体育与校园体育虽然都是以身体运动为基本手段,但各自所追求的目标却各不相同。而校园体育的目的则不尽相同:增强学生的体质,培养学生的体育能力,拥有良好的思想品德和意志品质,促进学生身心全面健康

发展,使他们在学校能更好地完成学习任务,从而在将来能更好地为社会主义现代化建设和保卫祖国服务。

但社会体育与校园体育有着许多共同点,二者是相互补充、相互促进、相互受益的,双方能共同地和谐发展。

(一)将社会体育引入到校园体育中

社会体育具有业余、自愿、小型、多样、因时、因人制宜的特点,可以不受固定规则、场地、器材、设备的限制,参与者也不受性别、年龄、职业、地位、兴趣和爱好等方面的限制,更没有城镇、乡村的地域限制,也没有社区或在机关单位的级别限制,社会体育提倡以人为本和科学务实的理念,在民众参与的程度上,其他体育形式难以与社会体育相比。因此,社区体育有着比校园体育更大的活动范围和空间,能够突破校园体育的局限性。

将社会体育的一些活动形式或项目纳入校园体育,有助于校园体育改善不科学的强加于人的统一标准和要求,改变校园体育采用的过于统一的格局。能够更有效地培养学生的体育兴趣和发展学生的体育能力,有利于学生作为主体作用的充分发挥,从而养成良好的锻炼身体的习惯,最终达到丰富和完善校园体育的教育,促进学生的身心全面发展,逐步地为学生培养和奠定终身体育的基础,从而使学生将来能够更好地适应社会。

(二)社会体育与学校课外体育活动能够有机结合起来

郭沫若先生曾经说:一个民族,老当益壮的人多,那个民族一定强;一个民族,未老先衰的人多,那个民族一定弱。青少年是祖国的希望与未来,青少年的健康水平同祖国的命运紧密相连。1999年,《中共中央国务院关于深化教育改革全面推进素质教育的决定》中明确提出了:"健康体魄是青少年为祖国和人民服务的基本前提,是中华民族旺盛生命力的体现。学校教育要树立健康第一的思想,切实加强体育工作。"

学生在学校参加体育活动是一种必须履行的责任和义务,是具有强制性的。而社会体育作为一种公民权利并没有义务与强制的要求。校园体育中的体育教育是学生在学校学习的重要组成部分之一,其教学过程、内容、方法与手段等都受到国家的严格规定和要求,每个学生都必须学习和完成体育教育大纲所规定的教学内容,并通过相关的考核,除此之外还要参加相关的课外体育活动。

但是我国校园体育教育也存在着一些问题,具体如下。

(1)由于校园体育受统一要求的束缚,强调统一要求,忽视了体育活动最需要学生主体的参与、学生个性化和多样化的需要以及体育能力的培养。

学生参与体育活动的积极性较低。

（2）长期以来，我国受应试教育的影响，重智育轻体育，过重的课业负担和课外补习导致学生被动、消极地应付性参与体育活动，或者体育课时被考试、复习大量地占用，导致学生们不能体验到参与体育活动的乐趣。

（3）大中小学生体质的发展下降都很严重，现代文明病的发病率却有所上升，如肥胖症、近视、神经衰弱、心理缺陷等，严重地影响了学生的身心健康发展。所以在校园体育教育过程中，除了完成教学大纲规定的教学内容以外，开展课外体育活动是十分必要的。但是，由于可选择项目少、缺乏指导和组织，校园体育活动开展情况不乐观。

针对以上问题，将社会体育的活动内容与学校课外体育活动结合起来，提供给学生进行选择，给他们提供展示各自才能的广阔天地，他们可以根据自己的兴趣爱好，有选择地参加体育运动，这样能够满足学生的精神需要，往往还能够引导他们进一步激发出参与激情和求知欲望，使其认识到自己在体育方面的长处，发展他们的体育兴趣和体育特长，学生会乐于进取和开拓，有利于培养体育参与的积极分子，奠定终身参与体育运动的基础，有助于他们走上社会后对于参加体育锻炼的热情不消减，并从中获得益处，而这在一定程度上，也可以间接促进我国社会体育事业的发展。

第八章　奥林匹克体育文化体系及其现代化发展研究

奥林匹克体育文化体系是体育文化体系中非常重要的一个方面。从某种意义上来说,奥林匹克体育文化本身就有着积极向上的精神体现,因此其备受推崇,并且在长期的发展过程中表现出越来越强盛的生命力。本章主要对奥林匹克体育文化的基本理论、发展态势、未来发展走向、思想体系与文化性以及其在中国的发展情况加以分析和研究,由此能够对奥林匹克体育文化体系及其现代化发展有全面且深入的了解和认识。

第一节　奥林匹克体育文化的基本理论

一、奥林匹克体育文化的性质

奥林匹克体育文化的性质,主要包括以下几个方面。

(一)以体育为载体

奥林匹克运动不只包含竞技体育,还包含大众体育。奥林匹克运动的相关文化活动在其中更是有着突出的作用。因此,从文化的领域来辨别可以认为奥林匹克体育文化的传承载体就是体育。体育与文化虽然有区别,但更多的是联系。体育是人类的身心文化,包含在文化当中。文化将体育涵盖其中,但不能忽视它自身的功能与领域,这些都是比较特殊的。体育与文化的影响是相互的,也在不断地相互促进。文化内的各种因素都对体育有着深刻的影响,而体育当中的各个方面同样影响着文化。体育作为人类自我完善的重要的手段,能够促进人体的物质结构机能的发展。体育还能够积极的影响人的内在与社会的行为,这种积极的影响形成了体育的文化精神。人类的智慧就蕴藏在体育之中,所以它能够得到许多人的关心和主动参与,这使其文化功能得到了更多的关注。体育还作为

第八章　奥林匹克体育文化体系及其现代化发展研究

一种语言而存在,它在国际上能够通用,任何人都不用翻译,这使它能够超越不同国家的意识形态,被所有人所接受,所以体育是国际文化交流最便利的工具。

体育是奥林匹克文化最重要的载体,但奥林匹克运动并不完全等同于体育,奥林匹克运动的内涵不仅仅是体育。体育是作为奥林匹克运动主要表现形式而存在的,除了体育之外,文化和教育的内容也在奥林匹克运动当中占有重要的地位,所以奥林匹克运动致力于体育与文化教育的相互融合,这就是奥林匹克文化和纯粹的体育之间最根本的区别。顾拜旦在致力于复兴奥林匹克运动的那天开始,就没有简单地将奥林匹克运动视为纯粹的体育而已,他更多力求使奥林匹克运动将智力和艺术涵盖其中,而不是只注重强健人的身体。国际奥委会前主席萨马兰奇对这一理念的评价非常准确,他认为,奥林匹克主义就是体育运动与文化的结合。奥林匹克运动之于人类文明,最突出的贡献就是通过体育发展文化,促进友谊。每四年一次的奥运会既是一场体育盛宴,更是一场文化交流的盛宴。

(二)以教育为核心

最初,古代奥运会的主题是宗教祭祀。古代奥运会将人体美、竞技精神以及高超的技艺等来对神灵做出奉献,而这些养成的前提,都是要进行教育和训练。奥林匹克运动不仅要求运动员有高超的运动技巧,同时也要具备优良的品德,这都需要良好的教育才能获得。在古希腊的奥运会上,运动员获得比赛胜利将迎来人们的尊敬,这使古希腊社会有了通过崇尚英雄、崇尚美德来进行教育的手段。顾拜旦先生作为一位伟大的教育家,在他看来,复兴奥林匹克运动也必须以教育作为主要的出发点。在复兴奥林匹克运动的时候,顾拜旦曾在有这样的言论:"首先,必须保持过去体育运动的特点,也就是高尚和骑士的性质,这是为了使体育可以继续有效地在现代社会的教育中起着希腊大师曾给它确定的值得赞美的作用。"从他的观点我们可以知道,顾拜旦本人对于希腊古代奥运会当中的体育教育是非常推崇的。也可以看出他对古代体育中教育功能的重视,从而使得他从教育的角度出发来复兴奥林匹克运动。

现代奥林匹克运动对古希腊的奥运精神和教育思想有着非常强的继承精神,并进一步将其发扬光大,现代奥林匹克运动以奥林匹克精神来教育全人类为宗旨,最终使我们的地球更加和平和美好。《奥林匹克宪章》中有一段话是这样的:"奥林匹克主义是增强体质、意志和精神并使之全面均衡发展的一种生活哲学。奥林匹克主义谋求体育运动与文化和教育相融合,创造一种以奋斗为乐、发挥良好榜样的教育作用并尊重基本公德为基础的生活方式。"因此,当奥林匹克精神渗透到生活中时,其强大的教育功能就体现出来了。因此可以知道,奥林匹克运动是以教育为己任的,奥林匹克运动当中的所有活动都可以作为教育的手段而存在,教育就是奥林匹克体育文化中最重要的目的。

(三)以西方文化为主导

古代奥林匹克体育文化源于古希腊文化,古希腊文化则是西方文化发展的重要组成。现代奥林匹克运动也是诞生在西方,最早的现代奥运会的运动员大多来自欧洲和北美,其中首届现代奥运会只有 13 个国家的 300 余名运动员参与其中,在这 300 多人里就有 230 人是希腊人,占运动员总数的 74%。发展到今天,现代奥林匹克运动已有百余年的历史,运动员几乎遍及世界的每个角落,截至 2012 年在英国伦敦举办的第 30 届奥运会,已有超过 200 个国家和地区的大约 10 000 多名运动员参与其中。不过,尽管奥运的普及迫切需求更加多元的文化,但受限于历史及现实经济、政治等各个方面的原因,奥运会的组织安排等许多方面中最主要的元素还是西方文化的色彩更加浓重。现代奥运实际已经举办了 27 届,有 3 届因战争未能如期举行,在这 27 届奥运会中,16 届在欧洲,6 届在美洲,2 届在大洋洲,而面积最大人口最多的亚洲只举行过 3 届,古老而神秘的非洲大陆至今没有一个城市举办过奥运会。也就是说,有高达 89%。24 届奥运会是西方国家作为主办方的。而在国际奥委会当中,大多数委员都是西方人,在奥运比赛项目中,西方现代竞技体育项目的主导地位也是毋庸置疑的。以上这些因素都说明现代奥林匹克体育文化仍是西方文化占据着主导地位。

随着世界的发展,各国之间的交流也更加紧密,奥林匹克运动的普及程度也在与日俱增,人类文化必将在奥林匹克文化当中进行多元化的交融。文化从本质上来看,地域性和民族性是无法避免的因素。因此每一届奥运会由于不同的举办国家都会呈现出不同的文化特色,这些特色贯穿始终,无论是在体育比赛还是艺术表演当中都体现得淋漓尽致。奥运会当中的民族传统体育项目,如日本柔道和韩国跆拳道等都体现出其民族文化。在奥林匹克体育文化的号召下,不同的文化渐渐融合到一起,成为多元性的奥林匹克体育文化。文化的多元性是当今的时代浪潮,它能够在促进不同民族之间相互了解、增进友谊,所以多元文化的形成对人类文化的发展的重要性不言自明,它是人类文明进步的重要标志。

(四)有着催人向上的精神

世界先进文化就是符合全人类社会发展方向,并且与所有人类的共同

第八章　奥林匹克体育文化体系及其现代化发展研究

愿望也是相符的。现代奥林匹克体育文化是一种优秀的文化形态，其中蕴含着伟大的精神文明，由于其将西方文化当中的精华融入自身，无疑它是世界先进文化的重要组成。

从古至今奥林匹克体育文化已经经历了几千年的历史考验，这些历史使它在全人类当中的影响力不容置疑。奥林匹克体育文化深刻地展示出了人类理想的崇高境界，更加体现了世界最为珍贵的真、善、美与和平。奥林匹克体育文化的先进性体现在奥林匹克运动的各个方面，其核心内容就是主张人类共同的和谐发展，从而使世界变得更加和平、美好。

奥林匹克体育文化鼓励人们不畏竞争，努力创新，同时鼓励人们将体育价值、社会价值和个人价值更加紧密地联系起来，使奥林匹克文化中的英雄主义、集体主义和爱国主义的方向达到一致。奥林匹克体育文化对于促进人类发展、维护人类尊严以及国家民族平等等方面都起到了至关重要的作用。

二、奥林匹克文化的内涵解析

开展奥林匹克运动会，更多的人积极地参与到其中，通过这一形式，奥林匹克精神早已在不知不觉中深入到体育乃至生活的各个角落当中。

通常来说，奥林匹克文化的内涵主要表现在和谐发展、和平友谊、公平竞争、重在参与、奋力拼搏和为国争光这几个方面，具体如下。

（一）和谐发展

和谐发展是奥林匹克运动的重要文化内涵之一。使体育运动能够更好地服务于人类的和谐发展，促进和平、有尊严的人类社会的构建是奥林匹克运动的宗旨所在。奥林匹克运动能够使人的体质得到有效增强，促进人的文化素养、思维能力、意志品质等方面得到较好的发展。总而言之，其内涵体现了身体和精神两个方面。通过体育运动的交流，实现人类社会的和谐发展。

顾拜旦说："体育是增强民族体质、矫正畸形身躯的最直接的途径。""体育是培养荣誉心和公正无私精神的理想手段。"顾拜旦所作的《体育颂》对体育所能发挥的作用不吝赞美之词。他鼓励在体育运动中表现得更加积极，以人得到全面发展为目的，在拥有强健体魄的同时，能够在素质上有着更高的升华，最终使每一个人都能变得高尚、公正、坚强、聪明、健美。

(二)和平友谊

通过体育运动增进世界各国人民之间的相互了解,以达到减少战争、促进和平的目的,是奥林匹克运动产生以来就担负着重要使命和责任。在古代奥运会召开之前,人们聚集在奥林匹亚宙斯神庙前,举行庄严肃穆的仪式,宣布神圣休战开始,保证奥运会神圣不可侵犯;现代奥运会对古代奥运会的精神进行了集成,对国家民族平等较为重视,维护人的尊严,倡导多元文化,和平共处,在《奥林匹克宪章》中宣称:"通过没有任何歧视、具有奥林匹克精神——以友谊、团结和公平精神——的体育活动来教育青年,从而为建立一个和平的更美好的世界做出贡献。"

和平友谊是世界各国发展的基础,也是人类生存与发展的前提,奥林匹克运动就对这一文化内涵进行了很好的诠释。从奥林匹克的精神到奥林匹克的标志,从奥林匹克运动对社会政治经济的影响到奥林匹克运动的作用,现代奥林匹克运动试图建立起沟通各国人民之间的桥梁,让人们以博大的胸怀去认识和理解自己民族之外的事物,建立真诚的友谊关系,从而对世界和平事业起到积极的促进作用。

(三)公平竞争

不管奥林匹克运动的内涵多么丰富,其实质还是没有改变,具体来说,其核心依旧是体育运动,其中最重要的内容就是竞技体育。竞争是体育运动最为基本的特征,也是体育运动魅力的来源所在。奥林匹克主义当中体育的竞争,对体育活动有着一定的要求,具体来说,不仅要使公平的道德有所保证,还将"体育就是荣誉,但荣誉公正无私"的观点提了出来。这与商业化很强的其他体育运动是有所差别的,极大地尊重了人的尊严,从而使奥林匹克运动的宗旨得以实现。

竞技体育有着较为显著的特点,其中,最为显著的就是其具有非常激烈的对抗性,而且有着很强的娱乐性。体育运动竞赛中,运动员之间激烈的对抗一决高下,这一过程中身体经历了磨砺,意志品质同时也得到了锻炼,而观看比赛的观众则得到了较好的享受。竞争能够对人类社会的进步起到积极的推动作用。人类在只有竞争中才能使自己的雄心得以展现,聪明的头脑也能够得到进一步发展。参加体育运动必须要敢于竞争,面对强手如林的环境,要无所畏惧,超越自我,战胜对手,创造纪录与奇迹。人类的发展,正是靠着这种动力,才能够不断创新,不断迈进。

第八章 奥林匹克体育文化体系及其现代化发展研究

(四)奋力拼搏

在现代奥林匹克运动中,运动员要想取得理想的成绩,就必须不断挖掘自身的潜力,向自身体能、生命的极限发起挑战,由此可以得知,奋力拼搏也是奥林匹克体育文化中的一个重要内涵。而现代奥林匹克运动也提出了"更快、更高、更强"的格言,可以从两个方面来对其进行理解:一方面,它是指在竞技场上,面对对手时,发挥大无畏的精神,敢于斗争,敢于胜利;另一方面,其也指对自己永不满足,不断地战胜自己向极限冲击,将奥林匹克运动不断进取、永不满足的奋斗精神和不畏艰险、敢于攀登高峰的拼搏精神充分展现了出来。

敢于竞争、奋斗拼搏是实现生命价值的真谛。这种奋力拼搏的精神不仅是运动赛场上运动员的精神,同时,也将人类的一种先进力量充分体现了出来,它鼓励人们勇于向大自然进行探索,克服各种不利因素,向未知领域发起一个又一个的挑战,这是人类对自身理想、品质、意志和能力不懈追求的表现,是奥林匹克运动的重要文化内涵。

(五)重在参加

"参与比取胜更重要",是奥林匹克运动重要的名言,也是奥林匹克运动重要的文化内涵之一。正如现代奥林匹克运动的创始人顾拜旦所说的:"生活中重要的不是凯旋而是奋斗,其精髓不是为了获胜而是使人类变得更勇敢、更健壮、更谨慎和更落落大方。"没有参与,取胜就无从谈起,而取胜也不是参与的唯一目的,没有了群众性的参与,奥林匹克运动也失却了本来的面貌。

在奥林匹克运动中,参与者高尚的品质、真诚的态度、奉献的精神和理想的追求等,其意义远远超过了运动成绩的获得。只有参与其中,运动员们才能在更快、更高、更强中超越他人、超越自我;正是由于参与精神的作用,世界各国参加奥林匹克运动,大量民众参加奥林匹克运动,使其超越一般竞技体育的范围,并对奥林匹克运动的发展起到积极的促进作用。

(六)为国争光

在现代体育运动当中奥林匹克运动是最耀眼的一颗明珠,参加奥运会的选手并不仅仅代表个人,还代表着自己的民族和国家。入场时运动员高举本国的旗帜,颁奖仪式上要奏国歌、升国旗,每一届不同的奥运会的开幕式、闭幕式也会将举办国的特色充分显示出来,大赛期间无数人会通过各种途径关注运动员是如何发挥表现的,这些举措使体育价值、社会价值的重担落到了运动员这一个体身上,这样,运动员在实现其个人价值的同时,也将其体育价值与社会价值较好地得以实现。奥运赛场上英雄主义、集体主义、爱国主义高度一致,使得每一个参与者与观赏者的自豪感得以激发,其国家的民族凝聚力得以增强,奥林匹克运动的精神也在此时得到了进一步的升华。

参与奥运会的运动员的水平都是排在世界前列的,因此可以说,现代奥林匹克运动会是人类展示自我运动极限的盛会。运动员的竞赛成绩不仅能够将其自身的水平反映出来,同时,也与其所在国家国力的强弱有着重大的关系。正所谓国运盛,体育兴。奥运赛场的表现能够使人们看到运动员所在国家的英姿。奥运奖牌不仅是个人荣誉的象征,更是国家荣誉的一种体现。祖国和人民的关心、支持以及培养时刻激励着运动员去"顽强拼搏,摘金夺银",多拿奖牌。为祖国而战、为民族而战成为他们巨大的精神动力。

综上所述,奥林匹克文化是有着非常丰富的内涵的,奥林匹克运动的方方面面,每一个环节,它们之间都有着非常密切的联系。其中,和谐发展、团结友谊将奥林匹克运动的宗旨和目的充分体现了出来,公平竞争和重在参加的精神则将奥林匹克运动当中独有的法制原则和行为规范充分体现了出来,而奋发拼搏、为国争光则将奥林匹克运动的进取精神和思想境界淋漓尽致地体现了出来。

这六个方面的精神内涵都是人类取之不尽的宝贵精神财富,是人类对真、善、美的追求的重要代表,同时,也将人类社会发展当中的崇高理想体现了出来。这些内涵对于一个民族和国家进行精神文明的发展建设,以及国民整体素质以及运动员的奥林匹克意识和体育道德风尚的提高,都会起到不可估量的作用,这正是奥林匹克文化对世界产生重大影响的原因所在。

三、奥林匹克体育文化的主要特征

奥林匹克体育文化本身就有着显著的特征,具体来说,其主要体现在以下几个方面。

(一)观赏性

作为体育运动中一种现象,体育美是追求人体形态美的活动。奥林匹克运动会是人体展示的最高形式,运动员精湛的技术、拼搏进取的精神,将自身的潜力最大限度地挖掘出来,向自身体能生命的极限挑战,从而创造一

第八章 奥林匹克体育文化体系及其现代化发展研究

种在努力中求得欢乐幸福、身心愉悦的形象。

奥林匹克所展示的各类文化艺术形式,如同争奇斗艳的艺术天地,对观众有着非常强的吸引力。奥林匹克运动所营造的情感气氛、审美意境,构成的多姿多彩的文化景观,使其具有极大的观赏性。这种观赏性不仅使人的美感修养得到有效的提升,还能使其社会生活得到有效的美化。

(二)人文性

人类社会的各种文化现象,就是所谓的人文,与之相关的是人文主义。人文主义源自欧洲文艺复兴运动,是指同人类有关的学问,以与欧洲中世纪占统治地位的神学相区别。

古代奥运会已成为希腊民族文化的一部分,现代奥林匹克运动则是人文思想发展的产物,对以人为本、人的和谐发展较为重视。长期的奥林匹克运动实践积淀了丰厚的人文精神,将人们对真、善、美的追求充分体现了出来。奥林匹克文化已经形成一门科学体系,应是人文科学的一部分。它所蕴含的人文性,不仅使其具有良好的教育价值,而且隐而深层地推动着体育的发展。

(三)艺术性

奥林匹克运动有着丰富的文化内涵,从某种意义上来说,它不应该是一种枯燥的表达,而是一种充满艺术美的世界。1901年,顾拜旦曾经这样写道:三届奥运会已经成功举办,现在应考虑赋予奥运会以优雅和美感。国际奥委会也开始对文学艺术与奥运会的参与程度进行积极的讨论,用建筑、雕塑、绘画、文学、音乐等艺术形式来使奥运会的品位得到有效的提升。现如今,文化艺术已经深入了奥林匹克运动的方方面面:第一,《奥林匹克宪章》规定,组委会必须制订文化活动计划;第二,在奥运会仪式上,人们运用各种艺术手段,使这些活动成为当今世界上规模最大、水平最高的艺术表演;第三,在奥运场馆中,人们用各种绘画、雕塑等艺术方式进行装饰;第四,在奥运会举办期间,各举办国开展诸如文艺表演、艺术展览、博览会等各种文化艺术活动;第五,在比赛过程中,运动员在奋力拼搏的同时,展示着自身的形态美、力的美、运动的美等。

从根本上来说,奥林匹克体育文化的艺术性,就是一种美的展示与教育,通过对这些美好事物的创作与欣赏,人们自身的美感修养进一步加深,自身的情感修养得到提升,社会道德增强,最终使人格的提高,以及人与人之间、人与自然和生活环境之间的和谐得以实现。由此可见,奥林匹克运动中文化的艺术特性,使奥林匹克运动的品位得到了极大程度的提升,对社会大众产生非常深远的影响。

(四)多元性

通过对整个奥林匹克运动的发展史的分析和研究,可以得知,奥林匹克文化是以西方文化为主导的,在西方文化的基础上建立起来的。古代奥运会诞生于古希腊,而古希腊是西方历史的发源,古希腊人在哲学思想、历史、建筑、文学、戏剧、雕塑等方面成就了辉煌的文明,古希腊文明一代代延续下去,从而成为整个西方文明的精神源泉。现代奥林匹克运动会也是从西方开始的,从组织模式到思想体系,再到比赛内容无一不体现了西方文化的影响。现代奥运会的举办地大多是在西方国家,国际奥委会的成员也以西方人士为主,比赛项目也主要是西方现代竞技体育项目,由此可以看出,奥林匹克运动被赋予了非常浓重的西方文化色彩。

随着现代奥林匹克运动的普及与发展,奥林匹克运动开始走向多元化发展的道路。而在走向世界的同时,奥林匹克运动的文化也将兼容性和多元性充分体现了出来。奥运会在不同国家举办所体现出来的文化特色也有所差别,从开幕式到闭幕式,从体育比赛到艺术活动等,异彩纷呈,争奇斗艳。奥运会吸纳的美国篮球、巴西足球、日本柔道、韩国跆拳道等民族传统的体育项目中,都能够将其文化折射出来,根植于民族文化的土壤之中。不同的文化特色彼此兼容,取长补短,汇聚发展成为五彩缤纷的多元文化。国际奥委会执行委员会委员,中国奥委会名誉主席何振梁先生对此发表了自己的观点:"从一百多年奥林匹克运动的历史看,它之所以成功,原因之一是它对多种文化的兼容和尊重。这个明智的政策不仅确定了奥林匹克运动的多文化性,也使它更具吸引力和凝聚力。可以毫不夸张地说,多文化性正是奥林匹克运动的财富和力量所在。"[①]

(五)丰富性

奥林匹克体育文化有着非常丰富的内容,主要包括奥林匹克运动在实践中所创造的物质财富与精神财富的总和。从狭义上来说,主要是奥林匹克运动对人的思想、社会行为的影响和与之相关的各项文化艺术活动。奥林匹克运动用体育竞技、音乐、舞蹈、美术、建筑艺术、雕塑、文学、影视等不同的文化形式来将自身的魅力充分展示出来,将人类社会中一切美好的事物都挖掘出来。

---

① 何振梁.奥林匹克运动的普遍价值与多元文化世界[J].体育文化导刊,2002.

(六)象征性

借助于某一具体形象事物的外在特征,就是所谓的象征,其暗示某种特定的富有特殊意义的事理或人物,以表达某种深邃的思想或真挚的感情,寓意深刻,耐人寻味。

奥林匹克运动主张人的和谐发展,倡导团结、友谊、进步和公正平等竞争的精神,这都具有象征性的意义。顾拜旦说:"奥林匹克运动是一个伟大的象征。"在奥林匹克运动的实践中,其主张的人的和谐发展的生活哲学,所倡导的团结、友谊、进步的精神,所规定的各项公正平等竞争原则,所形成的各项仪式规范等,皆物化成一系列独特而鲜明的艺术形式,其中,较为具有代表性的有:奥林匹克会旗由蓝、黄、黑、红相互套接的五环组成,表示世界上五大洲的团结友谊以及各国运动员相聚在奥运会上;奥林匹克圣火在希腊引燃后,在世界各国进行火炬接力,在奥运会举行期间将一直燃烧,它是光明、团结、友谊、和平、正义的象征。

第二节　奥林匹克体育文化的发展态势

一、奥林匹克运动发展中的人文精神

奥林匹克运动发展过程中,人文精神对其产生非常大的影响,具体可以从以下几个方面得到体现。

(一)古希腊哲学和人文主义哲学积极引领奥林匹克人文精神

古希腊哲学在人类哲学史上占据着无比重要的地位,这是由于其"天人相分"的哲学思想深刻地影响着人类的发展。这种思维方式使得古希腊人有着难以想象的精神力量,这一思想在决定古希腊人的价值观与行为方式时也给了古希腊人不畏艰险、勇于拼搏的品质,从而使得古希腊文明在人类历史上有着浓墨重彩的一笔。

古希腊文明中对现代奥林匹克运动影响最大的一点是其中对生命、体育的思想观点,特别是其中体育与人的全面发展方面的重要观点。比如,柏拉图的代表作《理想门》有关于体操对健康、形体及意志品质等方面的作用的相关论述,柏拉图认为身体与精神是存在相互影响的,如果体育不当或身体不健全就会导致道德不良。所以他提出,战士们应当为保卫城乡去塑造刚健的体魄,而健身也是造就人的完美和谐发展的重要途径。这里可以看出,柏拉图认为体育锻炼除了在军事方面有很大作用之外,体育还能有效地促进人的和谐发展,使得体育有了新的价值取向。亚里士多德关于体育的教育理论则更为完整。他认为体育除了具有强健体魄的功效之外,还能够使人拥有形体美、心灵美,所以他极力认为体育可以先于智育,在这一过程中,体育、德育和智育之间必须有着互相的联系,智力的健全与身体的健全是息息相关的理论。这些理论成为现代奥林匹克运动核心理论当中的重要思想基础。

除了古希腊的哲学体系,文艺复兴运动之后发展起来的人文主义哲学同样在奥林匹克运动的发展中有着浓墨重彩的一笔。人文主义哲学相比于自然哲学的地方在于它更加重视人们对自身存在的问题的发现,主张灵魂与肉体合二为一,非常重视身心的同步发展,重视人的价值、尊严、力量等方面的影响力。从而创造出了人本主义教育思想,更是在随后衍生出了具有更大的发展和影响力的唯物论理性主义的教育观,特别重视其中"教育应以使人得到全面发展"和"人是环境的产物""教育万能"诸多的教育观点。这些观点同样是奥林匹克运动的重要思想基础。

(二)现代奥林匹克运动兴起受助于近代人文精神的确立

现代奥林匹克运动的兴起虽然源于古代奥运会的巨大影响力,但这种复兴古代奥运会的现代社会文化现象从其实质上来看,绝不是古代奥运会在近代的一种简单复兴运动,更不能称作古代奥运会的翻版。从实质上来说,现代奥运会就是带有古希腊奥运会的传统色彩,但其中又独具现代思想内涵的全球化的运动盛宴。

奥林匹克运动发展至今,无可否认的是,它是国际社会文化活动的重要组成,除此之外,还是一个开放的并且处于动态发展之中的世界性文化体系。《奥林匹克宪章》当中曾这样说:"奥林匹克主义是增强体质、意志和精神并使之全面发展的一种生活哲学","奥林匹克主义的宗旨是使体育运动为人的和谐发展服务"。这段话中的人的和谐发展具有两种层面上的意义。一种就是表面上的意思,是人的体质、意志和精神等方面素质的全面发展,而另一种则是人体本身的协调发展,并且包括人际关系的和谐发展。这些都只是过程,不是最终的目的,最终是要实现人类尊严的维护,形成一个和平平等的和谐社会。

现代奥运会的发展奠基的真正根源,是在 14 世纪到 18 世纪间欧洲大陆上相继发生的以资产阶级新文化取代封建主义新文化的三大思想文化运动,也就是文艺复兴、宗教改革和思想启蒙运动。新兴资产阶级猛烈抨击天

第八章　奥林匹克体育文化体系及其现代化发展研究

主教神学关于"肉体是灵魂的监狱"的这一不科学的说教,宣传古罗马诗人朱维纳尔的"健全的精神寓于健全的身体"的这一言论,转而去宣传"灵肉和谐""身心并完"的这种身体观,从而大力倡导人本主义,使自由、平等、博爱和人类个性的解放成为一种主旋律。

在努力复兴奥运会的过程中,顾拜旦等人的最初目的是要提倡人文精神的教育。当时的三大思想文化运动都在倡导古希腊哲学思想当中的身心和谐发展的教育思想,同时对古希腊奥运会当中宝贵的理想和精神大家赞赏,对于中世纪时天主教义中迂腐的"灵肉对立论"和"禁欲主义"进行了猛烈的抨击,从而使得这一思想障碍不复存在,这使得现代体育前进的道路一片光明,也重新燃起了人们对古希腊竞技运动和奥运会的关注。比如,综合英国人洛克提出的"绅士教育",法国人卢梭提出的"自然教育论"以及英国人托马斯·阿诺德对公共教育的改革主张的观点,他们都非常认可并且高度重视竞技运动的教育价值,他们认为,进行体育运动不仅可以能够对身体有着积极的影响,而且在体育相关的人文知识教育以及体育运动本身蕴藏的人文教育价值都能够使人们的性格坚定,同时拥有善良的心以及崇高的理想等重要的人文精神。现代奥林匹克运动的复兴者顾拜旦先生去复兴奥运会不只是以推动竞技运动的普及为基本目的的,更高的目的是通过锻炼和竞争去实现教育的人文目标,从而纳入教育目标和人文范围。他曾说:"古希腊人组织竞赛活动,不仅仅是为了锻炼体格而显示一种廉价的壮观场面,而是为了教育人。要培养坚强的个性,只能通过竞赛来磨炼身体,以此来发展和增强思想和能力,并塑造完善的独特个性。"他还曾经指出:"竞技运动是一种身体训练,在以全副身心为非物质目标进行的努力奋斗中,人就从其动物性的基础上得到升华。"顾拜旦他们给奥林匹克运动注入的人文精神在《奥林匹克宪章》中的表达更加明确:"奥林匹克主义是增强体质、意志和精神并使之全面发展的一种生活哲学。""奥林匹克主义的宗旨是使体育运动为人的和谐发展服务,以促进建立一个维护人的尊严、和平的社会。"现代奥林匹克运动的复兴离不开顾拜旦等奥林匹克先驱给这项运动所注入的人文精神。回顾百年奥运历史,在这段历史中人们不断追求卓越,获得的成就难以计数。奥林匹克运动以其"更快、更高、更强""参与比取胜更重要"等理念,赢得了无数人的痴迷。奥林匹克运动已经成为现代社会特有的体育文化景观,并且在这一基础上用它独特的魅力伴随人类前进,以其饱满的人文精神催人奋进。

(三)现代人文精神积极促进了奥运会的形成

在漫长的人类文明史当中,奥林匹克运动是一个历史极为悠久的社会文化现象。根据文字记载,奥林匹克运动的起源最早可以追溯到公元前776年。而在此以前,可靠证据也显示没有文字记载的古奥运会也延续了数个世纪之久。在这个信息爆炸,追求创新的年代,国际体育竞赛从未显出疲态,每年在世界任何地方举行的体育竞赛数不胜数,因此体育竞技在奥运会的推动下,已经成为人类的一项社会文化奇观。

现代奥林匹克运动是一项名副其实的世界性体育运动,其全球化特征的发展不仅仅在于它使各个国家、各个国家的城市都可以申办的世界性体育运动会,也不只是全球各国的运动员都可以参加的体育盛会,不仅要遵循《奥林匹克宪章》《奥林匹克委员会章程》《奥林匹克竞赛规则及议定书》《奥林匹克运动举行规则》和《奥林匹克会议通则》等,而且是一种具有深厚文化内涵和文化价值的全球性体育运动会。它既是一种体育竞技活动,更是奥林匹克体育文化的传播与培育过程,是在对奥林匹克的宗旨、理想和精神进行传播的全球性的文化活动。所以我们知道,奥林匹克体育文化就是要在全球宣扬、传播统一性的文化精神。

《奥林匹克宪章》提出:"奥林匹克运动的活动是全球性、持续的。其最高层次的活动是在世界上的最盛大的体育节,即在奥林匹克运动会上相聚一堂。"奥林匹克运动实质上就是以奥运会为载体将符合当今时代的人文精神传播到全世界的运动。国际奥委会诞生至今就一直在坚持维护着奥林匹克运动的人文精神。如今,奥林匹克的全球发展已经无法离开全人类对这项运动丰富深刻的文化内涵和人文精神的不断认同,甚至可以说,它是来自其中的结晶。

现代奥林匹克运动发展的过程对现代人文精神进行了大肆宣扬。而其中最能体现这些的现代奥运会已经成为将体育与文化、教育融为一体从而推进体育发展的最重要的因素。奥运会使全世界每个人之间的距离都更加接近,体育则能够使人尽情宣泄自己的情绪。精彩的比赛开始的时候总会吸引亿万关众的关注,为自己喜爱的运动队或运动员加油鼓劲,他们的关注者也因为共同的关注点使得他们之间的认同更为加深。对于人来说,对另一群体的文化产生认同感,尤其这种文化和其认知的差异很大的时候,这种源于大众文化的共同认同就更加重要了。首次奥运会参与人数和国家都很少,设施也非常简陋,但经过20多年的奋力发展,在安特卫普举行第7届奥运会时,顾拜旦亲自设计的表示五大洲的团结和全世界运动员在奥运会一起共聚的奥林匹克五环旗终于飘扬在奥运赛场上。五环旗的诞生标志着奥林匹克运动展现给全人类的全新面貌。而到了今天,现代奥运会已经经历了百年沧桑,奥林匹克运动当中的人文精神在全世界人民心中不断发酵,不断生根发芽,使全世界200多个国家和地区的人民能够团结在一起,使得不

第八章　奥林匹克体育文化体系及其现代化发展研究

同语言、人种、肤色的人们能够不分你我尽情欢腾的文化盛景。

但坚持奥林匹克运动的人文精神的道路充满荆棘。顾拜旦创导的奥林匹克主义是在不断地对非人性、反人文的思潮和行为进行斗争才能够得到充分的维护。这一切都不出顾拜旦之前的预料："运动就其性质而言,是一种手段。使用这种手段,既能够激起最崇高的感情,也能促发最可耻的欲望,而且同样可用以捍卫和平,也可用以准备战争。"历史证明,奥运会在全世界人民面临战争的情况下受到过严峻的考验,希特勒的纳粹党在上台以前曾大肆宣扬反奥运会的情绪,纳粹报纸曾将在洛杉矶举办的奥运会形容成犹太人的丑恶表演。但希特勒登上德意志帝国的权力顶峰后,奥运会却成为他向世界宣传自己纳粹思想的一个绝好的途径,为此,他就开始不惜代价,尽一切力量为奥运会进行筹备,其结果我们也已经看到了,在1936年柏林奥运会的整个过程中,无不充满了政治喧嚣和种族主义的污染,这种奥运会中非人性和反人文的行径,是完全不符合奥林匹克运动的和平、友谊的人文主义宗旨的。在柏林奥运会的开幕式上,1万名纳粹党人护卫着圣火接力时,无数人为纳粹主义玷污了奥运会而感慨万分。尽管如此,纳粹分子对奥林匹克人文精神的侮辱不但没有令人绝望,而是使人们对它有了更为深刻的认识,并且开始更加广泛地区接纳它,奥林匹克运动中的人文精神在全世界传播得更深更远。

奥林匹克运动中的人文精神从未对人类社会中的政治冲突、阶级差异和社会矛盾等丑恶面进行回避。它通过对于人的最美好的本性进行弘扬从而使人类社会的和谐和人们的交流产生极大的促进,并以此对社会的正义与和平以它自己的方式进行着维护。从根本上来说,奥林匹克主义就是在现代人文精神的基础上建立起来的。所以在现代社会中,它包括几种基本思想,具体如下。

(1)这种人文精神致力于世界各国人民的共同利益与和解,并且对国际反战运动有着最大的支持。顾拜旦提出,人民之间和平交往必然会盖过国际冲突和矛盾,而这一奥林匹克运动的理想也确实越来越接近现实。

(2)竞技运动促进着人道主义思想在全世界的传播,这种思想在竭尽全力地消除人类社会中的几乎所有矛盾。

(3)哲学和教育思想的建立是以运动游戏教育的方法为基础,这些能够使个人的智力、道德和身体等各个方面的发展得到自由全面的保证,同时更能促进体育运动和人类其他各个方面直接的联系。进而通过这一过程使竞技运动把道德教育、国际主义教育和爱国主义教育等方方面面结合成一个整体,使体育增强体质的同时发展人的创造性,从而使精神、身体和社会三者结合,促进人的个性的全面发展。

二、奥林匹克体育文化的传播推动了奥运全球化发展

(一)奥林匹克体育文化传播功能得到充分发挥

随着经济的全球化,西方文化由于西方社会强大的政治和经济力量成为世界上最为强势的文化,西方在如今,毫无疑问成为世界文化的中心,而在这种影响下西方文化已经是一种普世文化。奥林匹克运动也不例外,它诞生于西方,它的全球化过程就是伴随着西方文化的传播而进行的,因而奥林匹克运动的全球化渗透也是强势的西方利用奥林匹克运动进行文化传播的一大途径。我们都知道,奥林匹克文化的起源就在古希腊,是西方文化的溯源地之一。同样,奥林匹克运动复兴时也是盛行于西方的,所以奥林匹克体育文化是一种典型的西方文化,这种文化将古代奥林匹克体育文化和现代奥林匹克体育文化都包含在其中。奥林匹克文化作为人类文明当中的接触文化是与古希腊文化一脉相承的。现代奥林匹克运动自复兴以来受到西方文化的影响也是最多的。但是目前,西方文化由于西方工业文明的高度发展,对于物质利益越来越看重,导致很多人将物质利益凌驾于精神价值之上。这种价值观,在体育当中就表现为重结果,轻过程,导致了竞技运动的"物化",甚至出现了体育运动的过度"职业化"和"商业化"。全球化使得地区和本土文化的限制不复存在,使人类的文化中出现了新的经验和与众不同的文化景观。世界经济全球一体化的发展使得全球化的影响早已不仅仅局限于经济领域,而蔓延到政治和文化领域,文化全球化的发展速度的不断加快使得全球一体化成为大的趋势。奥林匹克体育文化这一世界性的文化,同样已经不分地域、时空而将其影响力洒满了整个世界。世界体育的发展历史至今为止是西方体育一家独大的。在奥林匹克运动中体育的内容、形式、价值观念、意识等方面的西方文化烙印都非常浓重,东方文化很难占有一席之地。而奥运会的项目设置也说明着这一切,这些项目的绝大多数都是西方竞技体育项目。

文化传播是社会的需要,同时也是重要的社会过程,更是客观存在的社会现象,文化传播在奥林匹克运动全球化的过程中最为突出的就是其政治功能、经济功能和教育功能。

在文化传播的全球体系当中每一个国家在国际传播中的地位是不同的,西方发达国家的主导地位和发展中国家的从属地位就在深刻地说明着这一切。全球化的复杂结构使得世界各地被一张巨大的网联系在一起,交流和传播技术的发展使得地域不再对文化体验构成阻碍,更多的人能够接

第八章 奥林匹克体育文化体系及其现代化发展研究

触到全新的,不同的文化,"其实可以从全球势力之不同方位结构来加以诠释,正是这些特征取代了我们熟知的所谓帝国主义的全球势力分布图,现在,'全球化'已经取而代之"。全球化的效果会使所有民族国家的文化向心力遭到大幅的减弱,经济上的强势国家同样无法回避这一事实。苏萨也认为随着跨国电视的出现,国际文化和媒体流动越来越活跃,并且国际文化的流动方向也不再是单向的——从南至北,虽然前者明显占据主要地位。在全球传播时代,信息跨越了民族国家的地理边界,大众媒介在制造着媒介事件。每一件事都向所有人公布,消息的实时传播成为全球传播的突出特点,这种传播方式令一些拥有强大媒体力量的国家主导者世界上所有人的思考方向以及其关注的内容,发展中国家同样可以散出自己的文化,令西方国家接纳。

当代人类社会生活和政治正在融为一体,人类的文化传播活动时时刻刻都在围绕着政治进行。在当今世界上,从规模和影响力上来讲,没有任何其他的国际文化活动可以与奥运会一较高下。奥运赛场上的每一件事都是世界性的新闻。人们一定可以认识到,运动员在奥运会上获得成绩已经不能仅仅依靠天赋与个人力量。今天的运动员要想获得成功,除了个人才能和多年的训练外,还必须具备现代化的训练条件、高水平的教练、大量的国内外比赛经验等更多的因素。运动员表现出的成绩同样代表着国家、社会的力量,代表着其所在国的科技水平、政治体制的优越性和经济实力等许多方面实力的强弱。国际奥委会虽然极力主张奥林匹克运动只是个人之间而不是国家之间的比赛,但至少在中国,没有哪一个运动员能仅仅代表自己而出现在赛场上,往往背负着国家和民族的巨大期望。奥运会在民族主义极强的人的心中就是民族国家之间的竞争。奥运选手的表演与国家的形象在此时此刻不可分离,极大地提高了民族认同感,起着增强民族凝聚力的作用。这就使得竞技体育在各国更加普及、提高的速度也更快。

文化传播作为社会发展的要素之一,能够对经济发展、经济改革都起到积极的促进作用。这种形式就能够让奥林匹克文化促进经济的发展,同时使人们更新观念、提高科学技术水平,大力发展本国的奥运经济,给其信息的传播提供坚实的支持,从而更好地协调控制奥运经济。

文化传播能够对社会环境形成一股尊重奥林匹克主义、尊重奥林匹克精神、重视奥林匹克教育发展的良好风气,更多的人有条件和机会接触到奥林匹克精神都起到积极的推动作用。

文化传播具有显著的沟通和社会化的功能。文化传播使得人与人之间的沟通更加顺畅,并使得人类拥有共同的社会规范以及相同的社会交往机制。在奥林匹克旗帜下,按照奥林匹克的统一规则公平地进行比赛,以保持奥林匹克运动当中的动态平衡和稳定。

还有专家形象地说，文化传播就像血液流经人的心血管系统一样，滋润着社会系统，整个有机体都能从中受益，根据需要有时进行分配从而保持接触、平衡和整个系统的健康。文化传播促进了奥林匹克运动的全球化进程，使得奥林匹克运动的整个系统呈现出一种动态平衡，因此其重要的作用显而易见。

除此之外，文化传播还对奥林匹克运动的发展起到积极的促进作用，并使其全球化。这说明奥林匹克运动的发展和全球化没有文化的传播是行不通的。文化传播把奥林匹克运动文明播向世界的每一个角落，使得不同地区、不同种族、不同国籍的人群在五环旗的团结下聚集在一起，做到求同存异，从而促进奥林匹克运动能够更好地向着理想的方向发展。所以我们说，只有通过文化的交流与传播才能使奥林匹克运动得以生存并且良好的发展。

文化传播能够有效促进奥林匹克文化的整合与协调，并且有效地控制奥林匹克运动的活动。奥林匹克文化早已跨越民族和国度，成为一个独特的体系。这个体系将古代与现代、东方与西方相互汇聚，使得奥林匹克运动获得无限的文化源泉。但奥林匹克体育文化以西方文化为主导，所以它一定会受到历史条件的局限，因此更加随着时代发展而吸取更新的内容，所以必须要更进一步地对文化的多样性有一个尊重和理解，这样才能促使东西方文化有一个强力的交流和融合。东西方文化之间的巨大差异是不可否认的，因此对奥林匹克体育文化来说，强调普遍性并不是单单让文化更加单一性，更不是使其彻底的西方化。奥林匹克教育应当融入更多的文化内容。国际奥委会应当对奥林匹克运动的多文化更加关注并且深化认识。历史告诉我们，文化的交流和融合往往都能够带来文化新的发展，并且得到进一步的繁荣。所以加强东西方文化的交流和融合，毫无疑问将会使奥林匹克文化拥有更耀眼的光芒。

（二）奥林匹克体育文化传播对奥运全球化发展起到积极的驱动作用

当今世界的文化传播是在全球范围内的，成为一种国际化的现象，必须有着从全球角度来考虑的思维，并且将理念进一步开放。全球化使得人的社会关系和社会交往的发展也更加世界化。全球化使得文化传播的交流与融汇更加容易，不再受到更多的限制。在当前的背景下，技术方面对于文化传播的影响也会大到不可忽视。所以，伴随现代科学技术的发展，全球所有的经济资源和文化资源也开始重新洗牌，文化发展既是高度融合的，也是高度分化的，文化发展开始不断呈现出整体性、相关性、动态性和不确定性。

第八章 奥林匹克体育文化体系及其现代化发展研究

由于飞速发展的大众传媒使得全球范围都出现了严重的文化传播的生态危机,其根源就是网络传播中的文化失范现象和文化传播中存在的少数文化传播大国和多数文化传播弱国之间存在的控制与反控制、支配与被支配的不平等关系,这导致文化传播当中出现了文化主权与文化霸权之争。这些都表现出了不同文化之间出现的激烈冲突,这些现象都是随着文化传播速度的加快而产生的。各种信息的飞速传递正在通过各种途径影响着整个世界。正是文化传播使得奥林匹克体育文化溢出民族国家的疆界,走进了全球化的浪潮。

奥林匹克运动国际性和全球化体育运动的一个标志,它所具有的国际性和全球化在于它更大范围的参与性,同时也由于它的文化内涵和文化特征非常浓厚。奥林匹克运动的全球化渗透意味着对奥运会这种竞技体育比赛形式的介绍、展示的同时还在展示着奥林匹克运动丰富的文化内涵,奥运会对各国的文化交流起着重要的作用,它倡导着"更快、更高、更强"的进取精神,突出奥林匹克运动的愿望和宗旨,并且根据顾拜旦的设想将奥林匹克与教育融为一体,同时联系文化艺术,进而促进身心和谐的发展。从文化观点来看,奥运会是体育形态呈现出来的文化。因此可以说,奥林匹克体育文化促进文化发展的同时更加使得世界各民族文化在交融碰撞的过程中,充分吸收其他民族优秀文化,从而出现更先进的文化,同时也对奥林匹克运动的文化内涵进行了拓展和充实。

在现今世界,西方文化毫无疑问是全球化的主导,文化的全球化进程甚至可以形容为西方文化的全球化。西方发达国家凭借其各方面的强大实力将文化交流中的主动权控制得非常牢固,它们控制着整个文化交流中的各项因素。因此有专家指出,在东西方关系格局中,东方过于沉默而西方过于活跃。但奥林匹克体育文化却更具有活力,动态性更强,它不断地从各个民族的文化中将有益的内容吸收进去,不偏不倚。所以,在这个全球性的文化体系中,所有的优秀文化都能融合到一起,所有璀璨的文化都成为奥林匹克体育文化的无尽的文化源泉。在未来,西方文化出身的奥林匹克体育文化能够从东方的体育思想当中吸收更多的东西,从而使奥林匹克运动的全球化面向更多的人,文化的交流与传播使奥林匹克体育文化接纳更多的文化,从而更好的发展。

奥林匹克体育文化的全球化传播使奥运会出现了"焦点效应",换句话说,就是奥运会是相对集中的全球注意力资源。奥运会成为注意力资源有着内在和外在这两方面的因素,它的形成伴随着大众注意力的关注。

首先,大众对奥运会的关注使得媒体对奥运会的关注倍增。其次,媒体对奥运会的关注又推动并且进一步拓展了大众对其的关注程度。传播媒介的发展迅速,推进了奥林匹克体育文化的全球化发展,使奥运会的"焦点效应"不断地增强。这一点可以从以下两个方面得到体现。

一方面,新闻媒介是奥运会的最重要的经济来源之一,正是新闻媒介维持和发展着奥运会,这是奥林匹克体育文化发展的最重要的经济要素。目前,奥林匹克运动的经济收入当中,电视转播权、门票、奥运会特许商品的销售和商业赞助等是最主要的。其中,新闻传播媒介所体现的作用是不可估量的。因此伴随着这种经济收入的增加,奥运会规模的扩大也同样客观,使得奥运会带来更加广泛的影响力,这使得奥林匹克体育文化的全球化更加不可阻挡。

另一方面,新闻媒体为奥林匹克运动带来了可靠的群众基础。新闻媒介的广泛宣传使越来越多的人更加关注奥林匹克运动,甚至积极投身到其中。相关调查结果显示新闻媒体使得更多的人接触体育。这说明新闻媒介除了为奥林匹克运动提供了关注的人群,也在造就着奥林匹克运动参与者的增加。

第三节 奥林匹克体育文化的未来发展走向

一、奥林匹克运动的发展呈现出均衡性特点

现代奥林匹克运动是在西方诞生的,因此,其西方烙印较深。奥林匹克运动在各个方面都表现出了一定的欧美倾向性,这在其思想体系、组织体系以及运动项目体系等方面都有所体现。

在100多年的发展过程中,现代奥林匹克运动伴随着工业革命的开展而逐渐兴起,因此初期的奥林匹克运动的影响范围也仅限于欧洲国家。而随着世界经济政治中心的转移,奥林匹克运动也发生了相应的改变——由局限于欧洲变为转向欧洲和北美。

第二次世界大战之后,和平与发展成为时代的主题,亚洲、非洲、拉丁美洲地区政治、经济的不断发展,综合国力不断提升,国际影响力也逐渐扩大。特别是在亚洲,伴随着中国、日本、韩国的迅速崛起,以前那种欧美绝对垄断地位开始被打破。"奥运会不出欧洲"的传统也逐渐被打破。

21世纪以来,各发展中国家经济快速发展,并迅速崛起,尤其是亚太地区,其对于冲破以欧美为中心的世界体育发展格局将会发挥更加突出的作用。现阶段,各类世界性的国际比赛也越来越多地在欧美以外的国家举办,

第八章　奥林匹克体育文化体系及其现代化发展研究

在近几届奥运会的申办国家中,世界各大洲都有国家参与。在奥林匹克运动未来的发展中,在世界各大洲中都会留下其足迹,在五环旗的号召下,会有更多的人参与到体育运动中去,以及对世界向着更好的方向发展起到积极的促进作用。

二、竞技运动与大众体育、学校体育之间呈现均衡性发展

《奥林匹克宪章》中明确规定"参加体育活动是人的一项权利。每个个体须有按照自己的需要参加体育的机会"。作为人的一项基本权利,残疾体育运动不应受到任何组织和个人的歧视。在现代奥林匹克运动创立之初,就尤为注重这方面的发展。

通常情况下,可以将奥林匹克活动的体系分为两大基本部分,也就是所谓的两个层次:一个层次是群众体育活动,它作为奥林匹克运动的基础,是持续性的、全球性的;另一个层次就是奥运会,它以高水平竞技运动为基础。以高水平竞技为主的四年一度的奥运会,这是奥林匹克运动的最高层次。

尽管奥运会代表着现代竞技运动的最高水平,但是,也不能忽视大众体育和学校体育的发展。将包括青少年在内的越来越多的人吸引到体育运动中来,是奥林匹克运动的宗旨,具有浓烈的大众体育色彩。

在奥林匹克运动的发展过程中,由于受到多方面因素的影响,奥运会中高水平的竞技运动的发展较为迅速,并使得奥运会成为国家之间展示国力的舞台,使得其遭受了政治环境的污染。在竞技体育快速发展的同时,另一方面则是奥林匹克运动与大众体育与竞技体育的逐渐分离,致使大众体育、学校体育发展越来越滞后。奥林匹克运动发展过程中出现的这些问题逐渐引起了国际奥委会的极大关注,采取多种措施来推动大众体育和学校体育的发展成为国际奥委会的重要工作。在奥林匹克运动的未来发展过程中,竞技体育与大众体育和学校体育的均衡发展将会得以实现。

大众体育与学校体育的发展也具有其必要性。具体来说,在现代社会发展过程中,经济的快速发展一方面丰富了人们的物质生活,另一方面则引发了环境问题和多种"文明病"。随着人们生活水平的提高以及健康观念的不断发展,大众需要用体育运动来改善人类自身的健康水平,而人们余暇时间的增多则为其提供了进行体育锻炼的可能性。因此,未来人们对体育运动的需求将不断增长。在这种情况下,世界各国纷纷制定大众体育发展规划,积极组织大众开展体育运动。

新的时代发展环境下,个人全面协调发展是人们的普遍追求,这与奥林

匹克文化所倡导的"促进人的全面发展"理念不谋而合。伴随着国际奥委会的改革，这种趋势必将进一步加强，从而更好地促进大众体育、学校体育的发展。

三、有效控制职业化、商业化的发展走势

20世纪80年代以来，奥林匹克运动实行商业化发展，在商业力量的推动下，其迅速摆脱了经济困扰，取得了快速的发展。职业化和商业化已经成为现代竞技体育的重要推动力，也成为其最为重要的特征。

经济体育的商业化和职业化之间有着非常密切的关系，具体来说，两者是相互促进的，两者共同对竞技体育的发展起到积极的促进作用。体育与商业的结合为其发展提供了强大的动力，同时也创造了一定的经济利益。商业化、职业化是奥林匹克运动发展的必然趋势，而其未来的发展过程中，职业化和商业化也将在控制之下，使其合理、有序的发展得以顺利实现。

（一）奥林匹克逐渐趋于商业化运作

一直以来，人们就一直高度关注奥林匹克运动的商业化，在商业化运作之下，奥运会取得了更加广泛的成功，其所带来的商业价值也变得与日俱增。奥林匹克运动由抵制商业化到现在人们的普遍接受，其经历了一定的发展过程。

奥运会逐渐扩大的规模以及传统的集资方式的实效使得不得不推行商业化的运作模式。20世纪70年代，世界性的经济危机使得西方经济社会陷入困境，奥林匹克运动的集资也变得十分困难。而举办奥运会需要庞大的开支，对于举办国而言，其是一项耗资巨大的活动，会加重经济方面的困难。1976年加拿大蒙特利尔奥运会耗资巨大，出现了巨大的亏空，这就对以后国家举办奥运会的动力产生了一定的影响。

1978年，洛杉矶市获得下届奥运会（1984年第23届奥运会）的申办权，而当年洛杉矶市所在的加利福尼亚州通过一项法律，即不准动用公共资金举办奥运会。在洛杉矶市政府不提供资金援助的情况下，奥运会不得不进行商业化运作，由民间组织承办，采用民间集资的办法。最后这届奥运会实现盈利，成为现代奥运会发展史上的一个转折点，同时，这也是商业化运作正式介入的一个重要标志。

人类社会已经进入了高度发展的商品经济阶段，各项活动都在一定程度上受到商品价值规律的影响。人们在商品经济规律的支配下开展各项活

动,从而使得庞大的经济体系得以形成。奥林匹克运动作为最为盛大的竞技体育盛宴,其商业色彩日益浓厚,纯粹的竞技体育已经不复存在。

奥运会的举办对经济实力有着非常高的要求,具体来说,其主要包括场馆设施建设、生活设施、城市基础设施建设、传播媒介、安全保卫、食宿等,在商业巨大的财政支持下,奥运会才得以成功举办,奥林匹克运动也得到顺利发展。

需要强调的是,任何事物都具有两面性,在推动奥林匹克运动发展的同时,其也暴露出了一定的负面作用。国际奥委会也逐渐认识到了这一点,并采取了相应的措施降低负面作用的影响。为了防止电视转播对奥林匹克运动的控制和威胁,国际奥委会将寻找新的经济资助,尽量降低电视转播费在总收入中的比例;为了减少商业化给不发达国家带来的不利影响,国际奥委会逐步加大了对这些国家的经济方面的援助,促进相关国家体育活动的开展。国际奥委会将采取各种措施,将与奥林匹克运动有关的商业行为进行有效的控制,使体育商业化朝着有利于奥林匹克运动发展的方向迈进。

(二)职业化发展在控制的情况下得到进一步发展

20世纪80年代之后,职业运动员开始逐渐出现在奥运会的赛场上。职业运动员的参赛使得奥运会的竞争性和观赏性得到了空前的提高,观众在观看比赛中获得了前所未有的享受,奥运会也成为名副其实的最高水平的竞技运动盛宴。在职业化之后,奥运会的影响力进一步扩大。但是高度的职业化同样也给奥林匹克运动带来了许多不利影响,在这种情况下,国际奥委会采取了"有限度地开放"原则,同时制定必要的规则,从而使职业化产生的不利影响尽可能得到有效的限制。

四、奥林匹克逐渐向民主化、平等化发展

具体来说,奥林匹克运动的民主化、平等化发展,主要从以下两个方面得到体现。

(一)民主、平等得到持续发展

奥林匹克运动会在成立之初,对民主与平等就非常重视,但是,在其现实发展过程中,人们对这方面的问题却一直存在着一定的疑虑。在现代化发展过程中,奥林匹克运动为了更加长远的发展,必须不断提高自身的发展,促进自我的不断完善,这样才能够更好地适应时代发展的需要。因此,更加的民主化、平等化是奥林匹克运动及其组织机构发展的方向。

目前还有许多国家没有自己的国际奥委会委员,许多国家只有参加活动的机会,而没有参与奥林匹克重大事务决策的权利。缺少在奥林匹克运动方面的发言权,使得很多国家的相关利益受损,从而打击了其参与奥林匹克运动的积极性。

为了能够对奥林匹克运动更好的发展起到积极的促进作用,国际奥委会采取相应的措施,加大吸收亚洲、非洲、拉美地区的国际奥委会委员数,使世界各国都平等参与到奥林匹克事务中来,民主决策、平等合作,共同创造人类社会的更好明天。

(二)奥林匹克运动中允许女性参加

由于最初,奥林匹克运动的参与者只限于男性,后来,才允许女性参加。因此,女性在奥林匹克运动中地位的提升涉及了平等。在萨马兰奇等的多方努力下,女性进入国际奥委会管理层。女性在国际奥委会中的地位基本得到确认。不仅如此,在国际奥委会的发展规划中,明确提出,要让更多女性进入各国和世界性的体育组织中担任领导职务。在这样一个追求性别平等的大背景下,可以预见在未来奥林匹克运动发展中,将会有越来越多的女性参与其中,为奥林匹克运动的发展做出应有的贡献。

五、人文奥运的未来发展

对竞争的过分重视,会对人类的和谐发展产生不利的影响,这与体育精神也是相悖的。因此,在2008年的北京奥运会上,我国提出了人文奥运的理念。在今后的发展过程中,奥林匹克运动追求人文的倾向将会更加明显。

(一)文化越来越受到奥林匹克运动的重视

和平与发展是当今时代的主题,在这种良好的发展环境之下,奥林匹克运动呈现出前所未有的良好发展态势。经过多年的发展,奥林匹克运动已逐步成熟,步入黄金发展时期。在这种情况下,奥林匹克运动转向追求文化具备了条件。文化教育是奥林匹克运动的核心,对文化、教育内涵的追求,既是对以往发展方向的扬弃,是继承与发展原则的良好体现,也是奥林匹克运动发展的必由之路。

奥林匹克运动作为一种文化,它作用于人类的不是简单的体育力量,而是一种文化力量,这种文化力量对人们的行为取向、道德升华、心理感受、文明导向等精神领域有着巨大的感召力和影响力。对奥林匹克文化价值的追求将成为一个新的发展方向。

(二)精神实质充实越来越受到奥林匹克运动的重视

除了扩展自身表面的国际影响外,真正提高自身内在实力是奥林匹克运动求得更大的社会感召力的重要手段。奥林匹克运动提升自身文化内涵,扩大国际影响的重要举措是追求"和平、友谊、团结、进步"的宗旨,追求"更高、更快、更强"的精神,倡导"参与比竞争更重要"的理念等。

在人类社会的和谐发展方面,奥林匹克运动所起到的作用是非常重要的,可以说,它是人类文明史上的一大创举。奥林匹克理想和奥林匹克精神所昭示的和平与人道的主题,不仅寄托着人类对未来的希望和追求,同时,其还会产生长远而深刻的影响。

今后,奥林匹克精神与奥林匹克理想的宣传还必须进一步加强,种族主义、性别歧视等不良影响将会逐渐消除。奥林匹克运动也将真正体现其价值,作为物质的奥林匹克文化和作为精神的奥林匹克文化将共同进步。

六、奥林匹克中越来越广泛地应用高科技

奥林匹克的发展是在很多因素的推动下实现的,其中,科技就是重要方面之一。伴随着科学技术的飞速发展,各种高科技手段将在体育的各个方面得到更广泛的应用,奥运会的科学性也必将变得越来越强。

奥林匹克运动的兴起,使体育科学研究的深度和广度都得到了进一步的拓展。在"更快、更高、更强"的奥林匹克格言鼓舞下,体育竞技领域成为人类不断超越自我、挑战人体极限的前沿阵地。第一次世界大战前后,奥运会逐渐发展成为世界各地运动会的基本模式,竞赛带动了单项运动成绩的显著提高,对训练提出了更高的要求,进而刺激了训练科学的研究与发展。在运动训练的手段和方法上,出现了一系列的改革和创新。运动训练的理论源于运动训练的实践,奥林匹克运动在实践中提出的一系列问题,促进了运动训练学、运动生理学、运动解剖学、运动生物力学、运动生物化学、运动心理学、运动营养学、体育管理学等新兴学科的形成和发展,以及整个体育科学体系的建立。

除了竞赛训练的科学化程度得到提高之外,其他方面的科技化程度也将获得快速的发展。其中,较为主要的有材料科技、管理科技、建筑科技、通信科技等这几个方面。

第四节　现代奥林匹克运动的思想体系与文化性

一、现代奥林匹克运动的思想体系

奥林匹克具有丰富的文化内涵，奥林匹克运动的思想体系则主要是由奥林匹克主义、奥林匹克运动的宗旨、奥林匹克精神、奥林匹克格言这几个方面共同构成的，在该思想体系中，每一个构成要素都有其各自重要的意义和作用，具体如下。

（一）奥林匹克主义

和其他形式的体育活动不同，奥林匹克承担着更多社会责任，奥林匹克主义集中体现了奥林匹克的社会意义，是奥林匹克的重要哲学指导思想。

"奥林匹克主义"一词是由顾拜旦提出的，其初衷是赋予竞技运动一定的哲学基础和目标，但是由于各种原因始终没有对"奥林匹克主义"的概念做出明确的定义。自奥林匹克主义提出后，人们从不同的角度对其进行理解，始终未能达成统一的认识。

1991年6月16日，国际奥委会在《奥林匹克宪章》中，明确指出奥林匹克主义"是将身、心和精神方面的各种品质均衡地结合起来，并使之得到提高的一种人生哲学。它将体育运动与文化和教育融为一体。奥林匹克主义所要建立的生活方式是以奋斗中所体验到的乐趣、优秀榜样的教育价值和对一般伦理基本原则的推崇为基础的。"自此，奥林匹克主义有了明确的概念和定义。

简单来说，奥林匹克主义将体育运动与人类社会的发展有机结合起来，重视体育运动中对人的教育，旨在创造一种使人全面发展的"生活方式"。其还指出体育运动必须和教育相结合，必须与人类文化相结合，在丰富体育运动文化内涵的同时，通过开展体育活动，实现一种良好的教育效果，最终将一个维护人的尊严的、和平的社会建立起来，对人类社会的和谐发展起到积极的促进作用。

（二）奥林匹克运动的宗旨

对奥林匹克运动的宗旨，《奥林匹克宪章》有明确的描述，指出"通过

第八章　奥林匹克体育文化体系及其现代化发展研究

没有任何歧视,具有奥林匹克精神——以友谊、团结和公平精神互相了解……的体育活动来教育青年,从而为建立一个和平的更美好的世界做出贡献。"

奥林匹克活动期间,各个国家和地区的人们共同相聚在一起,给予了彼此相互了解和相互理解的机会,可以有效促进世界和平,同时减少战争的发生,可见,奥林匹克对促进世界和平发展有重要的社会意义,它同时也对促进整个人类和平的发展具有十分重要的意义。更重要的是,奥林匹克的最终目的是通过搭建体育这样一个平台,增进各个国家和地区的人之间的相互连接,全世界人类共同发展、进步。简言之,奥林匹克宗旨就是"和平、友谊、进步"。

(三)奥林匹克精神

《奥林匹克宪章》中明确将奥林匹克精神指了出来,即"互相了解、友谊、团结和公平竞争"的精神,这种精神立足于促进整个社会和人类的发展。体育是奥林匹克运动的主要内容和形式,而就体育本身而言,它有许多功能,如健身功能、健心功能、娱乐功能、文化功能、教育功能、社会功能等,例如,通过参加运动训练和比赛,参与者和观众都获得健康和美的享受。其中,竞技娱乐功能是其最重要的功能之一,但应该认识到,这种竞争是以公平为前提的竞争,这也是奥林匹克备受关注的重要原因之一。

作为奥林匹克思想体系的重要组成部分,奥林匹克精神强调友谊、团结、互相了解,只有这样,才能摆脱各自文化带来的种种偏见。

人类文化丰富多彩、千姿百态,因此,要对不同文化之间的差异有充分的了解和认识,并且尊重不同的文化,避免狭隘的民族主义思想,要善于吸收其他文化的优秀内容,丰富和发展自己,最终实现不同文化的共同发展。这正是奥林匹克精神的意义所在。

(四)奥林匹克格言

奥林匹克运动的格言是"更快、更高、更强",由顾拜旦的好友、巴黎阿奎埃尔修道院院长迪东最先提出,后被顾拜旦借用,用于奥林匹克运动。

1920年,在第7届比利时安特卫普的奥运会上,国际奥委会首次确认并使用"更快、更高、更强"的格言,此后,奥林匹克格言的拉丁文 Citius, Altius, Fortius 在多种出版物中出现。

在奥林匹克运动的格言中,"更快、更高、更强"具有相互联系而又独立的文化含义,具体表现在以下几个方面。

第一,"更快"充分表达了人们不断进取、积极向前的奋斗精神;第二,

"更高"充分表达了人们不畏艰险、敢攀高峰的拼搏精神;第三,"更强"充分表达了人们敢于斗争、勇往直前的大无畏精神。最后,"更快、更高、更强"充分表达了人类在尊重自然、尊重规律的基础上敢于征服,不断超越自身各种束缚的精神,这正是人类博取更大的自由的根本动力,也是社会发展的力量源泉。①

二、现代奥林匹克运动的文化性

现代奥林匹克运动已经得到了有效的发展,其文化性也得到了进一步的强化,具体来说,可以从以下几个方面得到体现。

(一)奥林匹克运动是作为一种文化现象存在的

人们对"文化"一词有许多不同的表述,但大都承认它是包括人们的活动方式以及由此创造出来的物质财富和精神财富的复合体,狭义的文化则特指精神文化。体育运动也是这个文化复合体的一个组成部分。

体育运动是一种物质文化,它以人体的物质形态——人体本身为作用对象,在科学的训练和锻炼原则指导下,以一系列有规律的身体运动方式对人的有机体直接产生影响,使人体的解剖结构、生理机能得到积极的生物学改造,从而取得肌肉发达、骨骼健壮、反应灵敏、精力充沛的直接效果。它在促进人体的物质结构和机能方面的作用是其他任何形式的人类活动都不能完全代替的。因此,体育运动是人类进行自我完善、自我发展的重要物质形式。在体育运动中,人们所使用的各种物质设施,如体育场馆、器材、设备、服装等,都是人类生产劳动的产物,是人类物质文化的结晶。

体育运动也是一种精神文化,人的肉体与精神是不可分割的,体育运动不仅作用于生物的人,而且也同时作用于精神的人和社会的人。体育运动的功能不仅表现于人有形的物质形态,而且对人的内心世界和社会行为也有相当影响。人们在体育运动中所看到的不断超越的进取精神、顽强拼搏的精神、公平竞争的精神、团结友谊的精神、爱国主义和国际主义的精神等,都是人类精神文化之光的折射。因此,体育运动所蕴含和培育的精神是多种多样的,没有精神活动参与的、纯粹的身体运动在体育中是不存在的。

奥林匹克运动将体育运动作为自己的基本活动内容,因此它也是以体

---

① 王祖爵.奥林匹克文化[M].北京:中国水利水电出版社,2005.

第八章　奥林匹克体育文化体系及其现代化发展研究

育运动为基本内容的一种社会文化现象。

(二)文化在奥林匹克运动中发挥着应有的作用

奥林匹克运动的一个突出特征就是强调精神文化对这一运动的重要意义,坚持体育运动与文化结合。在奥林匹克主义的表述中,文化被置于与教育同等重要的地位。顾拜旦和历届国际奥委会主席反复强调文化的重要性,是因为如下几点。

1. 文化是奥林匹克运动实现目标的重要因素

奥林匹克主义的中心思想是人的全面发展。但是进入中世纪以来,人的身、心和谐一致的关系长期处于被分割的状态。在人类社会的物质生产和精神生产的各项活动中,灵与肉逐渐变得互相对立起来。奥林匹克运动就是要扭转这种不正常的状态,使这两者重新和谐地结合起来。由于历史和人们认识的原因,体育的生物功能常常为人们所强调,而它在精神文化中的作用却为人们所忽视。奥林匹克运动强调体育运动与文化融为一体,就是将人们被割裂的身心重新结合起来,促进人全面和谐的发展。因此,奥林匹克运动创始人从一开始就坚决反对把这一运动看作纯粹的体育竞技运动。顾拜旦指出,奥林匹克运动"并非只是增强肌肉力量,它也是智力的和艺术的",它要使长期处于分离状态的肌肉与心智重新结合起来。国际奥委会第四任主席埃德斯特隆说:"奥林匹克运动存在的真正原因在于它不仅在身体上改善人类,而且使他们的思想更加高尚,加强了人们之间的理解与友谊。"

2. 文化能够使竞技运动的精神价值进一步加强

19世纪以来,西方国家陆续进入了资本主义工业社会,社会的物质生产和消费水平迅速提高。对物质利益的追求成为社会的主要价值取向,大量物质财富给人们带来了丰富的物质享乐,但是精神文化却呈现出相对贫乏的状况,与高度发展的物质文化不协调,竞技运动也出现了明显的重物质、轻精神的现象。奥林匹克运动的创始人认识到,没有约束、不加控制的竞技会给公正比赛的精神带来严重危险,引发出种种不良行为,制造一种嫉妒、虚荣和不信任的风气,使竞技运动沦为低级的杂耍,成为低层次的娱乐消遣,这样的竞技运动无法成为实现奥林匹克运动崇高目标的工具。要使竞技运动回到促进身、心、群均衡发展的轨道,就必须提高它的文化价值,让奥林匹克运动的各种活动,特别是奥运会与精神文化紧密地结合起来,发挥文化对人的社会行为的调节、控制的功能,使人的行为变得崇高,赋予竞技运动以高尚的价值观念,使之成为高尚的社会文化活动。在这种活动中,人们得到美好的艺术熏陶,心灵得到净化,内心世界变得丰富起来。

3. 文化能够使奥林匹克运动成为综合的、典型的、理想的社会运动

奥林匹克运动不仅仅是一种体育运动,它是以体育运动为基本活动内容,将多种文化艺术形式结合在一起,呈现出鲜明的综合性。

奥林匹克运动将人类社会中一些具有普遍意义的真、善、美集中起来,具有跨时代、跨地域的审美价值,因此具有审美的典型性。

奥林匹克运动又富于浓重的理想色彩,使这一运动具有超越现实、理想化的特点,显示着人类对美好事物和理想境界的追求,预示着未来的现实。

奥林匹克运动的这些特点,不仅大大增强了它的吸引力,而且直接对人们的精神世界发挥作用,使之升华,激励着人们为实现美好的理想,不断地自我更新、自我完善。奥林匹克运动之所以能成为这样一种人类文化的结晶,就是因为它包含有各种文化形式的内容。这些文化艺术从不同的角度,以不同的方式互相补充,构成了奥林匹克运动多姿多彩的整体景观,为奥林匹克运动提供了一个充满文化气息的环境,启迪人们对真善美的审美感,使人们在不知不觉中改变自己,提高自己的境界。

(三)奥林匹克仪式与文化

在奥林匹克运动的诸多活动中,奥林匹克仪式集中地体现了奥林匹克文化的各种特征,因此,它成为奥林匹克文化中最具特色和魅力的组成部分,吸引了几十亿人的注意,产生着巨大的影响。奥林匹克仪式主要是围绕着奥运会进行的,有圣火的传递、开幕式、闭幕式、授奖仪式等。其中开、闭幕式最为引人注目。

1. 奥林匹克仪式本身就具有显著的文化功能

顾拜旦认为,只有把现代奥运会办成一个神圣的体育祭坛,办成一个与多种文化形式合为一体的盛大的文化节日,才能发挥奥运会应有的作用。为了实现这一目标,他强调现代奥运会应当体现出美和尊严两个意思。他指出:"任何一个研究过古奥运会的人都会发现其深远影响的两个基本原因是美和尊严。如果现代奥运会要产生我们期望的影响,它也应该显示出美,

第八章　奥林匹克体育文化体系及其现代化发展研究

激发出人们的崇敬——一种能无限制地超越我们今天最重要的体育竞赛所表现出的所有的美和尊严。"在这种思想的指导下,奥运会逐渐形成了一整套特有的恢宏庄严、华彩而凝重的传统仪式,如作为奥运会前奏的千万人参加的圣火传递,盛大的开幕式中的入场仪式,点燃圣火,放飞和平鸽,运动员、裁判员的庄严宣誓,严肃而热烈的授奖仪式,欢快而充满激情的闭幕式等。

奥林匹克仪式的主要作用在于,为这一盛会创造一种崇高而神圣的意境。意境是艺术的灵魂。在这个境界中,人的意识达到物我一体化,我进入景,而景化为我,使主体意识感受到自由、美好,并使主体意识得到升华,或从繁杂的现实生活中解脱出来,或以更坚强、更合理的态度对待现实生活。

2. 奥运会开、闭幕式具有重要的文化意义

奥运会的开、闭幕式是一种文化艺术的创造,是奥林匹克运动奉献给人类文明的一件瑰宝,有极强的艺术魅力,如2004年雅典奥运会的开幕式吸引了全世界37亿电视观众的目光。奥运会的开、闭幕式不仅对奥运会,而且对整个奥林匹克运动都有极重要的意义。正如1984年洛杉矶奥运会开、闭幕式的组织者所说的,开幕式能够为即将开始的奥运会定下基调,勾画出趋势;闭幕式则可以把奥运会参加者及全世界的观众的情绪推向欢庆的高潮。开幕式是一场盛大的演出,庄严、隆重,充满激情,令人振奋,有极大的号召力。于是奥运会的开、闭幕式有一种非凡的感人力量。

为了取得神圣崇高的艺术效果,奥运会的组织者首先使这些仪式有一个罕见的规模。因为,崇高的美学特征之一就是在数量上无限大和力量上的无比威力。历届奥运会组织者都将各种文化艺术形式的能量集聚起来,如洛杉矶奥运会的开幕式有1.2万名男女青年参加演出。有1 000人的合唱团、800人的军乐团、85架大钢琴、1 500人的舞蹈队、20万件道具、1.5万套演出服装,在场的9.2万名观众,持不同颜色的卡片组成背景。

巴塞罗那奥运会的开幕式有7 000人参加表演,317名音乐家和歌唱家参加演出,用了76种款式的5 031套服装、1 062双鞋、2 100平方米的化纤布,供演员演出的舞台面积达到1 501平方米,有4 870个部件拼成演出的场景、172个机械装置、1万块马赛克贴面、20公里长的电线,整个开幕式的耗电量为235万千瓦。

此外,这个世界上规模最大的舞台上的一切演出经过仔细的艺术安排,

使它的艺术魅力得到最大限度的发挥。如洛杉矶奥运会由110名号手、20名鼓手演奏的"洛杉矶奥运会会歌"拉开序幕,背景是近10万名观众翻动的背景牌,组成了参加国的国旗。在奥林匹克会歌的伴奏中,五环旗冉冉升上20米高的旗杆,霎时间4 000只鸽子飞出,运动员宣誓,裁判员宣誓,国际儿童合唱团的孩子们高唱贝多芬第九交响乐的"欢乐颂",继而2 000多名民族舞蹈演员与场内的运动员一起鼓掌起舞。歌声"伸出你们的双手,相互拉在一起,把世界改造成更美丽的天地",反复出现,越来越有力,从女声独唱,到千名青年歌手的齐唱,最后终于变成由观众和运动员参加的万人大合唱。五彩缤纷的焰火在暮色浓重的天空中绽放,场地上一片欢腾,人们的激情达到顶点,所有不同国籍的人都在相互握手、拥抱。

开、闭幕式的这种艺术意境,以其特有的雄浑博大、崇高神圣,给人们以强烈的感情冲击,正如法国《巴黎竞赛》画报对洛杉矶奥运会开幕式的评论中所说的:"传统的开幕式变成了3个半小时的盛大的弥撒。这真是了不起的奇观,像盛大节日那样震撼人心,使人热血沸腾,使人充满活力。"开、闭幕式的壮丽场景,通过艺术移情的中介,形成了一种规模宏大、情景交融的场面。

3.举办国的文化能够通过奥运会开幕式得到集中表现

奥运会的开、闭幕式主要用来向不计其数的观众展示举办国的文化。从奥运会的历史传统来看,奥运会的东道主都是利用开幕式向全世界展示本民族的历史、文化和艺术。由于世界各个国家的文化有着迥然不同的特色,使得奥运会的开、闭幕式显示出鲜明的民族风格。奥运会的开、闭幕式四年一度,但是人们绝无雷同重复的感觉,每一届都有自己独特的艺术吸引力,每一届都有自己鲜明的艺术风格。开、闭幕式的设计者总是不遗余力地将自己民族独具特色的东西展示给世界。

奥运会开幕式中最激动人心的一幕是点燃圣火,历届奥运会的组织者对此不断创新,如1984年洛杉矶奥运会是通过五环状的输气管道点火,火焰如金蛇狂舞,盘旋而上,引燃圣火台上的圣火。汉城奥运会别出新意,以升降平台将点火者托上21米高的圣火台,点燃圣火。巴塞罗那奥运会更是出奇制胜,残疾运动员点火者雷波洛张弓拉弦,射出一支火箭,点燃圣火,全场惊叹。为了圆满地完成这一任务,射箭点火排练了1 000次。亚特兰大奥运会的点火手选的是将其一生献给体育事业和慈善事业、反对种族歧视的斗士——拳王阿里。当英雄暮年的阿里用颤抖的双手,点燃圣火时,观者无不为之动容。悉尼奥运会点火设计的创意,更是出人意料,点圣火于水中。澳大利亚运动员卡蒂·福里曼俯身将手中的火炬指向水面,一簇火焰穿水而出时,火光熊熊,流水盈盈,火因水而增辉,水因火而生色,在奥运圣坛中火的精神融入了水的活力。雅典奥运会打破常规,让高大的圣火台屈尊,俯下身来,迎接点火者手中的火炬。

第五节　奥林匹克体育文化在中国的发展状况

一、奥林匹克运动在中国的发展状况

(一)创立了奥运模式

由于历史遗留的原因,台湾地区与祖国大陆之间关于奥委会合法席位的问题始终存在争议,最后经过多方努力和长时间的协调,创立了著名的"奥运模式",即根据"一个中国"的原则,确认代表全中国奥林匹克运动的是中华人民共和国的奥委会,正式名称为"中国奥林匹克委员会",会址是北京,使用中华人民共和国的国旗和国歌;台湾地区的奥委会,正式名称为"中国台北奥林匹克委员会",会址是台北,不得使用原来的旗、歌和徽记,需要确定新的会旗、会歌。

自从奥运模式确立以后,中国奥林匹克运动发生了很大变化,现在,奥运模式已经正式实施并取得良好的效果。中国在国际体育组织中的合法席位已经恢复,中国体育已经全面走向世界,而台湾地区各项运动协会也按照"奥运模式"的方式,逐渐恢复了在各个国际单项运动协会里的活动。奥运模式既解决了中国参与奥林匹克运动时遇到的问题,也为国际上类似问题的解决提供了思路和方案。

(二)奥运会上的中国运动员表现出色

当前,中国已经深深融入了奥运大家庭,并在奥运会上取得突破性进展,全面登上奥运会,取得优异的成绩,彰显出中国奥林匹克运动的成就,这与其不断的努力有着密切的联系。

在历届奥运会中,中国运动员往往都能取得理想的成绩。比如,2000年悉尼奥运会上,中国在本届奥运会上取得28枚金牌,16枚银牌,15枚铜牌,在金牌榜和奖牌榜上均居第三位,这是中国首次进入前三强国家之列,是历史性的突破;2004年雅典奥运会上,中国获得32枚金牌,17枚银牌,14枚铜牌,居于金牌榜第二位,奖牌榜第三位,这是中国首次进入奥运会金牌

数前两名国家之列。在2008年北京奥运会上,中国以其强大的实力和主场优势,获得51枚金牌,21枚银牌,28枚铜牌,位居金牌榜第一位,奖牌榜第二位,既是中国第一次登上金牌榜榜首,也是奥运历史上首个登上金牌榜榜首的亚洲国家。在2012年伦敦奥运会,中国以38枚金牌,27枚银牌,23枚铜牌成为仅次于美国的金牌和奖牌获得国家。从这些数据可以看出,中国的奥林匹克运动事业已经达到了世界先进水平的行列。

(三)促进奥林匹克运动的发展

中国不仅只是参与奥运会,还积极申请举办奥运会,这些都在一定程度上对奥林匹克运动的发展起到了积极的促进作用。2008年,北京成功举办了第29届夏季奥运会,在这届奥运会上,中国不仅将自己的实力和古老的中华文化充分展示给世界,更重要的是为奥林匹克运动带来了新的元素,具体来说,这主要在以下两个方面得到体现。

一方面,奥运会能在中国这个东方的、正在发展中的社会主义大国举办,本身为奥林匹克运动提供了一个更宽广的发展空间,奥林匹克运动的发展将不会受到意识形态、地域等方面的束缚。

另一方面,北京奥运会将以中国为代表的东方传统体育与以奥运会为代表的西方体育结合在一起,在很大程度上促进了中西方文化的平等交流与对话,促进了奥林匹克运动的多元化发展。

此外,中国还积极参加奥林匹克科学大会,展示中国在体育研究方面的实力;与其他国家和地区广泛开展交流与合作,向全世界120多个国家和地区派遣大批体育专家和教练,援助一些发展中国家建立体育场馆,将中国的奥林匹克运动与世界紧密联系在一起,积极促进奥林匹克运动的发展。

(四)将奥林匹克运动与中国传统体育有机结合起来

奥林匹克运动与中国传统体育结合自中国举办2008年奥运会以来,就已经成为一个热门话题。中国传统体育依托于自身深厚的文化底蕴和强大的文化能量,它将有助于中国与世界展开广泛而深入的交流,同时,也促进奥林匹克运动真正成为跨文化、跨民族、跨国度的交流途径,并促进奥林匹克运动向着更加健康的方向发展。中国传统体育以农业文明为基础,强调整体、以心为本,讲究"天人合一",追求静态美;西方体育以工业文明为依托,以自然科学为依据,注重分解,以身为本,讲究天人相对,富有冒险精神。这两种截然不同的体育文化在新时期的中国开始交汇,中国传统体育也开始对西方体育文化进行吸纳。

第八章 奥林匹克体育文化体系及其现代化发展研究

中国传统体育在与奥林匹克运动的融合过程中,并没有产生消亡,同时,奥林匹克运动也不会消失,而是两种相异的体育文化在相互碰撞中互相汲取了精华和具有现代价值的部分。具体来说,可以从以下几个方面得到体现。

第一,接受了奥林匹克运动表层的部分,吸收了奥林匹克运动先进的运动项目、规则、技术、设备和训练理念能。

第二,奥林匹克思想所强调的公平竞争、规则明确、评价准确又强化了中国传统体育所淡薄的现代竞争意识。

第三,可以发现,中国传统体育与奥林匹克运动也存在着共同的目标,即赋予体育以文化教育的意义。

由此可以看出,在吸收了奥林匹克运动的有益成分后,中国开始参与奥林匹克运动,并以自己的传统文化影响和改造着奥林匹克运动,中国传统武术开始走向世界就是一个很好的例子。如今,通过奥林匹克运动,世界已经对中国有了更加全面和深入的了解,而奥林匹克运动的发展也需要中国。因此,将奥林匹克与中国传统体育有机结合起来,具有非常重要的意义和影响。

二、中国受到奥林匹克运动的冲击

奥林匹克运动传入中国,并且在中国有了一定的发展,在取得一定发展成效的同时,其所产生的不良影响也不能被忽视。具体来说,奥林匹克运动中出现的各种弊端不仅在国际上造成了各种负面影响,同时,也在一定程度上冲击着中国当代体育。

(一)奥林匹克运动存在的种种弊端

从图 8-1 中可以看出,导致产生奥运弊端的根本原因在于竞技体育的过度强化,要想解决这一问题,就需要抓住关键,即竞技体育和大众体育不偏不倚、均衡发展。西方哲学思想和文化传统培育和造就出的体育文化有着显而易见的优势,但是我们不能忽略了其劣势正在发挥强大的破坏力,对奥林匹克运动进行着毁灭性打击。

(二)改善奥林匹克运动弊端的有效策略

(1)要对来自自身文化根源的缺陷是产生弊端的原因有充分的了解和认识,才能够使奥林匹克运动的弊端得到有效的改善和解决,通常,多采用的解决途径为吸收各民族的优秀文化,嫁接和改造到自身的思想和文化传统上,趋利避害,使奥林匹克运动有各民族优秀文化精华滋养。

(2)要以实际情况为依据,而有所辩证地扬弃以往奥林匹克运动职业化和商业化等。把对奥林匹克运动的认识由"体育加文化"提升到"奥林匹克运动就是世界体育文化"的高度;对群众体育大力支持,倡导"体育为人人,人人享有健康"。奥林匹克运动可以以消除人类隔阂为己任,以自己独特的魅力展现其在世界上的独特的价值,在世界的转变中做出自己的贡献。具体来说,奥林匹克运动需要做到以下几个方面的要求。

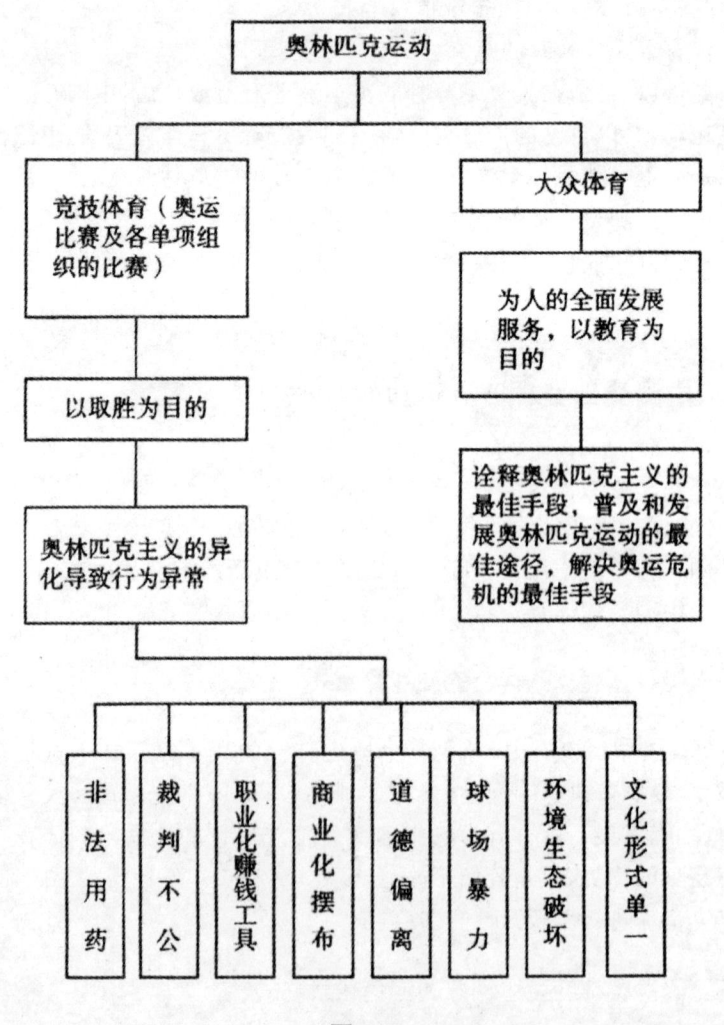

图 8-1

第八章　奥林匹克体育文化体系及其现代化发展研究

第一,要将自身在体育历史文化流程中作为体育文化核心的地位明确下来。

第二,要将自身在国际社会生存空间里作为文化组成的地位明确下来。

第三,还要将自身在人类精神生活领域里作为价值构建的地位明确下来。

第九章 民族传统体育文化体系及其现代化发展研究

体育文化本身就是一个系统性的体系,体系中包含着许多具体的不同形式的体育文化体系,民族传统体育文化体系就是其中非常重要的一个方面。从某种意义上来说,民族传统体育文化体系是我国独具特色的文化形式,这与我国民族众多、地域辽阔的特点有着非常密切的关系。本章主要对民族传统体育文化的基本理论、发展态势、未来发展走向以及体系的科学构建加以剖析和研究,由此能够对民族传统体育文化体系及其在现代社会中的发展有更加全面和深入的了解和认识,这对于民族传统体育文化的进一步发展是有所帮助的。

第一节 民族传统体育文化的基本理论

一、民族传统体育文化的内涵解析

民族传统体育文化作为人类的一种文化创造,其内涵可以从物质、精神和制度三个层面进行分析,从而对民族传统体育文化的整体认知得以形成。

(一)民族传统体育的物质文化

人类同动物不同,人具有主观能动性,可以有意识地、主动地改造和影响环境,并留下活动的印记。人能动影响环境的这种物化记载就是物质文化,即物质文化是一种文化的载体形式,包含着人对环境的改造与创造。

民族传统体育的物质文化随着人类不断深入自身及自身与周围环境关系的认识并将这种认识不断物化于各种物质制品中而不断得到发展。可以说,民族传统体育的物质文化是民族传统体育文化中最活跃的部分,是民族传统体育文化的重要标志。

第九章　民族传统体育文化体系及其现代化发展研究

研究民族传统体育物质文化的内涵，可以从民族传统体育的运动项目、运动器械、书籍、服饰，以及出土的文物和壁画等几个方面进行。

1. 运动项目方面

我国民族传统体育有着悠久的历史，其产生来源于各民族的需要。中国是一个有着 56 个民族的国家，而各个民族所处的地理位置、生产力发展水平、风俗习惯等有所不同，因而产生了形式各异的民族传统运动项目。据《中华民族传统体育志》的记载，我国目前共发掘和发现的民族传统体育共 977 项，其中，少数民族传统体育有 676 项，汉族有 301 项。发展到现在，中国的武术、气功、风筝、龙舟等传统体育运动项目深深吸引着世界的目光，成为世界文化的重要组成部分。

2. 运动器械方面

在民族传统体育项目中，有相当一部分需要借助于刀、枪、弓、箭等器械才能完成。这些器械是中华民族的祖先在生产劳动的过程中创造的，又经历代人改进不断得到发展和完善。因此，民族传统体育的运动器械作为人类文化的一种创造，是一些活的化石。对其进行分析和研究也能更好地帮助我们理解民族传统体育物质文化。

3. 书籍方面

民族传统体育产生于人们日常的生产和生活之中，一般来说，主要是通过人与人、代与代之间的直接经验进行传承，但仍有相当一部分需要从各种文献典籍中进行寻找。因此，民族传统体育的书籍还是非常重要的。从古至今，有关民族传统体育的文献可谓是卷帙浩繁。《周礼》《礼记》《尚书》《六韬》《汉书》《战国策》《黄帝内经》《养性延命录》《千金要方》《八段锦》《蹴鞠图谱》《寿亲养老专书》《养生四要》《勿药元诠》等都是中国古代记载民族传统体育文化的典籍。到了近代，各种论文、专著、图谱、秘籍、史料、地方志等，都是研究民族传统体育文化的珍贵文献。

4. 服饰方面

我国的民族传统体育项目大多是和民族的传统节日结合在一起的，因而多在传统节日举行，而服饰又是传统节日中必不可少的一部分。节日当天，人们奏民族音乐，身着民族服饰，进行民族传统体育游戏或竞赛，格外引人注目。因而，民族服饰具有强烈的民族传统体育文化的象征意义。

5.出土的文物和壁画方面

在人类语言未产生之前,人们对各种社会或文化活动的记录多以图画的形式进行。因此,在很多出土的文物和壁画中可以看到有关各民族早期民族传统体育活动情况的记载。另外,研究这些出土的文物和壁画,研究和传承我国的民族传统体育文化也具有重要的意义。

(二)民族传统体育的精神文化

精神文化居于文化结构的内层,属于最保守、最稳定的层面。民族传统体育的精神文化是民族传统体育文化的核心和灵魂。

我国民族传统体育的发展深受中国传统文化的影响,而民族传统体育又是对人们的传统观念的必然折射。因此,民族传统体育是在民族传统文化影响下的一种文化创造,而民族传统体育文化是与传统文化相一致的。

1.追求人和自然的统一与和谐

民族传统体育文化以"天人合一"为哲学基础,因而民族传统体育注重通过整体的概念对人体运动过程中的形态、机能、意念、精神诸方面的活动,及其这些状态与外部世界的联系进行描述。在体育上强调人与自然的和谐,没有对自然躯体的支配欲,也不主张事物的极限发展。但是,民族传统体育欠缺对大自然的探索精神,对运动健康奥秘的探究也不彻底,即使是养生家和医家,也一直停留在"阴阳平衡"前,这在一定程度上制约着民族传统体育的进一步发展。

2.讲等级、重教化、崇文而尚柔

受儒家文化的影响,我国的民族传统体育表现出讲等级、重教化、崇文而尚柔的基本特征。我国民族传统体育由于受到尊卑有别的等级观念的影响,严重影响了体育活动的公平性。另外,儒家思想认为,人的最高需要是道德需要,道德价值是最大的价值,因而对伦理教化过于重视而忽视了其他。而深受此影响的民族传统体育,健康、娱乐等其他价值被抹杀,对我国民族传统体育的正常发展产生了不利的影响。此外,我国民族传统体育由于受到"中庸""以柔克刚""贵和""寡欲不争"等思想的影响,也表现出舒缓、柔弱、平和有余,但力量、刚强、竞争不足的特征。

3.重功利、轻娱乐

"齐家、治国、平天下"是我国古代知识分子的最高人生理想,他们埋头

第九章 民族传统体育文化体系及其现代化发展研究

苦读,都渴望能步入仕途,获得高官厚禄,而将只满足身心欢娱的体育活动视为玩物丧志的奇技淫巧。这种价值观念在无形中影响了人们选择体育运动形式的意向,也使得消闲娱乐体育的发展受到了严重的影响。

4.有着守内、尚礼、恋土的民族情结

我国的民族传统体育大都是表演性的,没有具体的规则或动作规定,在交手过招时也以礼让为先,点到为止。这些都反映出了中华民族守内、尚礼的人格倾向。另外,中华民族也有着恋土归根的农业民族心理,这从中国象棋"将、帅"只能在"九宫"之内活动,不得越雷池半步中可以看出。

5.以柔、静为美

受以孔孟为代表的文化的影响,我国民族传统体育在思想上大都追求"心宁、志逸、气平、体安""哀而不伤""乐而不淫",在做人上多追求"隐",情感含蓄而不露。因此,我国的太极拳、气功等民族传统体育皆追求静和自然。

6.有着群体价值本位

我国传统文化有着严格的宗法观念,它以家庭、家族为本位向外推,将把尊尊亲亲的价值观念扩大并延伸到整个社会群体之中,这就造成了我国以社会群体为本位的传统文化的价值取向。而深受传统文化影响的民族传统体育,不可能充分发展以个人为基础的竞争,因而我国绝大多数的民族传统体育项目都是表演性的,欠缺对抗和竞争性,就算包含竞争,也是在群体基础上进行的竞争。

(三)民族传统体育的制度文化

我国民族传统体育历史悠久,在发展中经历了形成、繁荣至衰微的过程。各个历史时期都形成了具体的制度,虽然不同时期会有一定的差距,但是整个农业经济时代所表现出的一致性和稳定性又是共同的。

我国民族传统体育制度的共性主要从以下两个方面得到体现。

1.重文轻武

自从儒家思想确立了自己的地位后,取士的标准随之改变,官学中也几乎完全排除了武艺的教学内容,并最终形成了重文轻武之风。这在很大的程度上阻碍了我国民族传统体育的进一步发展。

2.等级性与非竞争性

自儒家思想的正统地位确立后,儒学大师们总是企图用儒家的"礼乐观"指导和规范人们的休闲娱乐活动,认为体育是成德成圣、完成圆善的手段。这在很大的程度上造成了重伦理教化而忽略其余的价值倾向和"重功利,轻嬉戏"的社会思想倾向。"在封建社会,由于处处受礼的束缚,体育本身被阉割,成为礼的附庸,因而这种等级性造成了中国古代体育的非竞争性。"[1]

二、民族传统体育文化的特征

我国的民族传统体育项目众多,内容丰富,富含民族特色,生动地展示着各个民族的社会历史面貌及其人们的日常生活和心理状态,并从不同的角度和层面对中华民族的文化形态进行了反映。

民族传统体育文化表现出来的特征主要有以下几个方面。

(一)民族性特征

民族性是指各民族社会生活在民族传统体育的形成与发展过程中的综合反映,反映着一个民族的群体品格,有着鲜明的民族特性。

民族传统体育的民族性,主要是通过体育精神以及体育的外在形式、运动规则和具体要求表现出来。各个民族因其所处的地域环境、生产生活方式以及价值观等的不同,都有着各自独特的风格和浓郁的民族色彩的传统体育项目,带有强烈的民族文化气息和内涵。这些传统体育项目也在一定程度上成为各个民族的象征,如藏族的赛牦牛、傣族的孔雀拳、彝族的跳火绳等。

除此之外,我国民族传统体育的民族性还反映在历史传承、风俗、活动仪式、服饰等各个方面。

(二)传统性特征

民族传统体育是在不断向前发展的,在其发展、演化的过程中虽然会经过或丰富或扬弃的种种变革,但传统健身和娱乐的主要活动特点却始终保留着。民族传统体育也按照传统的方式进行传承,其活动方式、活动规则、活动功效等都是人们经过长期的积累总结出来的实践经验。因此,民族传

---

[1] 邓雷,魏金彪,陈清.体育文化研究[M].北京:中国商务出版社,2007.

第九章　民族传统体育文化体系及其现代化发展研究

统体育项目也因传统性而具有了旺盛的生命力。

（三）地域性特征

各个民族的生存和发展都离不开一定地域的地理环境，各个民族也都在所处的区域环境和文化背景上形成了区别于其他民族的体育活动方式。这就是民族传统体育的地域性的最好佐证。

民族传统体育的地域性主要是基于自然环境、生产方式和文化心理这三种因素。自然环境因素从物质条件方面为民族传统体育的起源提出了最基本的规定；生产方式因素直接导致了各民族间体育的差异；文化心理因素同样造成了民族传统体育的差异。

（四）多样性特征

我国民族传统体育内容丰富，形式多样，这构成了我国多姿多彩的民族传统体育项目。另外，民族传统体育的类别多，且由于项目的不同，动作结构和技术要求也各不相同。此外，民族传统体育由于功用的不同，也有多种不同的类型，如有富有趣味性、轻松愉快的各种娱乐性体育，有以养生、健身、康复和预防疾病为目的的气功、太极拳等体育项目，还有按竞赛规则的规定进行的竞技体育活动等。

民族传统体育的多样性不仅表现在体育项目繁多，还表现在相同的体育项目有着不同的风格。就拿武术来说，按运动形式可以分为武术套路运动、武术功法运动和武术格斗运动，按拳种的类别和风格可以分为有刚有柔、有长有短、有徒手有器械等。

除此之外，我国民族传统体育的多样性特征还表现在活动的空间、参赛的人数等各个方面。

（五）交融性特征

在民族传统体育不断发展的过程中，逐渐形成了独具风格的文化体系和相对封闭而又开放的系统。民族传统体育由于不同的文化类型和模式的交流与碰撞以及不同民族间的交流，得到了不断的发展。因此，体育活动的进行使得各民族的传统体育项目互相交融，最终达成共识，体现了民族传统体育发展的交融性特征。

通常情况下，民族传统体育项目总是先从某一区域或某一民族中发展起来，然后再随着各民族间体育文化的交流，被有着相同条件的民族接受并进行改造，进而相互交融产生了一些新的项目，如足球和滑冰结合的冰上足球，球技和马术结合的马球，射箭和马术结合的骑射等。

(六)传承性特征

我国民族传统体育经过长期的发展得以传承和延续下来,但在发展的过程中却历经磨难,饱受挫折。因此可以说,民族传统体育就是在不断的曲折与磨难中发展起来的。

传承性是民族传统体育的传承方式,有家庭(或家族)传承、群体传承以及社会传承等多种不同的形式。

三、民族传统体育文化的价值

民族传统体育文化不仅有着非常显著的特征,还有着非常重要的价值,具体可以从以下几个方面得到体现。

(一)愉悦身心

民族传统体育项目众多,内容丰富,练习的手段也多种多样,注重人身心的发展,通过肢体活动、调整呼吸,最终达到身心合一,可以起到很好的健身功效。同时,许多民族传统体育项目是通过民间游戏演变而来的,因此,大部分都具有较强的娱乐功能。人们在参与过程中,可以有效地愉悦身心,减轻自己的压力。

人们通过民族传统体育项目的锻炼能有效地增强个体的心肺功能,提高自己的身体素质。此外,通过一些民族传统体育项目的锻炼还可以进一步发展和提高身体各器官的能力,最终实现健身目的。我国民族传统体育的最终目的是增强体质、强身健体、益寿延年、消遣娱乐,强调以健身为主。

民族传统体育运动除了具有强身健体的价值外,还具有显著的娱乐功能与价值。少数民族传统体育已经深入到了人们的日常生活中,经常出现在一些传统节日中,它将体育融于生产劳动、风俗习俗、宗教祭祀、喜庆丰收以及节日欢庆之中,并将民族舞蹈和音乐等与民族文化艺术联系在一起,更加突出了民族传统体育的娱乐性特点。

(二)文化教育

民族传统体育作为一种综合性的民族文化,处处体现着文化教育的价值。民族传统体育对人们的价值观、道德观、伦理观、审美观以及人们的行为模式都产生了极为深远的影响。可以说在很早以前,少数民族传统体育的教育功能就得到了相当的重视。在古代,祭祀与军事是学校教育的主要内容。新中国成立后,学校教育开始重视民族传统体育的教育作用,因而使

第九章 民族传统体育文化体系及其现代化发展研究

得民族传统体育在学校获得较快的发展。以武术为例,其教育功能日益增大。而随着我国教育事业的快速发展,人们对民族传统体育在教学过程中的重要性认识得更为透彻,对民族传统体育教育的功能与价值的研究也是越来越深入。

(三)对经济发展和政治稳定的积极促进

民族传统体育能促进社会经济的发展,这是毋庸置疑的。民族传统体育活动多以经济活动方式为基础。民族传统体育资源丰富,呈现出地域性、主体性、广泛性分布的特点,利用民族传统体育资源建立本地域特色经济,对推进民族地区经济的发展有着特殊作用。

对于广大的劳动群众而言,尽管生产劳动会使四肢得到活动,但是长期的重复活动必然会造成机体损伤或畸形,从而影响和降低了劳动效率。而适当地进行一些民族传统体育活动,不但可以有效调剂劳动中重复动作造成的疲劳,还可以增强自己的身体素质,愉悦自己的身心,改善自己的精神面貌。民族传统体育运动的开展有助于体育人口数量的进一步增长和人们健康观念的增强,从而促进他们参与到体育运动中去,这样也会拉动人们的体育消费,发展经济。

除此之外,民族传统体育还具有促进国家政治稳定的功能和价值。随着现代化进行的不断加快,人们生活水平提高的同时,所面对的社会压力也会随之变大。许多人会因为压力过大,而产生酗酒、赌博等不良的恶习,为社会的治安稳定带来隐患。因此加强民族传统体育的开展力度,有效增强个体的健身意识,可以有效舒缓个体在社会生活中的压力,避免个体不良生活习惯的养成。而人们在参与这些喜闻乐见的民族传统体育文化活动时,可以使自己保持一个愉悦的状态,有效地引导良好的社会风气,保证社会政治的稳定发展。另外,人们在参加民族传统体育活动时,其精神面貌、整体素质、民族的凝聚力都会得到很大程度的提高。

(四)传承中华民族优秀文化的价值

我国民族传统体育以"天人合一"为哲学基础,形成了独特的崇尚礼让、宽厚、平和等价值取向的体育形态。这对于传承和发展我国的优秀文化具有重要的意义。而在博大精深的武术运动中,民族传统体育的这一功能及价值就得到了更好的体现。人们在练习武术时,不仅是习武,更重要的是习武德,人们要从中收获健身、健心、修身养性的效果。这种多层次的教育价值和"天人合一""内外兼修""厚德载物"的思想,更加具体地反映出了民族传统体育对优秀文化的传承。

(五)将中华民族精神有效凝聚起来

民族传统体育还具有凝聚中华民族精神的功能和价值,对于弘扬中华民族精神具有重要的意义。例如,我国各地区在每年的端午节都会举行"赛龙舟"比赛,起初这种比赛的发展是出于对龙图腾的崇拜,而在传承过程中,又增加了纪念屈原的人物内容。也正是在这样的背景下,龙舟比赛将屈原身上的中华传统伦理道德和价值观凝聚起来,传递给子子孙孙,使他们对这些民族精神产生认可,从而产生强烈的民族自豪感和自信心,也从一个侧面增加了人们的民族向心力、凝聚力和号召力。

少数民族传统体育的诸多项目都是以集体的形式开展的,如舞龙、舞狮、赛马、斗牛、踩高跷、拔河、摔跤等。这些体育活动除了要求参与者具有较强烈的竞争心外,还要求其具有很强的集体荣誉感。因此,在参加这些集体性民族传统体育运动时,可以有效培养人们的团结、协作精神,使人们的群体意识得到加强,对增强民族认同感和凝聚力起到了重要作用。

民族传统体育作为民族文化传承的载体,其在各民族之间搭起了一座相互联系和交流的桥梁。新中国成立后,民族工作得到了党和政府的高度重视,特别是民族之间体育文化的交流得到了很大的发展。各种不同形式的民族传统体育运动会相继举行,其比赛规模、参赛人数也日益扩大,各民族欢聚一堂,既振奋了民族精神,促进了民族团结,又很好地促进了民族事业的繁荣与发展。

第二节 民族传统体育文化的发展态势

一、民族传统体育文化的基本发展状况

当前,民族传统体育运动的发展开始普及并得到提高。1982年开始,四年举行一次少数民族传统体育运动大会,举办地点有北京、天津、内蒙古、云南、西藏等省区。在国家和各省的共同支持与努力下,少数民族传统体育运动大会成为全国较有影响的大型综合性体育运动会之一,并以其民族性和广泛性为主要特色,四年一届的少数民族传统体育运动大会为弘扬民族传统体育文化,发展民族传统体育运动与全民健身运动,提高全国人民的身体健康水平,加强各民族交流与沟通等方面起到了积极的作用。民族传统体育的普及与提高体现在以下三方面。

第九章　民族传统体育文化体系及其现代化发展研究

(1) 改革和综合创新民族传统体育中的一些项目。例如，1984年，国家体育委员会综合古代花毽和蹴鞠，现代足球、排球和羽毛球等运动的特点，推出毽球项目。

(2) 革除民族传统体育活动中存在的一些陋习。例如，富有民族特色的赛龙舟曾流行于江浙一带，赛龙舟项目蕴含着我国丰富的传统文化，但其中也不乏占很大比重的迷信成分。经过对赛龙舟项目的改进，革除了其中的封建陋习，使现代的赛龙舟活动成为我国广大民众普遍喜爱的一项传统体育活动。

(3) 民族传统体育开始走向世界。我国成立国际武术联合会。举办国际赛事，将富有特色的民族传统体育文化展现给全世界人民。另外，逐渐增加国家间的毽球、龙舟、围棋等项目的表演和竞赛，呈现出可喜的发展前景。

二、民族传统体育文化发展中存在的基本问题

在民族传统体育文化的发展过程中，都会存在着一些基本的问题，具体来说，主要有以下几个方面。

(一) 我国少数民族传统体育文化呈现出萎缩状态

由于少数民族有自己独特的风俗习惯，且其在产生、传承、演变和发展过程中，曾对我国历史的发展做出了较为突出的贡献，是我国传统体育文化的重要组成部分，充分补充和完善了我国的传统体育文化。比如武狮，是中华民族老百姓喜闻乐见的传统体育活动，但是，需要强调的是，这首先是在我国的西域民族流传，后来才进入中原，经过汉民族和其他少数民族的不断改进，逐渐成为各民族传统的体育活动。我国是个多民族国家，共有56个民族，其中55个少数民族，即使是同一个民族也存在"百里不同风，千里不同俗"的现象，因此，这就赋予了我国传统体育文化精彩纷呈的显著特点。然而在全球化的冲击下，人们的生活方式、思想观念、生活情趣等很多方面都发生了巨大的变化，但是，我国少数民族传统体育文化的发展空间却越来越小。比较具有代表性的民间游戏和宫廷游戏，由于受到社会变革的影响，其初始的面貌大都已经丧失；另外，民间的杂技活动，在清代中期有很多，但随着政治经济的衰退，这些民间传统体育活动也逐渐在人们的视线中消失了。

(二) 西方体育文化对中国民族传统体育文化思想观念有较大冲击

由于中西方在地域上有一定的差异性，因此，在生活习俗、文化等方面也会有一定的差异性。具体来说，西方体育文化中主要体现的是冒险、挑

战,追求形态美、速度美,在运动中"竞争"是其灵魂,好斗心理是其本质;而对于中国民族传统体育文化来说,其对人内心的修养较为注重,讲究人与人、人与自然的和谐,对调心、调养、调身的康健境界较为关注。同时,中西方体育业存在着一定的相同之处,即我国民族体育项目与西方现代竞技体育,有着显著的娱乐性、表演性和观赏性特点。由于西方体育文化的广泛传播在很大程度上冲击着中国民族传统体育文化思想观念,因此,也在一定程度上改变了我国的体育方式,甚至对我国民族传统体育文化的发展产生了一定的阻碍作用。中国一些传统的体育文化,由于民族现代化建设的加快,正被青年一代所冷落。

(三)民族传统体育研究缺乏一定的基础理论

由于我国体育学科建制的时间较晚,长期在西方现代体育的影响下,对民族传统体育文化的拓展和开发较为忽视,从而导致民族传统体育文化深层次的理论较为匮乏,基础理论较为薄弱。除此之外,民族传统体育文化良好的学术环境和氛围也较为确实,一直以来,民族传统体育活动的开展处于时冷时热的状态,只有很少数的人对此进行研究,而且研究的持久性和深入程度较为欠缺,这就导致基础理论的匮乏。

(四)社会变革使民族传统体育丧失了主要的存在基础

随着社会的变革,一些具有民族特色的体育正在逐渐消失,甚至有一些已经被人们遗忘了。经济是民族传统体育存在和发展的基础。社会的发展和经济的繁荣对民族传统体育文化的发展起到积极的促进作用,这是必然的。在发达的资本主义国家,雄厚的物质基础和完善的经济运行机制,从基础上为他们本民族的传统体育文化开辟了道路。因此可以说,民族体育文化会随着经济的发展而进一步向前发展。

(五)国民对民族传统体育文化产生的自卑感

在很长时间内,由于全球化的影响,国民对中西方文化的"差异"产生了"差距"的心理,开始时对外国有着一种盲目的崇拜感,认为外国什么都是好的,在体育方面也是如此,同时也认为中国民族体育文化是一种落后的文化。中国民族体育文化已经陷入了巨大的危机中,民族个性逐渐失去。

三、民族传统体育文化发展中存在问题的具体体现

通过对民族传统体育文化发展中所存在问题的剖析和规整,可以将这

第九章　民族传统体育文化体系及其现代化发展研究

些问题从以下几个方面上体现出来。

（一）地理生态方面

城镇化是现代国家发展的一个重要趋势，但是，由于我国有着较为特殊的国情，人口众多，仍有半数以上分布在广大农村，这也表明，要实现真正意义上的城镇化，需要持续的时间还较长。在城镇化和大规模水利交通设施建设的进程中，原来相互紧密联系的村落被高速公路、铁路、城镇接合部分割开来，在城市不断膨胀的过程中，由于城市发展的规划失控与当地政府的倾向性建设，城市空间的发展状态呈现出不规则，在这样的背景下，中国大地逐渐被分割成越来越多的地理区域，这样的情况也进一步导致文化赖以生存的地理生态环境同时也被分割开来，遭受破坏，因此，这也在很大程度上影响到了文化的传播与发展。民族传统体育文化的存在是需要一定的支撑的，一般来说，多个村落或者族群共同支撑才能满足其需要。另外，由于许多民族传统体育的开展基础是青年婚恋与嫁娶，由此可以看出，民族传统体育文化的展开要在不同族群之间实现，而地理生态上的分割，就使得这些传统的存在空间逐渐失去，而采用其他的沟通与活动方式。随着我国经济快速发展，城镇化也逐渐在广大少数民族地区得到进一步的实施，少数民族地区有越来越多的高速公路修建，西藏、新疆、云南、广西等边远地区也逐渐有铁路开始修建，由此可以看出，在未来中国城镇化造成的地理分割将必然延续很长一段时间。地理环境是文化赖以生存的物质基础，因此，民族传统体育文化发展中要面对的一个重要问题，就是城镇化问题。这就要求高度重视城镇化问题，使这一问题的解决为民族传统体育文化的发展提供一定的帮助。

（二）体育项目分布方面

在西方近代体育的冲击下，民族传统体育活动方式开始逐渐被弱化，而与此同时，西方现代体育也开始逐渐登上我国主流体育舞台。可以说，奥运会项目以西方体育项目为主的现状以及我国政府与社会意识形态作用，在一定程度上促进了西方体育项目普及化的进程。目前，我国的学校体育开展的课程中，绝大部分是西方体育项目，而民族传统体育项目则相对要少，而且民族传统体育项目的保护与开展也有着一定的困难，发展势头较西方体育要弱很多。这是我国民族传统体育文化发展的一个重要问题。但是，也应该注意到，民族传统体育有着几千年的文化传统和积淀，很多民族传统体育项目有其生存的底蕴与空间，较为具有代表性的体育项目有少林功夫、太极拳、荡秋千、高脚马等。这就为民族传统体育文化的发展奠定了坚实的基础,要求在此基础上,采取相应的措施,进一步促进民族传统体育文化的发展和普及。

在当前这一形势下,民族传统体育在西部较为封闭的省市开展得要相对多一些,还有一部分学校将民族传统体育项目逐渐引入到学校教育中,除此之外,民族传统体育项目也逐渐在全国民族传统体育运动会、全运会、农民运动会等赛会中被引入,这就在一定程度上为民族文化的传承奠定了坚实的基础。尽管民族传统体育有了一定的发展,但西方体育项目仍是主流,民族传统体育项目的存在在政府组织的施政倾向中仍然被边缘化。

(三)群体年龄结构方面

民族传统体育文化主要在民间,尤其是广大农村存在,其中,抢花炮、板鞋竞速、抛绣球、蚂拐舞等都是较为具有代表性的民族传统体育运动项目。很久之前,我国人口流动相对缓慢,民族传统体育项目传承人的群体年龄结构有一定的稳定性特点。但是,随着改革开放的不断推进,我国人口流动速度开始进一步加快,尤其是最近几年,已经在不同程度上影响到了广西、云南、新疆等边远山区。目前,越来越多的青壮年拥入城市,农村的群体年龄结构发生了一定的改变,主要表现为:老年和少年儿童比重很大,而青壮年较小。在城市之中,其年龄结构主要表现为:两头小、中间大。人口流动的方向以向城镇单向流动为主,在这种情况下,逐渐形成了广大农村与城市人群的年龄结构不均衡的现象,民族传统体育文化传承的土壤也逐渐开始失去,群体年龄结构上的断层开始呈现出来。而对于民族传统体育文化的发展来说,青壮年是其主要力量,鉴于上述这种群体年龄结构,许多民族传统体育运动项目的发展受到了一定的限制,随着时间的不断流失,部分民族传统体育项目的发展和传承出现断层,这就在一定程度上对民族传统体育文化的发展产生了制约作用。

(四)群体心理结构方面

目前,随着先进科学技术的不断发展,民族传统体育文化存在的群体心理结构也不断被打破。尽管先进科学、信息技术的高速发展,使得社会发展的速度进一步加快,但是,同时其也进一步加深了老年与青年、富人与穷人之间的隔阂。具体来说,主要表现为,农村的老一辈对于过去的农耕生活较为热衷,而新生代则希望积极融入城市之中,青年们对自由与民主有着较高的追求。在现代化进程中,老一辈面对信息的快速更替由被动适应逐渐向主动适应转变。另外,中国现代化带来的大量物质财富积累在整个国家扩散开来,同时,从某种角度上来说,这也导致了一些相关问题的产生,较为显著的有财富分配失衡、贫富子女价值观取向偏失、地域工作机遇差距拉大等常见现象。中国现代化的进程不仅带来了物质财富与信息的快速转移,同时,也带来价值取向的多元化。从目前的整体形势来看,西方功利性心理倾向开始占据优势,同时也导致过去的"小富即安"思想与"普农思想"逐渐趋于消亡,青壮年对民族传统体育文化传承的文化心理环境也随之丧失。由于受到中国区域现代化进程的不均衡的影响,区域性的文化心理结构失衡的形势也逐渐形成,而文化心理结构是深层的结构则在很大程度上决定着人的取向。在区域民族传统体育文化传承过程中,由于不同区域不同年龄层次的文化心理都有一定的差异性,因此,其对民族文化所持态度也会有一定的差异性,从而对民族传统体育文化的连续传承起着重要的影响作用。

四、民族传统体育文化发展中存在问题的产生原因

民族传统体育文化发展过程中存在着很多问题,而导致这些问题产生的原因也有很多,具体可以归纳为以下几个方面。

(一)多种矛盾并存

1. 个性化与规范化之间的矛盾

民族传统体育文化的个性化,是指民族传统体育文化在发展过程中坚持继承本民族传统体育特质为主要特征的发展模式。由于不同民族的周边环境、生产方式以及政治和经济发展状况各异,因而原创体育形式与此相对应,也就具有很大的差异性和独特性。例如,东西方国家拥有不同的文化、体育理念和价值取向,因而体育活动形式也不同。东方重视实现群体价值,而西方崇尚张扬个性。即使都是东方国家,中国与日本、朝鲜的体育活动形式也各不相同。我国是一个多民族国家,民族传统体育文化形式多样、各具特色。汉族有300多项体育项目,少数民族有600多项体育项目,这些独特体育活动形式反映不同民族的民俗与民情,使世界体育文化色彩斑斓,各具魅力。各民族的体育如果没有个性,没有其独特性,其存在的价值和意义也就荡然无存,因此民族传统体育文化向前发展的首要条件就是民族传统体育文化的个性化。

人们的生活方式和价值观念从农业社会到工业社会、再到现代的信息社会发生巨大转变,不再是以前的封闭状态。社会已成为人们相互交流的开放环境,世界文化开始快速交流与碰撞。一种文化必须具有可沟通性、可识别性和可利用性,必须具有某些共性,才可以完成其传播功能。我国民族

传统体育的文化价值和身心愉悦、教育等功能令世人瞩目,但它缺乏系统完善的竞赛规则,不便于量化统计和判别胜负名次,因而严重影响了中国体育文化统计和胜负名次的判别,影响着中国体育文化的向外传播。有关学者建议完善民族传统体育的竞赛规则,使其更加规范化和科学化。同时,也要认真解决民族传统体育文化规范性与个别性的统一问题,使得我国民族传统体育文化既保持其优秀、独特成分,又能吸纳其他各民族符合社会发展的先进因素。

2. 精英化与大众化之间的矛盾

目前,体育的政治功能和社会意义已远远超出了其产生时的娱乐、健身的本质功能。尽管国际奥林匹克运动会已充分认识这一点,也尽力摆脱这一政治倾向;尽管我国民族传统体育具有较高的体育本质功能,但生物的竞争本能使得人与人、群体与群体之间以及民族、国家之间的竞争成为一种必然。第二次世界大战结束后,体育成为最能反映一个国家、民族综合国力的有力指标。当前,发达国家和发展中国家都投入大量的人力、物力和财力在竞技体育上。无论是发达国家还是发展中国家,都在不懈地努力与奋斗着,目的就是使本民族的传统体育项目在世界体育中占有一席之地。

近代时期开始,西方资本主义国家开始工业文明的扩张,同时也开始向落后国家进行文化上的侵略和渗透。我国民族传统体育由于不平等的文化互动,鸦片战争以后便被限制在狭小的空间内艰难地发展。21世纪,中国在世界崛起的同时,民族传统体育按照现代社会及文化的发展要求不断革新,走向世界。培养和塑造具有中华民族文化特色,且能得到世界承认的精英体育,是当代中国人的共识和民族感情驱动的必然结果。

精英体育并不代表所有的民族传统体育都要实现精英化。目前我国民族传统体育项目种类总数可达977种之多,丰富且庞杂,所以不必也不可能都向精英化的方向发展。主要原因具有以下两点。

第一,由于民族传统体育具有较强的民族化特色,一旦离开了民族、地域的土壤,便会衰亡和枯竭。

第二,我们民族传统体育的主要职责应是民族凝集和民族内成员的社会化。所以,民族传统体育在发展过程中只需部分实现精英化的目标,其他大部分项目要向大众化的轨道发展。由于民族传统体育具有娱乐、健身、趣味、符合民俗等特征,而且契合民族情感,适应不同地区、民族的文化和地理环境,所以民众参与度较强,可以更好地发挥其健身作用和价值。大众体育应该是体育的主流。提高民族素质和树立民族世界形象,对于我们来说都很重要,然而大众化发展基础上的精英和精英目标下的大众化才是我国民

第九章 民族传统体育文化体系及其现代化发展研究

族传统体育发展的目标。

3. 区域化与国家化之间的矛盾

对民族传统体育来说,地理环境是其赖以产生和存在的必备条件。因此,在一定程度上区域条件必然会限制民族传统体育的发展。一定的地域是一个民族长期繁衍生息的空间条件,各民族的传统体育活动及其所形成的价值观念、审美情趣等民族文化,确实在很大程度上受到所处地域的影响。某一地区的生产、生活方式和社会风尚都可以通过我国民族传统体育的活动内容和形式侧面反映出来。各地区少数民族的体育项目,由于受到不同地理环境的影响,因而具有各自不同的特色。如北方蒙古高原,草原辽阔,蒙古族人民善于骑马、射箭。东北地区的寒冷气候,为开展冰雪活动提供了良好的活动环境,南方气候温和,江河众多,水源充足,很多少数民族都善于游泳、潜水,赛龙舟活动十分盛行。生活在青藏高原的藏族以及西南地区的高山民族,善于攀登。民族传统体育得以存在的重要基础和条件就是特殊的地理环境和人文环境。民族传统体育只有以环境为土壤,才能得以快速发展和传播。民族传统体育的地域性特征一方面为民族传统体育在本地区的开展创造了良好的地理、人文、社会与心理环境;另一方面又为民族传统体育在更大范围内推广带来了困难。因此,民族传统体育文化若只在各民族传统体育狭小的范围内发展,将会导致自生自灭。如果各民族的优秀体育文化无法实现交流,就无法在更大范围内得到发展。但如果不考虑民族传统体育文化的地域性特征,一味地在全国范围内统一发展,则会因缺乏民族心理支持而丧失存在依据。

对于民族传统体育文化的发展,政府既要给予其积极的支持与引导,使其得以在全国范围内推广,又要充分考虑不同体育项目对地理环境的依赖性。使民族传统体育在全民健身运动中既能充分发挥它的作用与功能,又不至于丧失固有人文特色,这应是一个要慎重考虑的问题。

(二)西方体育文化的大力冲击

西方体育在19世纪末开始传入中国,西方工业文明、物质文明及民主政治等一系列现代文明也随之不断传入,因此有许多国人认为我国的文化不如西方的现代文化。随着西方的不断扩张与侵略,西方文化迅速冲破樊笼,走向世界,与之相比,我国的民族传统体育却仍处于一种原生的文化形态,中国与西方文化在当时呈现出封闭和开放两种截然不同的发展态势。20世纪,我国以进步和发展为主题,在这样的背景下,我国的体育文化产生了主流文化和非主流文化的置换。

一个多世纪以来,以西方体育为主要内容的世界性体育——奥林匹克运动急速发展。世界体育文化快速实现体育文化"基本一体化",再加上在我国的经济、政治等一系列社会问题发展选择中出现"部分西化"的倾向,这些都直接导致了民族传统体育在发展进程中,"洋体育"与"土体育"的较量完全失衡。我国逐渐青睐西方物质文明,同时也开始青睐西方体育。以高尔夫球运动为例,西方国家认为,只有贵族身份才可以参与高尔夫球运动,在我国这种思想也随处可见。西方体育文化的冲击导致了我国民族传统体育在100多年的发展中,回归主流文化领域的可能性越来越小。

第三节 民族传统体育文化的未来发展走向

从对民族传统体育文化的发展态势中可以看出,民族传统体育文化的未来发展走向,具体可以归纳为以下几个方面。

一、有效做好民族传统体育文化方面的保护工作

民族传统体育在经过长期的发展后,已经形成了一个具有丰富内容和鲜明特色的庞大系统,具体包括竞技、表演、健身和娱乐等各种项目。随着历史的发展,人们不断创造出新的体育文化产品,新文化产品不断累积,在传统文化产品的基础上逐渐形成文化。作为文化形成和发展的基础,传统文化必须被保存下来,这样才能促进体育文化不断累积,不断创新,逐步向前发展。

传统文化在特殊环境中塑造出民族传统体育文化,传统文化赋予民族传统体育的一些特性是其他民族体育所没有的,独特的民族传统体育文化构成特色鲜明的东方体育文化形态。民族传统体育如果没有传统文化内容,强势文化中的体育项目就会同化一些民族传统体育项目,从而威胁到民族传统体育的生存。

(一)坚持科学思想的指导

科学理论思想的指导是开展任何社会实践活动都必须依赖的条件。保护我国民族传统体育文化,必须坚持科学的思想指导,具体要做到以下几点。

(1)高度重视民族传统体育文化的指导思想。
(2)顺应民族体育学科的本质特征和客观规律,坚持以唯物主义世界观

第九章 民族传统体育文化体系及其现代化发展研究

和现代科学理论与方法对民族传统体育进行保护,促进中华民族传统体育的全面繁荣。

(3)以多学科角度透视为基础,多方位、多层面地挖掘民族体育中所蕴含的文化内涵。

(4)加强多学科、多方位的合作,加强体育学与民族学、社会学之间的交流与借鉴,共同向着更深层、更广阔的方向发展。

(二)将相关的国家政策制定出来

国务院于2006年公布了第一批国家级非物质文化遗产名录,其中包括蒙古族搏克(内蒙古自治区)、少林功夫(河南省登封市)和聊城杂技(山东省聊城市)等17项民族传统体育项目。

我国民族传统体育属于非物质文化遗产,具有传承性、民族性、地域性、流变性、独特性、综合性等特征。非物质文化遗产的具体内容是各族人民世代相承的、与群众生活密切相关的各种传统文化的表现形式和文化空间等。这是人类文化发展的宝贵财富,具有民族特色的精神和意识,起到丰富全球文化多样性的作用,得到社会的广泛关注。

(三)将高新科技运用其中

当今社会,信息技术高度发达,可以用信息库的形式保存、保护民族传统体育文化。通过现代科技手段对民族传统体育文化中的各个环节加以数字化保留,并将其纳入"中国非物质文化遗产数据库""中国非物质文化遗产影像档案"等系统,并充分利用多元性的全球文化,获取更广泛的社会保障,不断积累中华民族传统体育。然而,民族传统体育又绝对不能仅仅依托于数字化被动储存,因为它作为文化的一部分,只有在不断发展中才能彰显其生命力,所以应主动地保护和拓展非物质文化生存的空间,使民族传统体育具备良性的生存和发展环境。

(四)做好相关人员的培养与培训工作

民族传统体育的保护必须重视相关人员的培养,培养一批具有业务专长、熟知民族政策与民族习俗的人员,具体包括传者、受者及管理干部三类人员的培养。

传者是保护民族传统体育文化的首要环节。民族传统体育文化的保护要求传者必须融会贯通地掌握传播理论和传播手段,为了提高传播和保护的效率,实施传播时主要通过现代教育的方式进行。传人的职业道德十分重要,传人不可以有狭隘的保守意识,否则会使传承的资源截流。在民族传统体育保护过程中,传者的传授水平及道德素质的培养十分重要。

受者是传承和保护民族体育文化的重要部分。受者具有规模庞大、分散居住、流动性强等特点。民族传统体育文化的部分受者仅仅生存在一个特定地域,接受信息资源有限的资讯,即受者具有"小众""分众"的特征。要重点培养受者对中华民族传统体育文化的情感。目前中华民族传统体育面临的迫切任务就是引发受者的喜爱。民族传统体育应该以传统为根基,以不同民族群众志趣为出发点,以创新为动力,使民族传统体育文化焕发时代活力。

管理干部在民族传统体育文化的保护中起着重要的作用。民族体育现代化、科学化、社会化发展的实践表明,传统体育的师徒传承方式已不能满足现实的需求。需要民族体育管理干部长期深入民族地区进行宣传、普及、提高工作。因此,尤其要注意培养少数民族体育干部,因为他们与民族群众有天然的密切联系,深谙本民族、本地区的风俗习惯,有利于我们更准确地执行党的民族政策与体育方针,使民族传统体育的发展逐步走向正轨,得到振兴与繁荣。

二、对于民族传统体育文化的产业化发展是有所助益的

要达成这一目标,需要做好以下几个方面的工作。

(一)健全相关法律法规

民族传统体育文化的产业化发展主要包括两种模式,一是市场主导型;二是政府参与型。在社会主义市场经济体制下,主要采用政府参与型的产业发展模式,这是由我国的基本国情所决定的。因此,必须充分发挥政府在民族传统体育文化产业化发展中的作用。发挥政府的作用,就要为民族传统体育文化产业发展确立目标。目标确立后,政府应出台相关的扶持政策,采取发展民族传统体育文化产业的措施,将民族传统体育文化产业确定为体育产业发展的重点。另外,政府对民族传统体育文化产业进行扶持,还必须要健全和完善相关的法律法规。只有健全与完善民族传统体育文化市场的法律法规体系,才可以对市场起引导、规范作用,才能为民族传统体育文化产业化发展提供良好的环境。

(二)将民族传统体育俱乐部制有效实施起来

在体育自身的发展以及人类物质文明与精神文明的不断提高的条件下,体育的许多特有的功能和作用逐渐被挖掘出来,并得到充分的发挥,体

第九章 民族传统体育文化体系及其现代化发展研究

育俱乐部的数量和会员迅速扩大也得益于此。体育俱乐部逐渐成为有效开展和经营体育活动的主要组织形式,并风靡世界。改革开放以来,在计划经济转向市场经济的过程中,国家的政治、经济发生重大变革,我国的体育俱乐部就是在这样的背景下兴起的。体育俱乐部一定程度上反映了社会的进步和体育改革与发展的方向,因为它是体育改革的产物。中国体育未来的发展必然有体育俱乐部的伴随。

民族传统体育在我国社会主义市场经济发展的背景下逐渐走向市场。民族传统体育文化要想成为世界性的体育项目,要想与世界范围内的体育运动相互交流,就必须走实行俱乐部制这条路。民族传统体育实行俱乐部制不仅有利于传播我国优秀的民族传统文化,也加速了民族传统体育文化社会化与产业化的发展历程。

具体来说,实行俱乐部制对于民族传统体育文化的产业化发展体系的科学构建有着非常重要的作用和意义,具体可以从以下几个方面得到体现。

(1)能够满足人民群众日益增长的民族传统体育健身、娱乐、观赏等各方面的需求,为民族传统体育文化的产业化发展吸引更多的消费群体。人们对民族传统体育的要求随着物质生活水平提高和健身娱乐方式的多样化也越来越高。俱乐部可以帮助人们实现健身娱乐的需要,人们也可以通过俱乐部观赏到有价值的民族传统体育比赛。因此,实行俱乐部制能够提高民族传统体育比赛的观赏性,帮助人们实现观赏的需要。

(2)可以通过俱乐部的组织形式吸引更多的民族传统体育文化爱好者,使爱好者在俱乐部接受专业系统的训练,俱乐部就成为为民族传统体育文化产业化发展培养后备人才的重要场所。

(3)能够加速民族传统体育文化在世界范围内的广泛传播与交流。实行俱乐部制,民族传统体育文化就有机会走向世界,成为世界性的体育文化。在国际上传播我国民族传统体育文化,也意味着传播我国优秀的民族文化。民族传统体育文化在世界范围内的传播与交流主要有两种形式。第一,向国外输送优秀的民族传统体育教练员与运动员,互派访问团与表演团,创办国际性的职业运动员和教练员培训班。第二,借助文化形式,如民族传统体育文化节等,在国际开展广泛的交流,使之成为全球性的优秀文化。

(4)能够促进社会经济的繁荣发展。俱乐部获取经济利益、促进经济发展的主要途径是收取门票、广告费、网络转播费和运动员转会费及相关费用,俱乐部同时带动了电视业、广告业、服装业与器材业等相关产业的发展。

(5)实行俱乐部制带动了民族传统体育服务业的繁荣。随着人们生活水平的日益提高,城市居民特别是大中城市居民的可支配收入也随之增加,因此对民族传统体育健身娱乐服务的要求也进一步提高。民族传统体育服务业便随之产生并快速发展。服务产业主要以盈利为目,有着广阔的消费市场。新型的民族传统体育俱乐部不仅为消费者提供民族传统体育服务,而且提供娱乐、餐饮、旅游等方面的综合服务,有效地促进了相关服务产业的发展。

综上所述,实行民族传统体育俱乐部制,能够加快构建民族传统体育文化产业化发展体系,带动相关产业的飞速发展。

(三)做好民族传统体育专业人才的培养工作

人才对民族传统体育文化产业的发展来说至关重要,尤其是在当今社会,产业采用的多为数字化、网络化的技术手段,并且是与拥有品牌优势和销售渠道优势的大型跨国公司展开生存竞争,竞争的胜负很大程度上取决于民族传统体育文化品牌的质量和拥有发展民族传统体育文化产业的人才数量。因此,应加大宣传力度,增加民族传统体育文化产业的吸引力,使更多不同领域的人才加入到民族传统体育文化产业的大家庭当中,各尽所能,逐步形成适应市场经济规律的运作形式和过硬的人才队伍。我国民族传统体育文化发展的现状需要越来越多专业人才的出现,培养民族传统体育人才是发展的根本保障。

(四)将有影响力的民族传统体育品牌创建起来

民族传统体育文化是我国的宝贵财富,所以,我们应积极研发实施品牌战略,提高民族传统体育文化产业的国际竞争力,促进民族传统体育文化产业的快速发展。目前,我国民族传统体育虽然跨出了国门,走向世界,也参与一些交流、表演和比赛,取得了一定的成绩,但其发展的状况仍不能令人满意。造成这种情况的原因是多方面的,如民族传统体育文化产业自身的宣传推广不够等,没能形成品牌优势是直接原因之一。民族传统体育文化品牌包含的内容很多,有民族传统体育工艺品、旅游用品、邮票书画、音像光盘等。民族传统体育文化品牌有很大的发展空间和发展潜力,关键在于我们要科学合理地开发。

如今,起源于古代的民族传统体育文化,随着中国经济的迅猛发展和国际地位的提高,走出国门,迈上世界舞台,得到长期、系统的发展。在世界上已形成了颇有影响力的品牌。例如,以为表现武术内容的文艺作品已经占有了重要位置,如《卧虎藏龙》《精武门》《少林寺》等影视作品。与电影的结合,提高了知名度,在世界范围内带动了新一轮的功夫热潮。

第九章　民族传统体育文化体系及其现代化发展研究

(五)对民族传统体育市场的发展起到积极的促进作用

市场化是民族传统体育文化发展的必由之路。民族传统体育文化产业化的发展需要诸多有关市场的有效配合。在现阶段我们要积极开拓民族传统体育文化的国内外市场，为民族传统体育文化的发展创造一个良好的环境。

1.民族传统体育技术培训市场

增加民族传统体育人口的主要方法是做好民族传统体育的技术培训工作。民族传统体育技术培训与产业市场是相互影响、相互促进的密切关系。主要表现在如下两个方面。

一方面，民族传统体育技术培训中，接受培训的人要购买相关书籍、服装和用品等，同时要参加多种民族传统体育比赛和表演等活动，这些需要购买的物品和民族传统体育活动对民族传统体育相关市场的活跃和发展起到了积极促进的作用。而且，民族传统体育技术培训还可以培养大批爱好者，引导他们进行民族传统体育文化产业消费。

另一方面，民族传统体育相关市场的发展反过来影响民族传统体育技术培训市场。例如，民族传统体育竞赛表演市场中精彩的表演与比赛或健身娱乐市场的发展可以带动更多的消费群体转入民族传统体育技术培训市场。

2.民族传统体育健身娱乐市场

能够对民族传统体育健身娱乐市场的发展起到积极的促进作用的措施有很多，其中，最为主要的有以下几个方面。

(1)对广大消费者进行积极的引导和培育

生产、流通和消费是民族传统体育健身娱乐市场运行的几个环节。民族传统体育健身娱乐市场的发展需要广大消费者的支持与保障，因为健身娱乐市场的发展在很大程度上由消费者的消费意识、消费动向和消费水平来决定。健身娱乐市场的发展主要考虑的经营策略是如何根据消费者的需要开发和利用民族传统体育资源。这个经营策略可以从两个方面实行。

一方面，提高人民的消费水平，提高消费水平首先要提高收入水平及生活水平，人们物质生活条件优越了，在民族传统体育健身娱乐这个行业中消费的观念才有可能萌生。

另一方面，民族传统体育健身娱乐市场要想扩大积累资金，加快运转，促进自身发展，就必须把握市场发展方向，准确做好市场定位，降低自身的成本,以灵活的价格面向各种消费者,逐渐吸引更多的消费群体投入健身娱乐市场,这样才能够多层次、多特色、多项目地开发健身娱乐市场,才能满足不同层次的民族传统体育消费者的需要,推动民族传统体育健身娱乐产业的快速发展。

(2)将相关法律和管理体制建立起来

没有形成符合市场运行规律的管理体制是民族传统体育健身娱乐市场还未充分发展的主要缘由之一。虽然我国有些省市制定了相关的地方法律法规,一定程度上也规范了当地健身娱乐业。但是,由于市场有自身的运作规律,必然会出现市场竞争与优胜劣汰,新生事物进入市场能否生存并发展要经过市场的长期检验才有结果,相关部门的管理只是起到了宏观导向的作用。谁投资、谁受益是管理民族传统体育健身娱乐市场的基本原则,对此,相关部门需要用必要的法律政策来维护和保障市场的稳定发展。

3.民族传统体育消费市场

当前,我国的民族传统体育消费在整个体育消费中所占比例还很小,因此积极开拓民族传统体育消费市场,扩大我国的民族传统体育消费水平非常迫切。这就要求我们充分发挥民族传统体育的吸引力,刺激消费,积极宣传民族传统体育的功能价值,以迎合人们对健康的需求。另外,民族传统体育中一些项目还具有防身作用并且动作优美,这都可以成为刺激民族传统体育消费的有利条件。只要充分挖掘民族传统体育文化的价值,就会形成有活力的品牌,吸引大企业、大公司参与到民族传统体育文化的发展中来,进一步促进民族传统体育产业文化的发展。

4.民族传统体育文化市场

在民族传统体育文化产业的发展过程中,民族传统体育文化市场的发展至关重要。一方面,要加强民族传统体育文化基础理论的研究工作,借助媒体宣传作用,积极引导民族传统体育文化的消费需求;另一方面,要积极开拓民族传统体育市场,形成以创新促市场发展,以发展推动民族传统体育创新的良性循环。

民族传统体育文化市场的类型非常复杂,主要包含有形产品、无形产品、物质产品和精神产品等,这使得人们在进行某种类型的民族传统体育文化消费的同时会带动对民族传统体育文化其他层次的需求。民族传统体育市场的开发具有文化先行性、潜在性、引导性的特征,因此文化规律成为制约民族传统体育文化市场的另一规律。由于民族传统体育文化产品及其服务价值的二重性及其消费特性,民族传统体育文化市场具有与一般物质产

第九章 民族传统体育文化体系及其现代化发展研究

品市场所不同的市场效益二重性——经济效益和社会效益。社会效益第一,经济效益第二。没有社会效益也就无从谈起经济效益。

随着社会的发展,民族传统体育文化产品的生产、流通、消费和服务呈现出了新的面貌,这与现代化的社会化大生产密不可分。大工业生产和现代的科技为民族传统体育文化的生产和服务活动的开展,创造了极为有利的条件,丰富和扩展了传播媒介、流通方式、消费方式。

(六)对民族传统体育文化产业的宣传和推广工作不可放松

政府还要加强政策的扶持,促进民族传统体育的推广与普及,把现代高科技运用到民族传统体育文化产业中,拓展全新的产业空间,提高民族传统体育文化产业的整体运作效率,为全面提高民族传统体育的国际化地位与社会影响开创一个新的起点。在宣传推广过程中,要注重民族传统体育文化的传播。民族传统体育其深厚的文化底蕴,越来越受到国内外学者的普遍关注,而且其深远的品牌价值也受到商界人士的青睐。在信息化年代,产业的发展、产品的宣传都离不开媒体。因此,民族传统体育也应通过现代化媒体积极宣传,而且要特别重视对民族传统体育文化的宣传与传播。

三、加快民族传统体育文化的可持续发展

可持续发展是民族传统体育文化发展的重要目标,要实现这一目标,需要从以下几个方面着手。

(一)有效促进民族传统体育的技术发展

促进民族传统体育的技术发展是民族传统体育文化可持续发展战略的核心,要大力继承与传播民族传统体育技术。同时要科学地进行挖掘、整理、改革并创新民族传统体育技术,使民族传统体育技术真正为民所用,扩大民族传统体育人口,积极发挥民族传统体育的健身、娱乐、教育等功能。

(二)将富有特色的竞赛体制建立起来

民族传统体育文化可持续发展战略的先导就是竞赛体制,体育练习与实践检验兼备是竞赛体制符合民族传统体育的技术特征的基本要求。富有特色的民族传统体育竞赛体制要符合如下两方面的要求。

(1)从形式上看,富有特色的民族传统体育竞赛体制不可与举牌评分等同,也不能与其中一些项目的给分方式一样。

(2)从内容上看,富有特色的民族传统体育竞赛体制不能局限于徒手技击对抗,还应当有技击较量。这样的竞赛体制可以使民族传统体育的训练方法得到充分发挥。

(三)举办多种形式的民族传统体育竞赛

通过组织和举办一些民族传统体育竞赛,不仅可以为民族传统体育的产业化发展做宣传,而且还能提高运动员的训练水平。目前,散打王争霸赛就是民族传统体育值得借鉴的范例。除此之外,民族传统体育也要在合理规则的引导下,通过比赛带动相关产业发展,进而促进民族传统体育的可持续发展。

(四)民族传统体育的科学研究工作要切实做好

理论的思维是民族传统体育站在科学最高峰的基础。中华人民共和国成立后,党和政府曾一度十分重视民族传统体育学科研究。但与现代化体育项目的科研成果相比,民族传统体育的科研工作还处于自发盲目的状态,民族传统体育理论严重滞后于实践,民族传统体育科研工作的第一步就是做好科学理论的研究工作,只有具备了完善的理论基础,才能规范民族传统体育技术,才能继承与创新民族传统体育,推进民族传统体育的可持续发展。

(五)民族传统体育工作者的经济收入要有所提升

在民族传统体育发展的过程中,要使广大民族传统体育工作者感到自己的工作具有一定的社会价值和意义。另外,民族传统体育在满足了实现自我价值的需求的同时,还能给民族传统体育工作者带来较丰厚的待遇、较高的社会地位,以激发他们更加强烈的责任感和使命感投入到民族传统体育工作中去。

(六)民族传统体育的改革与创新要进一步加强

民族传统体育的改革和创新是在继承与尊重民族传统体育文化的基础上进行的,改革与创新应保存民族传统体育的原有价值,进一步挖掘现代价值,开辟新领域,构建新形式,促进民族传统体育朝着多元化的方向发展。民族传统体育文化要走可持续发展道路必须经过改革与创新。

民族传统体育具有很强的现代社会价值,因此它的更新发展不能滞后于现代化发展,必须加强自身的改革与创新,完善自身体系和价值系统。加强民族传统体育的改革与创新主要从以下几方面做准备。

第九章　民族传统体育文化体系及其现代化发展研究

1. 将国家标准制定出来

由于民族传统体育的技术复杂,没有统一的规范,因此制定国家标准,促进民族传统体育的创新很有必要,制定国家标准要注意以下几点要求。

首先,制定统一的国家标准,重视民族传统体育文化内涵的发展。

其次,保留民族传统体育的特性,根据社会需求进行相应改造。

最后,保留民族传统体育的典型招式,增加民族传统体育的趣味性。

2. 科学构建民族传统体育创新体系

目前,我国民族传统体育的理论研究滞后于实践,构建民族传统体育理论创新体系,对民族传统体育的可持续发展具有重大意义。

民族传统体育的理论研究要突出学科研究的角度,要以自然与社会科学为基础,以民族传统体育技术为主干,突出重点,综合多学科。构建民族传统体育创新体系具体操作方法如下。

(1)运用生理学、解剖学、动力学、教育学等现代综合学科知识对民族传统体育进行详细诠释。

(2)在保持民族传统体育技术风格特点的基础上不断完善民族传统体育的技术体系,并根据不同的习武对象编排内容。

(3)完善民族传统体育的训练体系,统一民族传统体育的表演观赏性和技击性,在保留民族传统体育技击的前提下,充分表现民族传统体育的艺术特征。

3. 将民族传统体育现代化的创新模式创建起来

加强民族传统体育间的交流。一两个传统体育项目的发展不能代表整个民族传统体育的发展,只有多样化的项目共同发展才能促使民族传统体育全面发展。民族传统体育现代化的创新模式包括以下几方面:以科学的理论指导为基础;以正确的价值定位为前提;以开展竞赛交流活动为动力;以市场化、产业化、商品化发展为有效途径;以实体化和职业化发展道路为保证;以政府的支持与推广为保障;以实现国际化发展为最终目标。

4. 对民族传统体育文化与企业文化的有机融合起到积极的促进作用

民族传统体育文化的可持续发展不能忽视一个重要的文化载体——企业。充分发掘企业潜力,鼓励企业开展活动,有机融合企业文化与民族传统体育文化可以为民族传统体育文化的可持续发展创造新的突破口,主要原因如下。

(1)企业职工的素质相对较高。传承民族传统体育的方式一般都是民间家传,传承与推广人群素质参差不齐,譬如传承陈氏太极拳的主要是陈家沟文化素质较低的农民。相对而言,企业人群的文化素养较高,企业具有较高的市场竞争力,其员工多为大学生、研究生甚至学历更高。高学历人群掌握、理解、推广民族传统体育的能力都比较高。

(2)企业高层开展民族传统体育运动可以推动其发展。在快节奏的环境中,多数企业管理者都有颈椎病、肩周炎等职业病,这就需要民族传统体育活动的调节与改善,增强管理者的体质。

四、将学校在民族传统体育文化方面的传承作用充分发挥出来

要将学校有效民族传统体育文化方面的作用充分发挥出来,需要做到以下几个方面的要求。

(一)将民族传统体育的发展方向明确下来

民族传统体育取得更好发展的重要条件是在战略上给予高度重视,认清民族传统体育发展的方向。在现代体育全球化发展的同时,民族传统体育在一定程度上受到西方体育文化越来越多的冲击,并且导致部分项目已濒临消亡,这就要求中华民族中的一员,尤其是民族传统体育的研究者和领导者,一定要肩负起民族传统体育发展的历史重担,采取相应的积极措施,切切实实地搞好民族传统体育文化的传承和发展,促进其全面发展。

学校是民族传统体育发展的重要场所,这就要求各相关部门要积极努力挖掘地方民族体育资源和特色项目,并且将这些民族传统体育引入学校体育教育课堂中,使学生有更多的机会受到民族传统体育文化的教育和熏陶,从而激发起他们对民族传统体育文化内涵的深入了解和认识的兴趣,使他们民族传统体育文化的内在品质得到进一步提升,让具有时代色彩和现代人文精神的民族传统体育,立足于世界文化之林。

(二)进一步健全民族传统体育教学机制

学校具有自身的功能与优势,其主要责任表现为:汲取各民族传统文化精华、促进民族团结、培育人才与传承文明等方面。随着现代社会休闲时代的来临,传播并倡导区域性传统体育活动,使之成为不同区域和人群的健身方式,将对人们的健康产生非常大的促进作用。

在现代社会经济条件下,学校有义务为所在地的经济、社会和文化的发展服务,各相关职能部门要根据当地的实际情况,有针对性地制定各种政

第九章 民族传统体育文化体系及其现代化发展研究

策,采取各种相应的措施,建立和健全民族传统体育在各个学校的发展机制,从而使其在学校体育发展中应有的地位得到有力的保证,进而使各学校开展民族传统体育教学与训练的积极性得到有效调动,为尽早形成有利于我国民族传统体育发展的良好的学校体育文化氛围创造有利条件。

(三)通过各种途径有效增强民族传统体育的师资力量

加速民族传统体育师资建设,增强民族传统体育的师资力量是促进民族传统体育在学校体育中普及与提高的必要措施。从当前的情况来看,我国学校体育中的民族传统体育的人才匮乏,师资力量薄弱。具体而言,可以通过以下四个方面来加强民族传统体育师资力量的培养。

1.将民族传统体育学科建立起来

20世纪80年代中期,我国就已经进行了民族传统体育学科的课程开发实验。但发展至今,开发民族传统体育学科还处于探索和总结经验阶段。随着社会的不断发展与学校体育教学改革的日益深化,以及体育教师自身追求和谐完美发展需求的日益高涨,在学校建立民族传统体育学科,增强民族传统体育师资力量就成为民族传统体育教学进一步发展的必由之路。具体就是培养具有主辅修专业经历的民族传统体育教师,鼓励体育教师能够将其知识和经验熟练地运用到实践中来。

2.使教师的理论知识和实践水平得到整体提升

在学校民族传统体育教学中,体育教师在传授民族传统体育文化中起到主导作用,体育教师指导、鼓励并评价学生对民族传统体育知识、民族传统体育技术的学习和掌握情况。体育教师的职责不仅是把我国优秀的民族传统体育文化传授给学生,而且应该培养学生树立起关注身心健康、增强体质是一种社会责任的观念,并指导学生通过学习民族传统体育达到科学健身的效果。因而发展学校民族传统体育师资力量需要提高现有教师的民族传统体育理论知识和实践水平。具体可通过各种培训班、学习班、研讨会等形式来提高民族传统体育教师的专业技术和理论水平,为我国民族传统体育的继承与推广工作创造条件。

3.学校适当聘请民间艺人教学

目前,许多民族的传统体育文化面临着失传、消亡的现象,学校作为培育人才的主要阵地,应该积极探索民族传统体育文化的师资培养方式,从而提炼出民族传统体育文化教育资源的传承模式。学习可以适当聘请民间艺人参与学校体育教学工作,请民间艺人定期给学生传授传统体育项目。学校可以利用民族传统体育文化课、特色活动和课外活动等时间聘请民间艺人给学生授课;也可以对民族传统体育教师进行授课;还可以把现有的民族传统体育方面的一些专家培育与扶持成我国学校民族传统体育教学的一批新的体育教师,使之能够成为今后学校中的民族传统体育教学的师资骨干与精英。

(四)建立健全民族传统体育竞赛体制

定期举办的民族传统体育运动会和单项邀请赛等,对于各学校开展民族传统体育项目原动力的激发,以及有效的训练、比赛周期的形成都有积极的促进作用,能够使学生的兴趣在课外得以继续延伸和发展得到有力的保证,这样可有效地引导和激发学生的参与热情,使民族传统体育的普及、发展和运动技术水平的提高得到积极的促进,进一步增强其观赏性和吸引力。

建立和健全民族传统体育的竞赛体制,途径有很多,但要注意与实际情况相结合,这样才能够取得较为理想的效果。具体来说,可借鉴和采用其他已发展的比较成熟、已形成自己独特体系的运动项目,并且与民族传统体育的具体实际紧密结合起来,从而走出一条与自己的发展相适宜的竞赛体制道路。

(五)民族传统体育教学经费投入力度要进一步加大

当前,半途而废、中期流产的现象在我国民族传统体育课程开发过程中已经普遍存在,主要原因有课程开发实验得不到支持,实验条件不能满足,经费不足,研究人员与实验学校不能协调等。有些学校领导听到一些负面评价就对课程开发失去信心,便开始减少经费投入、撤销科研人员,甚至停止开发课程。由此可见,资金短缺在很大程度上限制了民族传统体育在学校中的发展,因此要加大民族传统体育课程建设的资金投入。增加民族传统体育教学经费投入要做到以下几点。

(1)要保证重点民族传统体育项目的资金投入力度,重点发展比较成熟的民族传统体育项目,从而能够从整体上带动民族传统体育项目的发展。

(2)要兼顾一般民族传统体育项目的资金投入,并使其也能得到开发和发展。

(3)注意改善民族传统体育的场地和设施状况,在未来体育场馆的建设中考虑增加民族传统体育场馆,从而在一定程度上满足民族传统体育教学的需求。

第九章 民族传统体育文化体系及其现代化发展研究

第四节 民族传统体育文化体系的科学构建

一、民族传统体育文化体系科学构建的原则

在构建民族传统体育文化体系时,一定要保证其构建的科学性,因此,这就要求首先必须遵循相应的原则,具体如下。

(一)保持"民族性特质"原则

不同民族的文化发展体系也是有所差异的,不管是哪一个民族,都不可能将自己的文化体系强加于其他民族,这主要是由于文化体系是特殊族群在不同的社会环境、历史背景等迥异的条件下产生与发展起来的。所以,文化体系能够将"一种文化特质、内容相互结合时的特殊形式"充分反映出来,同时,这种特殊形式也能够将各种不同文化内容的结构性特征反映出来,并且能够将其与其他民族、其他地域或国家的文化区别开来。文化体系所体现的文化特质就是一个民族独有的特色,以此达到实现"具有鲜明地区有别于其他民族、区域和国家的文化"的目的。

由此可以看出,对于民族传统体育文化发展体系来说,将民族传统体育的"民族性"特质确定下来是首先要做的重要工作,因为只有在这种理念的指导下,才能够保证文化体系构建的客观性与科学性,使其与实际情况相符。否则,发展民族传统体育的美好愿望,则会成为空中楼阁。尽管全球化发展浪潮在不断地强化,体育文化作为较早实现这一目标的文化分子,也已基本实现了全球化的雏形(成为奥林匹克运动会项目),但承载着完全民族文化情结的民族传统体育文化,它的根基和表演平台却始终与民族的文化、政治、民俗、宗教、礼仪、道德等有着较为紧密的联系。作为原创文化的民族传统体育,其与民族性格、地域环境也有着较为紧密的联系。因此,在构建民族传统体育的文化体系时,首先应该对其发展进程中的"民族性特质"保持和延续进行重点的考虑。只有这样,才能够使民族传统体育发展的根基更加巩固和坚实。所谓保持民族传统体育的"民族性特质",主要表现在两个方面:一方面,应该在其产生、发展的环境中,选择其更好的发展途径,也就是要保持其"区域民族特性";另一方面,在向外文化渗透、碰撞和融合的进程中,保持民族传统体育的原创文化精髓。

因此可以说,建立"继承和发扬民族传统体育时,要想实现真正民族文

化复兴"的最重要的理念,保持民族文化的鲜明特色是其重要保证。

(二)"文化筛选"原则

原创文化在实现文化当代性的变迁,就是文化发展的实质,换句话说,这就是文化学者所阐述和证实的"文化具有变迁性"。文化同时具有稳定性和变动性的特点,其中,稳定性是相对的,变动性是绝对的。所谓文化变迁,是指文化特质、文化模式、文化结构在内的一切文化上的变化。[①] 从社会学理论的角度上来说,文化的变迁是社会进步和发展的主要动力,同时,其也是文化得以存在的形式和基本属性。将原创文化融入现实社会中,并与现实社会的发展背景、外来相关文化进行全面的或部分的接触与碰撞,进而在接触与碰撞过程中形成鲜明的现代社会意义和价值对比,从而实现民族传统文化的当代转型与变迁,是文化变迁的实质所在。文化的筛选过程是在对民族传统体育文化再认识和发掘过程中建立起来的,同时,其还提出了一定的要求,即在这一过程中找到一个新的民族传统体育文化与社会发展相适应的结合点。这一点对于我们构建民族传统体育发展的文化体系起着非常重要的作用。

我国的民族传统体育项目种类繁多,据统计,可达977种之多。这样的数量和分布将文化发展的物质基础和庞大资源系统充分体现了出来。但是,由于我们国家和民族发展历程的特殊性,民族文化在过去的历史时期较少地与外来文化进行交流和碰撞,在民族体育中原创文化的含量仍占有较大的,甚至可以说是其重要的决定性因素。我们民族长期闭关自守的文化发展体系,仍保持在农耕文化的社会发展水平。因此,在庞大的民族传统体育项目中,负载不同民族、地域文化特色的现实也就成为历史的必然。在众多的民族传统体育项目里,其传统成分在很大程度上决定了文化内涵、运动形式、运动器材和运动场所以及参与运动的主体,都或多或少地保留着封建的、不科学的或与现代社会发展不适应的成分。从现代意义上来说,这些成分的存在与时代和社会发展潮流是不相符的,在一定程度上阻碍了民族传统体育现代转型和发展,是民族传统体育文化中的糟粕,是需要被抛弃的。所以,发展民族传统体育,实现现代意义上的民族传统体育发展,坚持文化发展过程的筛选原则是非常重要且必要的。

文化的筛选,现代文化意义上变迁的实现,并不是所有的民族传统体育文化都能够在同一个时期发展成为理想的现代文化或者世界文化。这主要

---

① 王岗,王铁新.民族传统体育发展的文化审视[M].北京:北京体育大学出版社,2005.

第九章 民族传统体育文化体系及其现代化发展研究

是由于尽管文化的全球化趋势越来越明朗,越来越迅速,但文化的融入和变迁是需要环境和时机的。文化的现代化发展是在一定基础上建立起来的,其决定性因素是原创文化本身的现代价值。因此可以说,筛选必须坚持"古为今用"的思想,坚持文化发展的先进性特质,划清文化遗产中民族性精华同封建性糟粕的界限。只有这样,我们民族传统体育文化的发展,才能够保持其旺盛的生命力。否则,就会对民族传统体育文化的发展及其体系的建立产生不利的影响。

(三)重塑民族传统体育原则

当前,关于民族传统体育的重塑,应该对中国传统民族体育进行全面的分析与综合、解构与重构、发掘与扬弃、转化与创新,是最基础的理解。要完成这一目标,就要求必须以不断发展的社会观为指导,必须以体育的所承担的社会功能为出发点,以人的可持续发展为目的。通过现代体育观念的运动这一重要的理论基础,对中国民族传统体育实施解构、整合或重构。具体来说,应该做到两个方面的要求:首先,先进的西方体育思想、机制和观念指导民族传统体育的改良,即西方体育融入民族体育之中使之中国化;其次,加快中国民族传统体育的现代化的进程。

只有坚持用科学的理论与方法对传统民族体育进行甄别、选择、更新和转化,才能使真正意义上的民族传统体育的复兴得以顺利实现。

民族传统体育重塑,必须坚持体育服务大众、服务现代社会的发展改良观。同时文化的可同化观、可融合观也是必须要建立的,否则,一定会使民族传统体育的当代社会效用和文化效用有或多或少的减弱。

在民族传统体育的重塑过程中,一定要对传统体育中存在的阻碍民族传统体育健康发展的因素有充分的认识。作为转化和发展对象,其自身由于历史的积淀,构成民族体育要素的成分是非常繁杂的。由此表明,我们必须对民族传统体育的自身结构中存在着精英文化和糟粕文化、主流文化和非主流文化,存在学术文化和大众文化、官方文化和民间文化,同时亦存在着本土文化和外来文化之分的现实情况予以承认。今天的民族传统体育与19世纪前的纯民族传统体育已经有着较大的差别,其表现形式和内容在经历20世纪西方体育理论和方式影响和改良后,已经形成了最新的,具体表现为既有本土体育的主要成分和精髓,也包含着外来文化的因子。

民族传统体育资源中有合理科学的成分,有适应社会发展的积极因素,这是事实,也已经被承认。但是,关于民族传统体育如何发掘、利用这些资源和价值,当前还没有一个统一的说法。通常情况下,就体育发展的趋势而言，应当对民族传统体育从形式、作用、内容等多方面进行挖掘、整理、阐释、转化，从而使民族传统体育成为世界体育的一个有机组成部分，在将其民族特性显示出来的同时，也将其鲜明的世界特性表现出来。

二、民族传统体育文化体系科学构建的策略

科学构建民族传统体育文化体系，仅仅遵循科学的原则是远远不够的，还需要有针对性和目的性地采取相应的一些策略，具体表现在以下几个方面。

(一)将民族传统体育是民族文化的重要组成部分的坚定信念树立起来

中华民族在漫长的文明历史演进过程中，创造出辉煌灿烂的文化，我们引以自豪。民族传统体育中的哲学思想博大精深，内容极为丰富，形成了独立的体育体系，这主要是由于其以中国所特有的思维方式、理论形态、价值取向、精神意境和语言风格为指导。作为民族文化的遗产，民族传统体育弥漫于整个社会的存在，在老百姓的日常生活之中得到了更多的体现。在很久之前，人们习以为常的社会交往、家居生活、礼仪风俗、衣食住行、休闲游艺等都在很大程度上体现着中华民族丰富的想象力和智慧，而且世代相传。对于民族传统体育而言，在漫长的历史发展长河中，已形成了具有深厚文化底蕴的、发展成为体系的、具有代表性特征的民族传统体育项目，它们在中国文明史上扮演着重要的角色，承载着丰富的历史信息，成为中国五千年文明的一种象征。

民族传统体育具有非常重要的作用和意义。"传统体育如同一个容量巨大的容器，浓缩着大量极为重要的文化内容，其所表达的文化信息的方法程度是常人难以想象的。"因此，民族传统体育这一经久不衰，生命力极其旺盛的文化的存在，充分说明它具有鲜明的当代价值，拥有适宜的生存环境，具有文化继承的广泛受众土壤，能够将我们民族传统体育自身的民族文化价值充分彰显出来。

江泽民同志在哈佛大学讲演时对文化曾做过如下的论述："阳光包括七种色彩，世界也是异彩纷呈。每个国家、每个民族都有自己的历史文化传统，都有自己的长处和优点，应该互相尊敬，互相学习，取长补短，共同进步。"由此可以看出，要进一步促进体育全球化背景下的民族传统体育发展，首先，应该建立足够的信心，将民族传统体育是民族文化的重要遗产这一坚实的理念确定下来，并且坚信民族传统体育同样具有鲜明的普世性。

(二)将传统体育发展中的变与不变相统一的原则有效结合起来

文化自身的两重性,对文化发展中总是有变与不变两个方面起着重要的决定性作用。文化不是僵死的,而是发展的。萨林斯在《再见悲哀的比喻:在世界近现代历史背景下的民族志》一文中指出:"在近现代历史上'传统'往往表现为一种变化的文化特殊方式。"[1]一个社会、一个民族传统文化的延续包括两个方面,一个是继承,另一个是创新和发展,不同文化的交流和互动、融合与吸纳是构成该文化创新和发展的一个重要方面。在西方体育全球化的发展过程中,发端于古希腊的现代奥林匹克运动,它得以在世界范围复兴和广为接纳,是因为其发展过程不是"古奥运"的重复,而更多的是赋予了"古奥运"以新的意义。

要想更好地理解和认识民族传统体育,首先应该确定一点,就是我们所处的环境已经跟过去有了较大的差别,今天的民族传统体育的发展是在体育全球化的文化发展环境之中。如果我们仍坚持传统所设定的固有环境,并不断地实施传统意义上的发展,我们的视角就会变得毫无生气和僵死,那么研究的意义就毫不存在了。

当前,民族传统体育有了一定的发展,首先,要对其自身所带有的原时代性、地域性和民族性的内容,并且其会随着时代的变迁、地域的转移而发生变化予以承认;同时,还要承认在与不同文化的交流中,在异质文化的影响下,其内容和形式也会发生一定的改变。如竞技武术竞赛方式的产生,花毽变为毽球运动,这就是我们应该认可的"变";但是,需要强调的是,文化又是稳定的、延续的。在不断的发展变化中,文化中具有普遍性的内容会在发展中保存和延续下来,成为贯穿整个发展过程的基本精神、基本特点,形成文化的传统,这就是我们应该追求的"不变",就像奥林匹克运动的精神和理想是亘古不变的一样。

追求民族传统体育发展中变与不变的统一,实现民族传统体育本身"其具有普遍意义的精神和内容是不变的,其具体内容和形式则是变动不居的"目的。

(三)正确认识民族传统体育的两重性特点

从文化学理论的角度上来说,文化具有两重性是被承认的。不论是我们所讲述的"全球化的文化",还是我们所认可的"民族传统文化",都存在着

---

[1] 王岗,王铁新.民族传统体育发展的文化审视[M].北京:北京体育大学出版社,2005.

文化的两重性。

随着历史的发展,文化也得到了一定程度的发展,不同时代的文化也有所不同,每一个时代文化都有它的时代特点,这是文化的时代性;同时,不同时代的文化之间又有其共性,正因为有这种共性,才形成了世代延续的传统,这是文化的普遍性。从地域和民族的相互关系方面看,不同地域和民族的文化各有其特点,这是文化的地域性和民族性;而不同地域、不同民族的文化之间也有其共性,这是文化的普遍性,正因为有这种普遍性,才有作为一个整体的人类文化的发展。由此可以看出,所谓的文化的两重性,具体表现为三个方面,即文化的时代性、民族性与普遍性。

不管是什么样的文化形式,都会具有时代性、民族性与普遍性,在民族传统体育文化系统内,也存在较为鲜明的两重性。就我们中华民族传统体育内部本身而言,由于我们国家民族组成的多样性,民族传统体育也同样具有它的两重性。不同区域的民族传统体育项目,其发展的要因应归属于不同民族集团的人的民族意识和社会生活状况及其变革。汉民族与少数民族由于聚集地区的不同,社会发展不平衡,并受本身的生产方式、自然环境、历史发展阶段以及民族文化传统等的制约,导致不同形式和内容的民族传统体育项目的产生,而这些个性明显的体育项目,在其发展形成的过程中,又不断地受到中华民族中外来区域和其他民族文化的影响,所以其民族传统体育的内容呈现出既有整个中华民族体育文化的组成部分,又有本区域、本民族传统方式和社会发展水平的承续与演进;既受中华民族整体先进文化和社会发展的影响,呈现出共同发展的时代性,也表现出本地区、本民族固有特质和生产、生活方式以及水准的体育文化特征。

总的来说,我们在体育全球化的发展进程中,对民族传统体育的两重性进行全面深入的认识具有非常重要的作用和意义,具体表现为对我们更好地分析发展它在当代和未来社会发展过程中的时代性、民族性和普遍性具有积极的促进作用。

(四)坚持民族传统体育发展中的多元一体化理念

民族传统体育是在体育全球化的发展过程中发展起来的,因此,不能以主观的意识支配和制止体育的全球化发展,来营造发展民族传统体育的环境和空间。全球化进程中的体育全球化发展是一种历史的必然,这是我们必须承认的。当前,在西方体育全球化发展与民族传统体育的发展中,发展民族传统体育亟待解决的关键问题是,如何将全球化背景下的体育文化的多元一体化问题处理好,如何将民族传统体育内部的多元一体化发展问题处理好。

第九章　民族传统体育文化体系及其现代化发展研究

文化界对于文化的多元一体化已经形成了广泛的共识,即文化存在本身的多元化。从文化的角度上来说,所谓"多元化"主要表现在两个方面:一方面,表现为具体文化形式和风格的多样化;另一方面,表现为实质性内容——坚持主体、坐标和取向之间的异质性、异向性。人类文化一直呈现出以民族主体形式为代表的多元面貌,这是众所周知的。不同民族、国家、地区甚至行业的人们各自是自己一定特殊文化的主体,彼此之间不能够完全归结和替代,这是一个普遍的、基本的历史事实。

从体育全球化与民族传统的发展方面来说,尽管在过去的100多年里,民族传统体育在很大程度上受到西方体育的影响,从而使得一部人对此有了这样的认识,即民族传统体育在本民族生存的环境中,在20世纪末快发展到了被西方体育"殖民"的境地。但是,我们也应看到,100多年的中华民族传统体育在与西方体育的碰撞、互动和融合的过程中,已逐步实现和体味出它的世界性和全球性历史,它的生命的延续和在世界范围的传播及普及推广(尽管程度不高),仍有着自身的内在的发展逻辑。尽管受到西方体育全球化较大程度的影响,使民族传统体育受到来自各方面的挑战,但是,不可否认,它仍有存活的理由,仍能够在我们的文化生活中占据一席之地。

从上述内容中可以看出,体育发展的多元一体化的现实得到了充分体现。就像竞技体育的飞速发展,并不阻碍群众体育发展一样,竞技体育发展空间增大的同时,群众体育不会因此而失去和缩小自身的生存环境。因此,我们应该承认传统,但我们不能守旧;我们应该承认民族传统体育发展中的一体化进程中的革新和改良,但我们也必须认可一体化是建立在多样化基础上的发展。尽管民族传统体育发展中的多样化是不可更改的,但民族传统体育在体育全球化进程中一体化是一种必然。

第十章 现代体育文化体系的未来发展前景

当前,体育文化已经作为一个重要的文化形式得到广泛的发展和推广,并且已经取得了一定的发展成效,由此可以预知未来的体育文化体系不仅会得到科学的构建,还会得到进一步的拓展,会更加健全。因此,现代体育文化体系的未来发展前景是非常理想的。具体来说,其可以从其总的发展走向,以及整合发展、全球化发展和产业化发展几个方面得到体现,由此能够对现代体育文化体系有整体和具体的了解和认识,有助于体育文化体系的更好发展。

第一节 现代体育文化发展的未来走向

现代体育文化的未来发展走向,主要可以归纳为以下几个方面。

一、逐渐趋于国际化

在东西方体育文化的交融中能够在一定程度上将体育正国际化的发展方向体现出来。大型的赛会不仅为这种体育文化的交流提供了较为良好的机会。而且也为东西方体育文化的交融提供了理想的舞台,这就在一定程度上对体育文化的发展起到了积极的促进作用,从而使体育文化得到较好的发展。由于世界统一性和系统性的存在,各民族要交往,在这样的情况下,体育就成为一个良好的媒介,为此提供了很好的机会,不同国家、民族、文化在体育舞台上往往会发生交流、碰撞、整合,尽管这种冲突存在着一定的消极因素,但同时其也存在着积极的因素,从而为体育文化的发展奠定一定的基础。如奥林匹克文化已经被世人承认,那么奥运大家庭就会不断扩充,而且许多国家和地区的一些特色项目也通过奥运会逐渐走向世界。因此,可看出体育文化正在朝着国际化的方向发展。

第十章　现代体育文化体系的未来发展前景

二、"人文化成"创造性趋势越来越显著

自然、社会、人是人类文化的三个作用对象,他们并不是独立的,而是交织在一起的。人在社会的存在,同时具有自然属性和社会属性两大属性。体育文化是通过肢体运动体现的一种文化形式,这种文化具有较为显著的特点,具体来说,主要从以下两个方面得到体现:一方面,满足有机体的需求为目的,并在此基础上通过对人自然属性的改造来对人社会化进行塑造,同时它的精髓与感染力也在较大程度上影响着人类的物质与精神世界;另一方面,它不仅与人的心灵与情感有着一定的联系,同时也在一定程度上影响着人的意识与行为,而且在社会中的体育活动也被赋予各种价值。人类通过文化的创造过程(即所谓"人文化成")为自身创造,并且进一步创造独特的生存世界,并因之发展完美人类自身。体育的形成本身就是人类文化创造的结果,人类创造了体育文化,体育文化也在一定程度上促进人类自身的发展,在体育文化产生和发展过程中贯穿着创造这条主线。由此可以看出,对自然现象不断认识、改造、点化、重组和不断创造的历史,就是体育文化发展的历程。

三、重健身、完善人类自身的趋势越来越显著

发展完善的人体是体育在文化中所实现的根本物质产品。体育文化中表现出来的最高精神产品,就是人的智慧。在文化结构中,体育是人类全面和谐发展的重要成分,人类通过参与体育文化塑造活跃的人体,在物质与精神综合的文化意义上人体的健美便是顶点。从原始人的活动中,体育就已经开始逐渐起源并发展起来,如为了生存必须掌握一些走、跑、跳、投的技巧,还有一些与生活相关的内容,如祭祀、狩猎前和欢娱时的舞蹈,实际上,这些活动都属于体育活动的范畴。伴随第一届古代奥运会的开幕,人们的价值取向已经发生了较大的变化,人们对参赛者引起了重视,并且将冠军视为英雄。在这种狂热的追逐中,也使得体育文化的内涵发生了一定程度的变化,充分体现出了其重竞技的特点。在这样的环境下,不少选手为了从比赛中获取利益,不惜铤而走险,通过各种卑劣的手段取得胜利,这时候,体育的异化现象开始出现,但是,随着社会的进步与人们认识水平的提高,人们对人体健美的重要性的重视程度越来越高。同时对于体育是增强体质的有效手段引起了高度的重视,所以大力推广体育健身,从我国推行的《全民健身》计划中就能够得到充分的体现,当前,"健康第一"已经成为现代学校体育的终极目标。

第二节　现代体育文化的整合与发展

一、体育文化整合的概念

实际上,文化整合是一个由人类不同文化彼此结合而成的体系。我国学者司马云杰认为:"文化整合,是指不同的文化相互吸收、融化、调合而趋于一体化的过程。"李荣善则认为:"所谓文化整合,是指不同的文化要素、文化系统相互适应、吸取、协调而趋于和谐或统一为整体的过程。"

上述内容便已经将体育文化整合的内涵较为清晰地展现了出来,体育文化整合就是不同体育文化特质或要素乃至于体育文化系统相互吸收、适应、协调达到和谐统一的过程。在这一过程中,体育文化规范与行为的相适合,不同成分的体育风俗制度在功能上的相互依赖及加强,体现了在各种意义中的一种逻辑的、情绪的或美感的协调。

体育文化在整合的过程会受到各种因素的影响和制约,其中,客观因素主要有政治、经济、环境、人口、民族迁徙、文化、语言、时间等方面,自身的主管因素影响也是不可忽视。自然环境是体育文化形成的物质基础,相同、相近的自然环境促使不同体育文化的融合。体育文化整合与政治、经济因素有密切关系。比如国家推行的一些民族政策,影响着各民族之间的体育文化交流,而经济的发展、技术的进步加快了体育文化整合的速度。不同地区、不同民族的人口大规模移动,造成不同体育文化的碰撞、交流和整合。先进文化具有强大的影响力,在体育文化整合中能发挥巨大的作用。先进文化是指各种文化中优秀、合理、符合时代要求的部分。语言是文化整合的重要媒介,它有力地推动了体育文化的交流与整合。体育文化整合绝不是一时一日而成的,它需要一个长久的过程,并且体育文化的整合是绵绵不绝的,没有一个终点。

二、体育文化整合的主要依据

体育文化的整合并不是自发而成,无缘无故地进行的,它必须要有一定的依据,其依据主要有以下几个方面。

第十章 现代体育文化体系的未来发展前景

(一)体育文化各要素的一致性

物质文化的时代性质需要具有相应性质的制度文化和精神文化,倘不一致,就必然导致文化整合的失败。所以,大工业的物质文化和绝对君权、特权人治下的体育制度文化是不能结合在一起的。

(二)体育文化的民族性

对于不同国家或地区的民族文化来说,都必须不断地交流与融合才能得到持续性的发展,通常情况下,如果外来体育文化在时代性上比本民族体育文化的层次要低,人们就只能采撷这些低层次体育文化的某些独异的有益的成分,来整合进本民族的体育文化之中,例如流行于西方现代社会中的迪斯科就源自非洲黑人的舞蹈。外来体育文化如果与本民族体育文化的时代性相同,那经过本民族的消化和吸收以后,也就融入了本民族的体育文化系统之中。外来体育文化如果比本民族体育文化在时代性上的层次要高,这种新的时代内容也必须通过本民族的形式来实现整合。在体育文化整合的过程中,民族性——民族文化心理的深层结构作为纯形式可以与新的时代内容相互交融,如果有形式与内容相冲突之处,将在体育文化整合的更深层次的基础上得到解决。

(三)人类心灵的共同祈向

人与自然的和谐、个体与人类的和谐、情感与理性的和谐等是人类长期发展过程中一直追求的主题,也是人类心灵的共同祈向。正因如此,才使得世界上各种优秀的体育文化能够成为人类共同的精神财富,成为世界各民族新的体育文化创造的营养,融入各民族的体育文化发展之中。在现代社会高速发展的今天,这种深层心理的相互影响和重新整合就格外明显。各民族的思想和情感方式处于潜移默化的相互渗透之中,并通过各种体育活动的表现形式和组织形式而体现出来。从某种意义上来说,体育文化整合就是一种融入民族血液的文化整合,这种整合对体育的发展,乃至整个人类文化的发展都具有重要的意义和作用。

三、体育文化整合的主要原因

各种不同的体育文化在整合的过程中难免会发生一定的冲突,与此同时,它们也会必然地相互汲取、融合为一体,即整合的一面。具体来说,体育文化整合的原因可以归纳为以下几个方面。

(一)体育文化自身价值

一般来说,不同的体育文化都有其自身独特的价值,当一种体育文化的价值是另一种体育文化所不具备的时候,它的价值就会被另一种体育文化所汲取,二者相互融合与发展。因此,体育文化是民族的、社会的或其他人类共同体验的结晶,都具有自身的独特价值。所以,当各种不同的体育文化相遇时,它们就会发生碰撞、融合与发展。如我国武术与泰拳、西方体操及拳击,它们之间存在许多相互排斥和冲突的地方,但在不少方面也有共通和合作之处:近代武术散手比赛就采用了西方拳击的点数计算法决胜负,这也是一种中西方技击的整合。中国近代马良借鉴体操的分段分节法首次把武术编成比较易学的"中华新武术",尽管其中有不可取之处,却也在一定程度上促进了我国传统武术的传播与发展。

(二)体育文化显著的适应性特征

在民族渊源不同、价值体系不同的文化环境下,体育文化的适应性经过相互接触、拒斥、涵化、协调的过程,彼此修正、吸收,最终整合成新的体育文化体系。这种整合不是各种体育文化机械地组合,而是相互吸收、融合而产生的一种新的体育文化。如中国的佛教禅宗文化中的武术文化成分,既不是纯正的印度佛教小禅文化,也不是地道的中国黄老玄学,而是两种文化相结合而产生的具有中国特色的禅宗文化。中国少林武术与禅宗文化的结合是中国道教养生术借用印度佛教小禅文化中的功法理论的整合。

(三)人类对体育了解和认识的思维方式

一种体育文化倘若具有较强的整合能力,那么无疑它就具有较强的生命力。反过来,如果一种体育文化内容非常丰富,越具有生命力,它的整合能力就越强,从而吸收其他体育文化的有益成分就越强,这是一个良性循环。无整合能力的体育文化是脆弱的,其生命力经不起历史的考验。有时候,因为交通不方便无法与其他体育文化交流和整合,所以交通便利与否也可以决定一种体育文化的生存能力,古代巴比伦和亚述体育文化便是例证。中国体育文化之所以具有无限的生命力,形成具有1 000多个体育项目的庞大而完备的体系,就是因为它在各个历史时期不断整合各民族体育文化特质的结果,其中仅仿生的拳种和养生术就不在少数,这与中国文化"天人相应""致中和"的思维方式是密切相关的。追求和谐是中国文化的精髓和首要价值,"和"是中国传统文化基本精神的集中体现。中国的和谐思想体现在运动项目上如武术、气功、导引等,在动作方法以及技术要领上更多体

第十章 现代体育文化体系的未来发展前景

现出身心合一、形神统一的特点。发展到现在,我国已经挖掘和整理出超过600项少数民族传统体育项目,汉族300多项体育项目,这彰显了中国体育文化的强大生命力和整合能力。而西方一些国家掀起的学习东方体育文化的热潮也是他们体育文化观念转型的结果。因此,体育文化的整合是体育文化不断发展的生命力。

在文化全球化发展的过程中,各民族国家走向世界的机会比以往任何时候都要多,文化的交流与融合得到了越来越多的体现,因此,寻找不同文化形态之间彼此协调发展的共同点,无疑是一种完善和补充。整合是体育文化完善和补充的重要机制。体育文化整合的重要意义在于它表现了人类在体育领域的创造力。学习、继承、积累,并从其他民族借取,即不断从异质体育文化中获得营养和活力,然后聚合成新的适应新时代要求的体育文化整体,使得体育文化变迁和发展得以实现。比如中国传统体育思想中所表现出的公正、诚实、仁爱、友善等观念,对当今世界体育竞赛中出现的兴奋剂和球场暴力现象无疑具有净化作用。[①] 而西方体育文化中讲竞争、提倡个性的科学精神也正好弥补中国传统体育中那种封闭、保守、缺乏竞争和个体进取的弊端。所以,在体育文化整合过程中,也体现出了体育文化主体即人的创造力。

在体育文化整合的过程中,这种整合现象并不是绝对化的。一个体育文化体系,即使是处在最孤立、最稳定的部落环境下,其内部也存在着大量的矛盾,这是正常现象,正是因为矛盾的存在,才促进了体育文化的向前发展。所以说,没有一种完全整合、绝对严密的体育文化系统。如中国近代在半封建半殖民的历史背景下吸收了西方体育,实现了一定层面的整合,但依然存在一些矛盾,而且很大程度上是形式的整合。甚至有学者认为,在晚清,体育上升到一门学科,并推广至学校,主要是迫于民族危机而向西方学习的结果。从这个角度上讲,中国近代体育与政治斗争联系密切,与民族解放、民族自强"同奏一曲",运动场成了双方意志与自尊的较量场,从而导致学校体育偏重于胜负而忽视体育的实际及精神。此外,由于照搬西方,在近代学校体育中几乎完全忽视了传统体育,几乎没有什么留存的空间;"军国民主义"的影响,致使比较活泼的田径、球类等项目没有进入学校课堂等。

体育文化整合是一个不断发展的过程,是一个逐步走向相对稳定的过程,是一个不断综合化的过程。体育文化整合的现象存在于任何时代之中,正因如此,中华民族的传统体育才得到源源不断的发展。世界上任何一个

---

① 李力研.奥林匹克精神与体育文化——一种东西文化比较的哲学视角[J].天津体育学院学报,2002,17(2).

国家的体育文化的发展都是如此。

四、现代体育文化整合的科学观念

现代体育文化整合是需要将相关的科学观念建立起来的,具体来说,主要有以下几个方面。

（一）全息观

体育是一种社会文化现象,它是人们社会活动的产物,这注定了体育文化与社会文化的不可分割性。一定时期的体育文化,是一定社会文化的全息反映,随着社会职能部分的逐渐分化,这种全息对应关系将更加广泛,更加细化。

体育文化对整个社会政治、经济等方面的发展都起到了重要的推动作用。随着社会的发展,体育也已经成为现代社会一种复杂的国际文化现象,体育文化正以全息的形式渗透社会文化的各个层次。所以,相应地,我们要以全息观的思维方式来把握体育文化。

（二）整体观

在进行体育文化整合的过程中,要把握好整体的观念。一个整体性的体育模式理论框架包含了体育科学、文化、人生发展三位一体。体育科学不仅影响着人们的价值观,而且影响着人类各种活动及其成果的价值的整体性,既包括主体性与体育文化的心理结构的构建,又涉及体育价值形成力与文化创造力的培养和教育。看待体育的整体性,要从主体的生理结构、心理结构和人格完整的多维视角,遵循体育的整体性与实施整体性体育的方法论原则。

（三）价值观

体育文化的整合要建立在正确的价值观的基础上,要以正确的价值观来统领体育文化的选择、评价和取舍。任何一个国家、一个地区或一个民族建构体育文化系统时都有对不同体育文化的选择机制,而其整合不同体育文化类型的根本动因就是价值观。比如,强调法制和竞争是西方社会最突出的特征。这样的价值观念,表现在体育竞技中就是重视体育比赛的竞赛规则。从田径、体操、游泳等众多的西方体育竞技项目中就可以看出,这些竞技项目大多讲究快、狠、猛,技法简单,重比赛效果。便于采用科学的量化标准来检验运动成绩,并适合运用相应的仪器来检验。因此,西方的竞赛规则大都直接明了、便于操作。再如西医曾经被视为正宗的科学,是人类治疗疾病唯一的方式。而自从中医传入西方后,人们发现中医中药对很多疾病的治疗作用是西医西药不可替代的。当前,各个国家的医学系统都逐渐认识到中医与西医的价值,能理性地看待这两种医学的优缺点,在对医学文化进行整合时以医学本身的价值为根据来取舍。在对待体育文化整合时也是同样如此。

五、现代体育文化整合的原则

现代体育文化整合,是需要遵循科学的原则的,具体来说,主要包含以下几个方面。

(一)求同存异

求同存异的基本内涵为:求同,就是要求在正视人类在文化利益根本一致的前提下,努力寻求和扩大两者共有的价值观,达到对人类体育运动所面临的一些重大问题上的共识;存异,则是尊重各自文化价值观的选择,同时保留各自的丰富个性和多样性。

各种体育文化之间存在着很大的差异,但又存在着许多共同的价值观,如在东西方体育文化之间,和平、公正是二者的基本点,促进人的完善和发展是二者的特征,塑造理想人格是二者的理想。当前,代表着西方体育文化的奥林匹克运动中出现的种种问题诸如商业化和职业化与奥林匹克理想的冲突、兴奋剂的滥用、决策中民主化的不足、规模过大、重胜负轻参与等都可以在西方体育文化中找到根源。奥林匹克运动中出现的这些问题是奥林匹克文化本身无法解决的,必然要从其他的文化形态中汲取有益的成分加以补充。深受儒、道、佛文化浸润的中国传统体育文化中所表现出的公正、诚实、仁爱、友善等观念,对当今奥林匹克运动中出现的这些问题无疑具有净化作用。所以,两种体育文化进行整合的首要原则是求同存异。

(二)唤醒文化自觉

所谓文化自觉,是指"生活在一定文化中的人对其文化有自知之明,并对其发展的历程和未来有充分的认识"。唤醒传统体育文化的自觉,就是要突出对传统体育文化的主体意识。随着文化全球化的发展,全球化与本土化基本是处于对立统一的局面。全球化推动了文化认同的潮流,而文化的本土化则推动了文化自觉。当今世界上一些发展中国家的民族文化之所以逐渐沦为西方文化的附庸,重要的一点就在于其跟着西方文化随波逐流,精神上丧失了"自我"。另外，全球化的文化互动对发展中国家带来的潜在危机可能是文化的"认同危机"，在文化上缺乏"自觉"，这会给发展中国家的传统文化的发展带来重大困惑。所以我们在进行体育文化整合时，为了避免出现以上两种不良倾向，必须唤起对本土传统体育文化的自觉，这就要求我们在认同本土传统体育文化的同时努力维护本土传统体育文化的特色和个性，保持本土传统体育文化在世界体育文化中应有的地位和价值。需要注意的是，在唤醒本土文化自觉的过程中，还要保持同其他国家或民族体育文化的交流与融合，吸取其他体育文化优秀的成分，从而更好地促进自身的发展。

(三)健全心态

健全心态，即健全对本土传统体育文化的心态。随着文化的全球化和奥运会的全球推广，人们对本土传统体育文化的心态更为复杂。有的人欢呼本土传统体育文化将进入新的繁荣时期，也有的人悲叹本土传统体育文化会走向消亡，还有人悲观地认为本土传统体育文化将会被外来体育文化特别是以奥林匹克文化为代表的西方体育文化逐步吞并。其实我们应该用一种理智、客观的眼光来看待在以西方体育文化为主导的世界体育文化格局下本土传统体育文化的发展，克服认识上的偏见，健全对本土传统体育文化的心态。这就要求我们在大力弘扬和发展本土传统体育文化时坚持本土传统体育文化的民族性。需要指出的是，坚持本土传统体育文化的民族性与本土传统体育文化的世界性是不矛盾的，因为民族性本身就含有世界化的规定，越是民族的才越是世界的。我们提倡民族文化迈向世界，本土传统体育文化与奥林匹克文化的整合，实际上是将奥林匹克文化民族化，将本土传统体育文化世界化。反之，如果无视文化的发展规律，无视奥林匹克文化全球化的时代背景，而把本土传统体育文化封闭起来，那么，必然会导致本土传统体育文化的停滞不前甚至失去留存空间。由此可见，健全对本土传统体育文化的心态，增进文化心理适应能力，是推动本土传统体育文化发展的关键。

(四)文化移情

所谓文化移情，即在跨文化交际中，交际主体自觉地转换文化立场，有意识地超越本民族文化的框架模式，摆脱自身原有文化的传统积淀和约束，将自己置于另一种文化模式中，在主动地对话和平等地欣赏中达到如实感受，领悟和理解另一种文化的目的。本土传统体育文化与外来体育文化整合过程中的移情就是指我们要有意识地摆脱本土传统体育文化对自身的束

第十章　现代体育文化体系的未来发展前景

缚和影响,站在外来体育文化的立场上与之进行交流和整合,从而能够淡化长期积淀的文化偏见,顺利实现本土传统体育文化与外来体育文化整合。

为了更好地实现体育文化的整合,需要做到以下几个方面的要求:第一,必须做到尊重和乐于体验并主动接受外来体育文化;第二,掌握与外来体育文化整合所必需的知识;第三,善于站在外来体育文化的角度去观察和思考问题;第四,能够按照新的行为模式和思维方式进行跨文化交流,达到整合的目的。

第三节　现代体育文化的全球化发展

一、体育文化全球化的基础知识

(一)全球化的内涵

要对体育文化的全球化加以剖析,首先要对全球化这一基础概念有所了解和认识。

"全球化"一词在 20 世纪 80 年代出现,"全球的"首先是一种空间上的称谓,"是地球在空间的位置的产物,是对生存的具体完整性和完善性的召唤,它不是把人类区分开来而是使人类抱成一团。"其实,这里也蕴含了一个全球化的前提,那就是全球化是对应于,当然也是开始于"非全球"的。这种非全球就是以空间地域割裂方式存在的民族、国家和地区。从"非全球"到"全球"显然意味着某种历史时代的"断裂"。全球化的"化"则表明从非全球到全球不是一蹴而就、一劳永逸的,它是一种趋势和过程。所以,"化"包含着一种时间和历史性的规定。这不仅表明全球化始终是变动的,我们只能历史地把握全球化,而且表明,全球化也是一个时间上的称谓。因此,全球化首先是关于时间、空间变化的描述。

综上所述,全球化就是人类活动从"非全球"的局限走向"全球"的广度,而且这个过程即使对每一个具体的行动来说,所需花费的时间越来越少,速度越来越快,甚至是即时的。哈维把这种现象称为时空压缩。这样的结果是,"使在场与缺场纠缠在一起,让远距离的社会事件和社会关系与地方性场景交织在一起。"以往不同地方的人们交往急剧增加并相互制约和影响,也正因为如此,人们面临的问题也越来越具有相同性:如果有丧钟敲响,不要问为谁敲响,它越来越成为我们每个人的丧钟;如果有福音传布,也不要问是谁的福祉,它越来越将布之于四海。在时空越来越压缩的全球化过程中,没有旁观者。一个总的结果,就是世界愈来愈变成了一个整体——全方位的一体化。罗宾·科恩和保罗·肯尼迪形象地认为,"全球化最好被理解为或多或少同时发生的一系列相互强化的社会转型,其中没有哪一方比另一方更具有意义。这种方法考虑好像是把无数的细线编织成一个五彩缤纷的纺织品,一旦编织在一起,就不可能再安排每一根线去承担专门角色了,每一根细线只有作为整体中的一部分才具有价值和意义。"马克思,这位现代西方公认的最早对全球化做出权威性研究的伟大学者,认为全球化是一个人类活动逐渐摆脱民族和地域的局限,形成全球范围内的全面依存关系的趋势和过程,即民族史向世界历史转变的过程。

发展到现在,全球化的动力问题成为一个重要的研究课题,全球化的动力,即推动全球化进程的力量。全球化的根本动力就在于人们不断发展着的实践活动。实践是人类存在的本质,它本身是一个系统,就其最基本的方面来说,主要有生产和交往两方面。生产力是标志生产水平的概念。同样,生产力也是一个系统,在现代社会,科学技术在生产力中贡献越来越大,以至作为学者的哈贝马斯和作为政治家的邓小平不约而同地指出科学技术已经成为第一位的生产力。交往直接就意味着人们活动的扩展,但是,交往的发展程度也是取决于生产力发展程度的。

从上述内容的分析中可以将一个描述性的全球化定义得出来。具体来说,全球化是描述和指称这样一种人们经验到的事实和趋势:随着生产力(科学技术是其核心)和与此相关的世界交往的普遍发展,人类活动日益突破时间和空间的局限,人们的活动之间越来越具有了极强的相关性,世界因之连为一体。

(二)体育文化全球化的内涵

通过以上对全球化内涵的认识与了解,有助于更好地认识体育文化全球化的内涵,具体来说,体育文化全球化的内涵主要从以下两个方面得到体现。

第一,体育文化的全球化一方面体现出一种单一化的过程,它表现为世界上各异的优秀的多元体育文化共同契合人类现代社会的发展内涵及精神,共同形成一种能够促进人类和谐发展的体育文化生态体系,且在价值观念上逐渐实现趋同化;另一方面,伴随这种单一化过程的是"民族化"和"多样化",即多样体育文化存在于不同的形式,充分显现了世界体育文化体系的丰富性和多元民族文化的表现形式和内涵。

第二,体育文化全球化是一个不断整合的过程,它将各种不同形式的体

第十章 现代体育文化体系的未来发展前景

育文化整合在一起。体育文化整合的具体表现是，不同的体育文化逐渐积极地融入同一个文化体系中。从深层看，"体育全球化"和"体育本土化、民族化"作为现代体育文化发展中出现的普遍现象和基本规律，是既相对立又相统一、相辅相成的过程。在体育文化整合的过程中，各个传统体育文化的民族性和独立性以及民族特色将会得到进一步的加强。最后呈现给世人的是，体传统体育世界化和民族化的统一。

（三）体育文化全球化的主要特征

从某种意义上来说，体育文化的全球化是一种深层次、多方面的综合反映，它不但是经济全球化、文化全球化在体育领域内的深层反映与体现，而且是经济全球化、文化全球化发展的必然结果，它是社会进步的一个重要标志。体育全球化是实现各个国家、各个民族之间的体育文化融合过程，它主要是指世界上各个国家、民族之间通过体育交流、相互借鉴、相互渗透以及相互补充，最终不断突破本民族传统体育的地域及内容限制而走向世界。从某种意义上说，现代奥林匹克运动在世界范围内的广泛传播，以及世界各地区、各民族对奥林匹克运动的接纳与认同，标志着体育全球化时代已经形成。以西方体育为主要内容的世界性体育竞赛：奥林匹克运动会、NBA篮球联赛、世界杯足球赛、温布尔登网球赛等，已经成为全人类文化生活中不可缺少的体育文化盛宴。

体育文化的全球化不仅是一个进程或一组进程，而是全球无数个人、无数单位、无数种制度在文化交流和交往实践中相互之间互动的结果。体育全球化既不会消除不同民族间体育文化的差异，也不可能从根本上扭转不同体育文化在发展上的不平衡状态。体育全球化不仅反映现有的不平等的、不公正的体育发展等级模式，而且在体育全球化进程中又会产生新的体育文化间冲突和融合的范式。当今社会，全球各体育文化体系相互开放、相互交流与融合的广度和深度都是前所未有的，它促使我们不得不反省我国各民族自身的民族传统体育自身的问题，重新审视本民族传统体育的发展模式和评判标准。

从实质上来说，体育文化全球化是以西方体育为中心的西方体育文化的输出。西方体育的全球化不仅是运动项目的全球化，而且是西方体育理念及运作模式的全球化。这就会造成一种对异质体育文化的"文化浸入"，对各民族传统体育造成了伤害。这主要表现在：一些经济发达国家把自己的文化价值观念普世化，这些在经济上占据统治地位的国家试图把适用于本民族国家的文化价值观念推广到其他国家，从而实现经济、政治及文化上的统一。随着世界市场的形成（即经济一体化），文化也开始了其一体化的进程。以全球化程度最高的现代奥林匹克运动为例，奥运会的仪式无不遵从西方模式，从圣火仪式、运动员裁判员宣誓、开闭幕式的庆典活动到竞赛规则等。目前，我们细细审视 300 多项奥运会的竞赛项目会发现，这些项目绝大多数是西方人的传统体育项目。正如我国学者李力研指出的："今天的一切体育比赛都是希腊式的，奥运会更是如此。即使不断地融进一些亚洲的所谓体育项目，那也不是奥运会向这类项目低头，而是这些东方项目如何适应奥运会的规则要求。"其他国家和民族要想在奥运舞台上展示自己的体育文化，只能抛弃其长期以来积淀而成的传统文化，才能在奥林匹克运动会的舞台上享受西方创造的文明。这一切的结果是：通过世界性的体育比赛，全世界各民族特有的传统体育文化、运动方式、审美趣味等逐渐消融掉了，形成了单一的、同质化的西方文化风格。而这种单一的、同质的文化风格不仅与奥林匹克运动所倡导的"文化多样性"的美好愿望相背离，而且也威胁着民族传统体育文化的丰富多样性。

同时，体育全球化不仅导致世界体育文化同质化，而且影响着人们的体育价值观。一种文化的诞生或衰亡，总是因为一种生存方式的先它诞生或衰亡而造成的。西方体育自然也是如此，借助于市场化、技术化、全球化这三大推动力量，西方体育本身所特有的与社会进步、发展相一致的理念和精神，被世界各国人民所乐意接受。因此，当西方体育在世界范围内闯关夺隘，占据了世界体育潮流的最高处之后，这不能只是从经济上的原因，还与文化的关系密不可分。西方体育除了善于把握市场经济下消费革命契机，给西方带来巨额的经济利益之外，更为重要的就是它所带来的世界口味。全球化后的西方体育，完全是一种发端于西方又脱离于任何地域的世界体育文化，它更像普通话，开放、易懂、畅通无阻，更易于不同地域间的人们进行交流。而传统的民族传统体育则不然，它强调纯粹的地域特征，地域风情。没有特定的地域口味，就没有传统的民族体育。显而易见，西方体育之所以能够"流行"，而所有的民族传统体育之所以只能偏于一隅，关键就在于前者是世界口味即公共口味，是体育文化领域中的"普通话"；后者只是地域口味即共同口味，只是体育文化领域中的"方言"。

西方体育提倡竞争，提倡超越对手，超越自然障碍，以及对自我的超越。在西方体育观中，竞技场上的佼佼者被人们颂之为英雄，被视作偶像，竞技的结果、成绩、名次会对做人的价值以及本身的尊严产生较大程度的影响，海明威《老人与海》中所宣扬的"人可以被打倒，但不可以被打败"就将这点充分体现了出来。竞赛的奖品也不再是古希腊奥林匹克运动场上只会给人带来一身的荣耀的橄榄枝花环。就像美国田径明星迈克尔·刘易斯所说的，人们只为荣誉参加比赛的时代已经过去了，我们参加比赛既为荣誉，也

第十章 现代体育文化体系的未来发展前景

为金钱。拜金主义、功利思想的影响,使人们的伦理道德价值观念发生倾斜和滑坡。现代体育场上的黑金黑哨、滥用兴奋剂、弄虚作假等现象,严重亵渎了纯洁无瑕的竞技体育思想。在激烈的社会转型期,这种线形的、单向的价值取向,很容易被一些日渐失去信仰的现代人所认可和膜拜。同样不可忽视的是,有着自己的独特精神的,注重娱乐性、审美性、共同参与性的中华民族的传统体育活动,对竞技的胜负并不看重以及"胜固可喜,败亦无忧"的人生追求,这些优良的传统完全有可能在全球化了的西方体育文化价值观的冲击下,受到现代人的漠视。

从上述内容可以看出,体育文化全球化发展的过程中仍然存在着一些对体育文化的"误读"与冲突。这会对人类体育共识的形成产生一定阻碍作用,甚至造就了新的冷战思维与意识,给各国体育文化的交流和融合蒙上了一层阴影。因此,只有建立在平等对话基础上的双赢双利的体育文化全球化进程才是合理可行的。但客观地说,体育文化全球化发展的过程并不是一帆风顺的,要想真正实现体育文化的全球化,必须要历经漫长而艰辛的路程。

二、体育文化全球化发展的社会背景分析

体育文化的全球化发展是在一定的社会背景下发生和进行的,具体来说,主要包括以下几个方面。

(一)工业文明的出现与发展

资本主义工业化进入 21 世纪,人类的物质越来越丰富,物质文明获得了巨大的进步,将整个世界的社会生活也上升到了前所未有的水平。但是,物质文明的进步并不意味着精神文明的进步,正如诸多后现代主义者认为的那样,出现的各种社会问题日益增多,导致了精神的异化:人口爆炸与对粮食等物质产品需求矛盾日趋严重,知识及技术的狂滥增值,产业公害和空气污染,代沟产生的互不信任和对体制的全面否定,现代人的精神焦虑、恐惧感还有自虐心,东西方观念的差异冲突,贫富差距拉大,缺乏宗教信仰导致的杀伐性的争端……这些问题都不同程度地存在着,并在一定范围内激化,尽管不能全归于工业化原因,但与工业化关系密切。

在工业化环境下,导致人们偏重于机械、技术和效率所带来的利益,人在意识或无意识中成为技术和机器的奴隶,人失去了本该有的主体性地位,其存在被无视,精神空虚,丧失自我。人与人之间的交流被数字化、代码化,传统文化被轻视,精神颓废失落,人们虽然在丰富的物质条件下生活,精神

生活却相对匮乏、单一。对此,有很多学者认为,现代人在生活中难以维持物质生活和精神生活两者的均衡是现代文明日趋凸显矛盾问题的所在核心。人类具有感性和理性,既是道德的化身,也是经济的动物,其生活的真正价值实现应该体现在自由和秩序融合、精神与物质调和。

(二)世界格局的形成及其发展趋势

随着苏联的解体,两德的统一,大量发展中国家的崛起,国际社会逐步打破了美苏争霸的局面,在一定程度上遏制了美国的世界强权意识,世界格局在政治、经济和文化上向多元化趋势发展,为维持世界平衡以及促使各国放弃对抗,加强交流与合作创造了条件,为各国按照自己的意愿大力发展国力提供了难得的历史机遇。

第二次世界大战带来的巨大灾难加深了人类对战争危害性的认识,而国际的战争和军事冲突在大范围上已经明显减少,在以联合国为首的国际社会的努力、世界上爱好和平的人们的呼吁下,和平与发展的主题被越来越多的人所认可。第二次世界大战结束后,曾经使世界的军备竞赛进入高潮,但是,经过"冷战"以后,人们逐渐意识到,以"对话"代替"对抗",以"和平竞赛"代替"军备竞赛",将是人类发展的充满希望之路。和平与发展成为人类的主题。

(三)竞争与合作的有机结合

现代社会,国家与国家之间、地区与地区之间,不管是集体还是个人,都在进行着竞争与合作,为共同的利益而合作,为不同的利益而竞争。竞争与合作无处不在,而随着全球化的迈进,带来了更多的竞争与合作的机会。竞争是一个国家、一个民族赖以生存和发展的永恒动力。一个国家、一个民族没有竞争,就没有进步,没有发展。可以这样认为,合作就是为了竞争,当今世界是竞争的社会,当今社会是竞争的世界。市场经济就是竞争的经济,市场经济的核心和基本原则就是竞争。

第二次世界大战以后,国际社会的战争和军事冲突虽然减少,但并不意味着没有冲突,除了一些局部地区的种族斗争以外,随之而来的还有新的国际竞争。"文化的冲突与融合已经成为国际政治的新焦点"。

当今世界竞争的主流为洲际的经济和文化竞争,国与国之间的综合国力与文化竞争。进入21世纪,与太平洋所在的发达国家相比,亚太地区也获得了长足的进步。东亚经济的发展速度使其成为世界经济的多极化中最引人注目的一极,东亚地区在一体化的同时也使得文化形象得以凸显,逐步提升亚洲的影响力,国际政治发生了新变化。欧洲共同体的合作也对世界

第十章　现代体育文化体系的未来发展前景

政治和经济、文化格局产生了明显影响。第二次世界大战结束不久,西欧国家组建了欧洲共同体,在政治、经济贸易、文化上进行深入的合作,经历了五次扩大后演变成今天的欧盟。欧盟的合作对世界政治和经济、文化格局产生的明显影响力是公认的。

(四)信息科技化的高速发展

当今世界交换信息的环境进入了数字信息时代,也带来了人文困惑。不可否认,在数字信息时代里,越来越多的信息形式可以被数字化,可以被计算机加工和处理。按照学者肖峰的观点,他认为,"在诸多的信息形式中,人的'自我意识'也是特殊的信息,它作为主体对自身的状态以及自身与外界关系的反映,是人脑中对'我是谁'的一种判断,也是人对自己回忆的一组信息。……作为一种体验性的东西,自我意识具有某种程度的'神秘性',其中包含着非理性的、不可言说的、深藏在潜意识中的信息,当计算机可以处理那些形式化的、能被明确表达的信息时,对于自我意识还是可望而不可即的。"可以预见,按照目前数字技术的发展趋势,将来人的"自我意识"这种特殊的信息极有可能被数字化,从而使数字技术极大地冲击了人的自我认同。

肖峰还认为,完整的自我是一个身心统一体,即生理自我(肉体)与精神自我(灵魂或精神)的统一,其中生理自我可视为精神自我或自我意识的物质载体。在许多人眼中,比起载体来说,自我中作为自我意识的信息才是本质性的东西,或者说一个人从本质上讲不是他的肉体,而是他对自己的记忆,因为人的特性的核心不是物质而是精神。换言之,只要精神性的记忆没有改变,即使其他外在的方面发生了巨大的变化,自我的认同还是不会根本性地变化。

人的"自我意识"经过数字化后,记忆中的"我"作为本质上的"我"都可以保存在计算机里,记忆被复制、移植和数字化运作。人的"自我意识"被数字化后,自我就不一定以起先产生自我意识的原初肉体为唯一载体,或者说可以存在"没有自我的自我",即可以有不依赖于生理自我的精神自我,因为数字化后的自我可以作为一种"活"的自我,一种运作中的自我,一种处于学习和体验中的自我,而不只是"客观知识"状态的、凝固的自我(信息),这也是一种"被计算中的自我"。这样的"数字自我"可以扩展"自我"的实践能力和认识能力,也能超越传统意义上自我存在的时空范围。

但也应该清醒地意识到,当自我意识被数字化复制和移植后,在作自我定位时也必然会面临自我认同中的许多人文困惑,比如自我的迷失、自我的混乱、自我的异化。

三、全球化背景下体育文化的基本发展态势

19世纪后半叶,随着世界市场的逐步形成,民族间的壁垒被打破,社会的生产和消费的国家化进程大大加快。于是,体育也随之超越了国界,随着经济的全球化而广为传播,形成了东西方体育以及其他不同种类体育的交流融合的体育国际化大趋势的雏形,出现了国家间的交流和比赛。进入20世纪,体育运动的传播范围越来越大,体育的影响力越来越强,不断向拉美、亚洲、非洲等地区辐射。第二次世界大战后,由于政治、军事等原因以及大众传播手段的不断进步,100多年前的现代奥林匹克的复兴与在世界范围内的快速传播,使得体育文化最早成为世界文化,最带有普遍性意义的文化形态。体育文化以其独特的性质和功能,成为全球化意义上最为显著的文化发展成果。回溯体育发展的历史可以看到,全球化的体育发展是以西方体育发展为最重要的结果的。经济的优势赋予了西方在文化全球化中的主导地位,西方以优势文化自居,表面强调多元文化并重,实际以西方文化为中心。

无论如何,全球化背景下体育文化的基本态势都比先前有所发展,除了竞技体育保持着稳固的地位外,健身健心势头强劲,体育教育追求终身,体育产业化,体育科技得到飞速发展。

(一)竞技体育处于体育文化的主导地位

竞技体育展现人类自身潜能,原本在人类进化的历程中起到了重要的参照作用。一直以来,它也被众多政治家、企业家所看重,也由此更加获得了飞速发展,被提升到了更加稳固的地位。一直以来,竞技体育依然成为国家和民族间交往的舞台,世界经济展开角逐的战场,哲学家思考人类精神和命运的对象,天才们展现自身价值的媒体,地球上的人们为之癫狂的观赏和娱乐物。当今,一个无视竞技体育的国家和民族绝不可能在人类的竞争面前应付自如。一切试图在世界上证明自身的国家和民族都义无反顾地投身于竞技体育。2004年、2008年夏季奥运会上各体育代表团的民族情绪和国家意志时常被激荡起,一些国家从改善国际形象和提升国际地位的高度强化了竞技体育,并出台了一系列的相关政策。

(二)健身保健运动有着高速的发展速度

随着社会的发展和人类物质生活的丰富,目前人类在保健问题的观念上正在发生巨大的转变。第一,人们对健康的概念发生了变化,不再认为没

第十章 现代体育文化体系的未来发展前景

有疾病就是健康,而是认为人的身心都达到一种积极的健康状态才是健康。第二,与疾病的治疗相比,更看重体质的改进,疾病的预防上,认为后者更加合理,花费更少。第三,认为健康应该从养成良好的个人生活习惯开始,注重自我保健。第四,加强急救常识的学习,对于一些常见的小病偏于个人解决,而不是求助医生。此外,人们不再把医生当作唯一的救助之神,认为药物也不是治疗疾病和恢复健康所必需的灵丹妙药。自我保健运动主要由相互影响的合理营养、有规律适当的体育活动和锻炼以及戒除不良嗜好等内容组成。这些变化让保健运动处于一种如日中天的局面。

(三)健身娱乐活动不断得以开展

在工业化社会里,生产力的重要因素是机器,由机器生产导致了人的异化劳动,体育对异化劳动所造成的损害进行自觉或不自觉的医疗,是对异化劳动的积极抗衡,工业化社会体育的发展是为了恢复异化劳动造成的生理疲劳,人们更多地参加体育锻炼,尤其是参加相对简单平和的一定项目。人们已经逐渐认识到,延长人的寿命的意义不是苟延残喘,而是最大限度地延长最有活力的时期,因此更加注重身心的健康。因此,健身和娱乐体育得以发展,并促使体育社会化、娱乐化、终身化、生活化,而生产发展和科技进步带来的经费和设施,更多的闲暇时间为健身体育和娱乐体育的发展成为可能。

如今,人们从事健身运动的热情日渐高涨,并呈现出继续蓬勃发展的趋势。健身运动正在成为各种年龄、不同性别和职业的人们日常生活的内容。由此可以看到健身健心的势头之强劲。

(四)终身体育理念逐渐深入人心

体育文化的繁荣延伸至校园,并提出了终身健身的体育教育思想,并成为21世纪的体育思想主流。而教育的变革无疑为未来的体育教学训练提出许多新课题。体育教学训练体系将发生重大改变,增加新内容。第一,体育教师既要教会学生懂得知道如何作一个合格的终身学习者,又要教会学生懂得知道如何进行体育锻炼。第二,体育教师除了让学生掌握一定的锻炼方法,更应该让学生学会创造自我进行适当的体育锻炼方法的技能,养成体育锻炼的习惯,培养学生获得锻炼新信息及其应用的能力。第三,让学生积极主动参加自我保健运动和健身运动。第四,更多的成年人为提高自己的生活质量,为参加体育锻炼而返回学校,对此,体育教师应该根据实际情况制订中老年人进行体育锻炼的指导性计划。

（五）体育产业化成为体育文化的发展主流方向

体育产业在不少欧美国家已经成为重要的"无烟工业"和"朝阳产业"，意大利和美国的体育产业产值甚至超过了不少直接关系国计民生的工业。"市场经济主导全球，体育亦全方位展开营销运筹。"体育资源商品化，体育探险磨炼心志，体育旅游积极度假，体育服装新型时尚，健身器材进入万家，健康投资人人入股，体育产业日新月异。

此外，体育科技飞速发展。电脑技术、通信技术、闭路电视系统更加精细地发展，个人和家用电脑逐渐成为人们必需的广泛应用的重要设备，它在体育运动中发挥着重要影响作用。如协助人们进行生物力学分析，设计体育控制和管理报告系统，制定锻炼指标，测量记录分析体质和健康状况，设计比赛以及随时取得准确的必要数据和信息等。

四、体育文化全球化发展的主要趋势

体育文化全球化的发展趋势主要表现在以下几个方面。

（一）东西方体育文化得到了较好的交融

在世界经济一体化发展的背景下，体育文化得到了良好的发展机遇。在国际奥林匹克运动和联合国教科文组织、世界体育组织的努力下，国际竞技和群众体育的融合越来越密切。东方和西方体育文化也将出现空前的交融态势。

东西方体育文化都是人类共同的体育文化，是人类互相交往的结果。东方体育文化是黄河、尼罗河、底格里斯河等文明孕育出来的，在自给自足的自然经济环境形成相对独立和隔绝的状态，封闭性、伦理性、民俗性、宗教性、军事性较强。西方现代体育则是不列颠、美利坚等文化的产物，是古希腊和意大利罗马体育文化发展的结果，是适应现代社会生产方式存在并发展的，呈现出竞技性、普遍化、个性化、娱乐化等发展趋向。东方体育文化和西方体育文化这两种不同时代中产生和发展的体育在人类进入近代社会以后逐渐打破了隔阂。在世界文化互相开放和交往的日益趋同环境下，东西方体育文化将逐渐走向融合。

世界体育文化的形成与发展都是不同形式的体育文化交流与融合的结果，其实质是东西方体育互拒互斥、互渗互融的历史。西方的田径、游泳、足球等项目已成为东方体育文化的主要内容，西方体育中的平等竞争等观念也已日渐深刻地影响到东方体育（包括中国传统体育）。以奥林匹克主义为

第十章　现代体育文化体系的未来发展前景

主的西方体育观念"平等地公平地竞争""重要的在于参与"等逐渐为东方体育所吸收。中国传统武术吸取了西方体育竞赛方式,形成了散手竞技,气功引入了现代科学理论,龙舟、风筝等赋予了现代人的精神需求,这些中国传统项目成为中西皆宜的竞赛和活动方式,它逐渐得到西方人的接受和认可。这就表明了东西方体育文化逐步契合的趋势。

而中国传统体育中的伦理道德观、健康长寿观、自然养生观、形神相关论、动静相关论、人天相关观等构成的整体体育观也被西方体育不同程度地接受;东西方体育在运动形式、方法与手段上也不断趋同,西方的摔跤、举重、拳击被东方接受,网球、橄榄球也被引入。

从文化的本质来看,世界上没有绝对完全封闭的文化,把世界文化分为东方和西方两个部分似乎有些武断。文化是人类创造的产物,它本来就是不断趋同的,不是一成不变的文化,体育文化也不例外。虽然每种文化都有自己的个性、民族性,但不应该过分强调这种划分和差异,否则就容易忽视人类体育文化的共性基础。值得欣慰的是,在探讨东西方体育文化的特点时,大多数研究者认为二者只是个性不同,无明显的优劣之分,而且两者趋同的趋势不可避免。这有益于我们站在世界体育文化的角度认识东西方体育文化。

(二)价值功能的多元化也呈现出交融与分殊的趋势

由于体育的多项功能往往处于分割状态或者受人们主观影响,所以没有得到全面开发和利用。随着社会的发展和人类文明的进步,人们对体育价值的认识和利用也日益全面和深刻,将出现体育文化多元价值功能的交融与分殊态势。主要体现在以下几个方面。

1. 健身、娱乐、交往、养生功能之间产生较好的融合

工业化文明给城市带来了丰富的物质产品,也导致了人的异化,产生了"文明病",信息技术的发达使人的生活数字化,把人肉体和精神分离了,导致了生理和心理的不协调,人们追求身心和谐和自我实现的倾向越来越显著。体育的健身、娱乐、交往、养生等多元功能为人的自由和解放这一总的目标所统摄。一个商人在高尔夫球场里进行体育活动,既是与人交往的需要,又是强健身体的需要,既有商业谈判的目的,又有娱乐身心的目的。全面的异化和数字化统治使人们迫切需要全面的解放,体育活动恰好可以作为沟通人的感性和理性最佳的手段。

2.竞技与健身之间出现了分流

社会分工越来越细,越来越多的人为了谋生而进行体育表演和竞赛,已经发展成为一种职业。体育竞技越来越向高、精、尖发展,极大地提升了人类的潜能,给广大观众带来了无尽的喜悦和快感。要想跻身于职业体育行业,需要专门的选才、投资、科学和艰苦训练等一系列的过程。竞技体育在职业的驱动力之下将吸引越来越多的人。有人预言:"未来一个世纪,竞技体育这个龙头理当继续先导体育之全局。"

竞技体育的发展引来众多的痴情旁观者,他们也同时对自己的健康给予了更精心的关注。他们以追求生命的质量和个人的自由为目的,参与或简单或复杂的运动,投身或激烈或轻柔的活动中。健身和健心对人们来说愈来愈重要,在人们身心俱健的期待里,融合了不同阶层、不同年龄、不同信仰、不同民族、不同性别的体育追求。

(三)运作方式的多样化趋势越来越显著

人类认识世界、掌握世界的方式有很多,包括科学的与哲学的、精神的与实践的、审美的与艺术的、宗教的与信仰的。当然,在实际生活中,这些方式又不是截然分开的,不是单一的,而是综合的。随着社会生活的日益发展,随着人类对自己与世界命运的关注,人类的体育文化活动也将在分化与综合的游离中走出自己新的道路。

1.体育艺术化趋向:与文艺的日渐交融

体育艺术化趋势的具体表现就是出现了体育文艺。人类诸文化总是在这种分离、融合、再分离、再融合,相互的借鉴,辩证否定中扬弃、升华、发展的。"审美竞技运动项目"的出现改变了人们的体育价值观,舞蹈的内涵和外延不断变化,传统的"舞蹈"与"体育"观念被抛弃,被新的"人体文化"观所代替,舞蹈与体育的融合成为一种自觉行为和新的文化发展趋向。现代西方艺术的未来主义运动的特征虽不是为了表现体育运动,但从现代竞技运动中得到启发,绘画艺术捕捉到身体运动的力量感和动感,这就是生命力的灌注。

2.机械型运动竞技:与科技的逐步融合

第二次世界大战以后,世界竞技运动发展的一大显著标志就是科技的发展不但为体育器材设备的改造和训练方法手段的更新提供了帮助,还带来了一些以机械能力来展现人的竞技能力的竞技运动,这将体育竞技从人

第十章 现代体育文化体系的未来发展前景

以一般工具和动物为中介的历史带入了以机械为中介的前所未有的新阶段。比如飞机、各种赛车、摩托车,甚至滑翔伞、滑水项目等就是借助了机械的能力,速度和技巧在这里成为主要的运动能力的评价指标,运动员驾驭和控制机械的精细感觉成为最重要的能力指标。可以预见,这些展现人的能力、智慧和机械水平高度统一的运动还将继续得到发展。

3. 绿色体育休闲:与环境的日益和谐

随着社会生活节奏的不断加快,人们承受的生理和心理压力也越来越重。一方面,人们为了解除神经高度的紧张和疲劳,获得或增强某种生理机能,要求一种精神享受和超自然的感觉,休闲体育或健康体育就成为最佳选择。通过绿色体育休闲,人们在寻求征服对手和自然界的刺激中得到快感和心理满足和宣泄。近年来世界各国广泛开展的休闲体育或健康体育就是例证。攀岩、野营、登山、漂流等回归大自然的户外运动将人与绿色的自然融为一体,人们在拥抱美丽的大自然的同时获得了体育的享受。这种绿色体育还来源于人类对现代社会生态环境破坏、能源危机等的忧虑,以及人们对一些高科技含量的体育运动带来的人的自然化丧失的忧虑。绿色体育休闲符合社会与自然的和谐发展,毫无疑问,它将是体育文化未来发展的重要内容。

(四)实施空间得到进一步的拓展

体育文化的全球化发展实施空间的拓展,主要从以下几个方面得到体现。

1. 城乡空间的拓展

发展到现在,高度发展的物质文明和科学技术为体育文化活动的开展提供了良好的发展机遇。这主要表现在以下几个方面:第一,文明环境中的现代化城市体育场馆为人民的体育运动提供了良好的空间,而体育精神和道德、运动规则和社会规范也约束了人们的行为,提高人的内在素质。第二,人们追求生活的多样化和生活空间的扩展——从家庭、亲属之间交往进入社会生活网络,对于生活样式有了更多的选择余地。体育以其独特的优势成为科学、文明健康的生活方式最佳选择。第三,繁荣发达的文化教育事业是现代文明的基础,现代水平的文化系统不能缺少体育文化,它担负着城市精神风貌展示和文化积累、发展和传播的功能。

另外,在农村,随着农村居民生活水平的不断提高,闲暇时间的增多,各种观念也随之更新,城乡交流带来的城市体育文化的渗透与感染,推动了农村体育的发展。政府对农民体育活动的组织,少数民族地区与密集人群聚居的城市交流,这些都有利于体育文化思想的传播,加速了农村体育的开展。

2.民族体育文化与世界体育文化的交融

民族体育文化与世界体育文化之间是对立统一、相互融合、相互促进的关系。尽管不同的时空、民俗、宗教、文化等的差异导致了体育文化在内容与形式上的差别,但是在体育活动的本质特征和内在价值上具有趋同的性质。随着人类社会和文化的发展与交流,世界体育文化形成体系的趋势不可抗拒,各种体育文化将在互补中走向世界一体化。

总之,民族体育文化为体育文化全球化的发展提供了深厚的文化积累,而体育文化全球化则为民族体育文化提供内在统一的动力;民族体育文化为体育文化全球化提供丰富的文化多样性,体育文化全球化又为民族体育文化提供了广阔的舞台。世界体育文化正是在这种不同形式的体育文化的交流与融合中不断发展的。

第四节 现代体育文化的产业化发展

一、体育文化产业的基础知识

(一)体育文化产业的概念

体育文化产业是指为社会提供体育文化产品的同一类经济活动的集合以及同类经济部门的总和。这里的体育产品包括体育用品与体育服务两个部分。这里的经济部门在我国现阶段不仅包括企业,而且包括各种从事经营性活动的其他机构(事业单位、社会团体、家庭或个人)。

体育文化的产业化并不是从一开始就有的,它是在"体育事业"的基础上发展起来的,体育文化产业具有"体育事业"与"体育产业"的双重性。在市场经济时代,传统观念中的一部分体育事业正在转化为体育文化产业,人们常常把政府体育行政部门管辖下的这类产业认为是体育产业,这是对体育产业的狭义理解。而广义的体育文化产业,是指为社会提供体育文化产品的同一类经济活动的集合以及同类经济部门的总和。

体育文化的产业化发展要面向市场,走可持续发展的道路,这是体育文化产业化发展应该遵循的规律和原则。

第十章　现代体育文化体系的未来发展前景

(二)体育文化产业的分类

关于体育文化产业的分类,有基本分类和具体分类两种,具体如下。

1.体育文化产业的基本分类

一般来说,可以将文化产业划分为教育产业、智力产业、高新技术产业、媒体产业、艺术产业和休闲产业六大基本门类,以此为划分依据,也可以将体育文化产业划分为以下几类。

(1)体育教育产业

体育教育产业化,就是在体育教育行业中,科学合理地集中一切教学资源,实行多元化投资、经营、收益,以满足社会和大众不断增长的体育需求。做到有投入有回报,符合产业化要求,还需要按教育规律和经济规律办事,实现社会效益和经济效益的统一,教育资源投入与人才产出的统一,人、财、物、知识投入与多种价值转换形态回报形式(如资本、技术回报,教育股份,知识产权,专利分红等)的统一。体育教育产业是体育文化产业系统的基础性产业。

(2)体育智力产业

体育智力产业是指从事体育科研的机构以及各种提供智囊、决策、信息咨询、学术观点等与体育相关的服务机构,依靠积累的人类知识和自身的创新意识,把获取精神财富和物质财富相结合的产业门类。体育智力产业的发展是整个体育文化产业系统的动力性产业。

(3)体育媒体产业

体育媒体产业包括专门从事体育报道以及所有与体育相关的媒体文化产业。详细可划分为报刊、图书、广播、电视、电影、互联网和音像制品业等,它们以纸质传媒和电子传媒为主要形式,以传播和宣传为主要特征,在整个体育文化系统中起中枢作用。体育媒体产业既是体育文化的基础,又是中介,还是传导和连接体育文化的主体,其产业化程度和水平直接制约和影响其他门类的发展。

(4)体育休闲产业

体育休闲产业主要包括体育旅游休闲、体育娱乐休闲、体育健身休闲等产业分类。其主要特征是蕴文化内涵于体育运动休闲之中,满足文化和体育直接为人民大众服务的需求,从而增强人的体质和对自我全面发展的信心。

2.体育文化产业的具体分类

对体育文化产业进行具体分类,主要有以下几种类型。

(1)体育本体产业:发挥体育自身价值和功能的、以提供体育服务为主的生产经营活动。

(2)体育健身娱乐与培训业:包括各类体育经营场所、大众体育俱乐部等提供健身娱乐服务的经营活动,及各种带有经营性质的体育培训互动。

(3)体育训练与竞赛业:职业俱乐部组织进行的训练和竞赛及其他商业性质体育训练和竞赛,包括各种体育表演。

(4)体育相关产业:与体育密切相关的其他产业部门的生产经营活动。

(5)体育彩票业:发行各类体育彩票。

(6)体育经纪与代理业:从事体育竞赛、表演、运动员转会等经纪代理业务。

(7)体育用品业:包括体育用品制造业、体育用品销售业(体育用品批发和体育用品零售业)。

(8)体育新闻媒介业:包括体育电视、广播、报纸、杂志、书籍以及其他形式的新闻媒介。

(9)体育广告业:专门为各类体育活动、体育用品销售、体育无形资产开发等事项进行文件、图案、模型、影片等的设计、绘制、装置等宣传广告活动以及相关的广告代理活动。

(10)体育旅游业:以观看体育比赛、参加体育锻炼、进行体育交流等为主要性质的旅游活动。

(11)体育建筑业:体育场地设施等的建筑施工。

(12)其他体育相关产业:上述未包括的其他体育相关产业。

二、现代体育文化产业化发展中存在的问题

现代体育文化产业化发展中所存在的问题主要有以下几个方面。

(一)经营管理人才较为缺乏

体育文化产业市场要想得到更好的发展必须要有一大批懂经营、善管理的专门人才。但目前我国体育文化产业市场发展的状况是,从事体育经营管理的人员较少,而大多又缺乏体育经营所必需的专门知识,这严重制约着我国体育文化产业的发展。

(二)体育市场体系管理体制不健全

目前我国正处于体育体制改革阶段,新的以市场机制为特征的综合管理体制还未能完全建成,对体育文化产业这样的新兴行业门类,政府缺乏综

第十章　现代体育文化体系的未来发展前景

合性协调管理,体育部门又没有综合协调的职能,因而出现了多头管理、管理机构臃肿的现象,以致影响经营。

(三)体育法律法规的宣传力度不够

我国体育市场管理的基本法律依据是《中华人民共和国体育法》。作为体育的行政管理部门应该及时担负起管理市场的任务,履行法律赋予的职责。但事实上,体育管理部门在行使正当职权时,经常会遇到经营单位不知法、不懂法的情况,这在一定程度上反映出我国体育法律法规的宣传力度不够。

当然,体育产业主体总量不足,且均无盈利;体育用品缺乏品牌,科技含量低;体育无形资产开发不够也是不可忽视的潜在问题。

三、现代体育文化产业化发展的主要趋势

随着我国竞技体育、学校体育、休闲体育、社会体育等的快速发展,体育文化的产业化发展前景也越来越广阔。其发展趋势主要表现在以下几个方面。

(一)体育产品的个性化发展越来越显著

目前,知识与经济相互渗透、相互融合,逐渐形成一个统一的整体。而表现在体育产业方面,知识经济一体化的现象使得体育产品呈现出个性化的倾向。发展到现在,体育产品不仅仅作为一种实物来满足人们的物质需要,同时还融合了文化知识、社会历史等因素满足人们的个性化需求。知识经济时代,高度发达的科学技术使得体育产品的多样性生产成为可能,而作为知识经济时代特征之一的体育产品个性的充分张扬则是体育产品理念化的必要条件。如今,对于体育用品生产企业推出的固有型号的产品,体育消费者已不再是被动的接受者,而是体育产品设计和创意的主动参与者。这本身就是体育消费者个性张扬的表现,同时也是体育产品理念化发展的必然趋势。

(二)体育企业增长呈现出知识化的发展趋势

在知识经济时代,知识是推动社会经济增长的重要因素,其主要表现为资源配置的知识化。知识作为第一生产力,对那些传统的按资本、原材料和能源进行要素配置的传统方式提出了挑战。我国体育产业的发展要高度重视知识要素,体育产业管理者要注意企业成长和发展过程中的知识含量,加

大人力资本投入的力度,力争发挥知识要素最大力量,以期促进体育产业的快速发展。

(三)体育企业人事管理逐渐趋于柔性化

发展到现在,在体育企业管理中,以人为本的柔性化管理方法受到各体育企业单位的青睐。这种柔性化管理主要体现在以下两个方面:第一,体育企业的管理方式由刚性向柔性转变;第二,信息网络技术扩延了人力资源开发的范围,其中包括企业内部网络系统和外部网络系统两大部分。前者侧重于人才储备和员工培训工作,注重高层次的人才培养,建立高素质的人才库,为企业发展奠定坚实的人才后备军。后者主要是沟通和消费者的关系网络、企业间网络、公共关系网络等,建立自己的专家支撑系统,设置各类顾问等机构,针对企业经营中遇到的各种难题展开研究和讨论,及时找出相应的应对策略,解决遇到的各种难题。这种管理方式能极大地提高人力资源的利用效率,促进体育企业的科学化发展。

(四)体育企业经营管理逐渐趋于虚拟化

21世纪,很多企业都以计算机网络通信为基础进行运作,减少了工业时代里的资本、劳动力、技术、企业家四大因素的影响力,逐步走向虚拟化。计算机网络将不属于企业的人、设备和其他资源等组合起来,利用互联网连接共同工作,对提供的服务和产品做出协同反应,以实现事先确定的目标的组织形式,这也是协同论和计算机网络技术在企业运作上的体现和运用。虚拟企业的运作模式的支持系统实际上就是一个业务外包。企业为集中精力来进行核心产品的研究和开发,在充分利用外部资源的基础上将大量的次要业务包给其他企业,实现企业的最大价值。国内外很多著名体育服装及器械品牌公司都尝试或者已经采用了这一策略。

(五)体育企业组织结构逐渐趋于扁平化

在工业经济时代,企业管理组织以等级为基础,信息传递以命令为特征的金字塔式结构,逐层进行往下传。这种形式的信息传递很容易造成信息失真,误导接受者。知识经济时代,由于网络技术的发展,使得具有人员紧凑、富有弹性、灵活高效等特点的扁平化的特征将成为趋势。扁平化组织结构不但可以实现精兵简政,降低企业运营成本,使得企业的竞争力得到增强,还可以将信息从高层传递到底层,做到领导层与基层之间距离最短、沟通最紧密、反应最灵活。此外扁平化的组织结构信息传递较快,大大提高了

第十章 现代体育文化体系的未来发展前景

企业的运作效率。

(六)体育企业营销手段逐渐趋于网络化

为使顾客产生对企业产品的心理认同,传统的营销方式主要是通过广告宣传,再激发产生购买产品的动机。而在计算机网络的知识经济时代,体育用品生产企业可以通过网络了解市场动向和社会大众对体育市场的消费需求,同样,消费者也可以通过网络将自己的意见或建议直接反馈给体育企业,双方的沟通交流更加直接,从而形成一种良性互动,体育企业得到市场、消费者的第一手资料,根据市场需求提供不同的体育产品组合,这样不仅提高了生产者与消费者之间的合作水平,提高产品质量,而且减少了销售成本,加快资金流转速度,促进企业发展。

四、现代体育文化产业化发展的策略

针对当前体育文化产业化发展的现状,进一步促进现代体育文化产业化发展,需要采取以下几个方面的策略。

(一)加强对体育文化产业人才的培养

人才是体育文化产业化发展过程中最为重要的因素,是加速体育文化产业化发展的创造主体和中坚力量。在体育人才培养和使用制度改革方面,建立多样化的体育专业教育体系,进一步改革运动人才的管理体制,重视和加强对多种体育人才的培养、使用和管理。

(二)体育市场管理体制要进一步完善

在体育市场管理体制方面,要采取必要的手段和措施来加强管理和完善管理体系,应做到以下几点要求。

(1)在体育行政管理体制改革方面,切实保证各级政府对体育工作的宏观管理,加强多种行政权力对体育管理的投入,支持和推进体育社会团体的实体化建设,注重对高素质体育行政管理队伍的建设。

(2)在运动项目管理体制改革方面,逐步建立运动项目协会制管理体系,积极推进项目协会的实体化建设。

(3)在体育竞赛体制改革方面,努力探索新型的体育竞赛管理模式,不断加大体育竞赛市场的开放力度,改革体育竞赛制度,进行多样化的赛制创新。

(4)对基层体育组织的改革,明确和履行政府对加强基层体育组织建设的职责,调动社会力量发展基层体育组织和支持其开展活动,积极扶持发展各种类型的体育俱乐部。①

(三)通过科学的宣传来正确引导消费

利用现代化强有力的媒体传播功能加强体育法律法规的宣传力度,从体育、文化界再渗透社会其他各界,在大众当中树立起一个正确的体育文化价值观,以便正确引导人们的体育文化消费行为。

(四)将体育文化产业品牌积极打造出来

随着现代社会的快速发展,体育全球化、产业化发展的趋势也越来越明显,而体育市场、体育人才、体育文化的品牌意识的竞争也日趋激烈。要想发展我国的体育文化产业,就必须立足国内,放眼世界,加强体育文化产品生产经营的管理,树立自己的品牌。虽然目前我国的竞技体育水平已经处于世界前列,但体育及体育文化的品牌方面没有多大的优势。不过,政府、地区及企业管理各方对打造体育文化品牌的意识已经得到加强,比如河北省878精品行游全民健身户外活动基地就是由国家体育总局、省体育局命名的"环京津体育健身休闲圈"全民健身户外活动基地。该基地将充分发挥自身优势,以汽摩运动为主体,通过国内外品牌赛事的引入、塑造自有品牌赛事及相关产业活动及论坛举办,着力打造全国乃至世界知名的体育文化产业基地。在未来的10年内真正意义上领跑"环京津体育健身休闲圈",带动并深化京津冀区域体育协作,进而实现体育文化产业发展实力、活力和竞争力的整体提升。

---

① 宋义忠.浅析新时期我国体育管理体制改革的思考[J].决策与信息(下旬刊),2011.

参考文献

[1]刘健.体育文化探究[M].北京:科学出版社,2017.

[2]易剑东.体育文化学[M].北京:北京体育大学出版社,2006.

[3]李春晖.当代中国体育文化的内涵、特性与体育人文精神建设[J].北京体育大学学报,2015,38(12).

[4]童昭刚,等.人文体育——体育演绎的文化[M].北京:中国海关出版社,2002.

[5]邓仁娥.马克思恩格斯选集[M].北京:人民出版社,2012.

[6]王革,张引,等.高校校园体育文化的内涵与构建[J].韩山师范学院学报,2001(4).

[7]李鸿江.健康体育导论[M].北京:高等教育出版社,2004.

[8]樊晓东,杨明,苏红鹏.学校体育文化建设[M].武汉:武汉大学出版社,2016.

[9]江玉华.高校校园体育文化研究[J].西南民族大学学报,2004,25(1).

[10]纪超香.校园体育文化构建与课程设置[M].北京:中国纺织出版社,2018.

[11]杨文轩.体育原理[M].北京:高等教育出版社,2004.

[12]李龙,陈中林.现代竞技体育文化的和谐内涵[J].体育学刊,2007(3).

[13]曾志刚,彭勇.竞技体育文化的几点内涵探析[J].井冈山学院学报(自然科学版),2006(2).

[14]李龙,黄亚玲.竞技体育文化的动态和谐内涵阐释[J].西安体育学院学报,2008(6).

[15]邱江涛,熊焰.竞技体育文化特征探析[J].吉林师范大学学报(自然科学版),2004(5).

[16]张恳,李龙.我国现代竞技体育文化的特征[J].体育学刊,2010,17(8).

[17]李萍美,孙江.对竞技体育文化特色的研究[J].浙江体育科学,2006,28(5).

[18]焦现伟,闫领先,焦素花.关于竞技体育异化理论的探究[J].山西师大体育学院学报,2005(3).

[19]徐红萍.在关于竞技体育异化问题的探究[J].安徽体育科技,2010(6).

[20]庞建民,林德平,吴澄清.对竞技体育中异化现象的分析与研究[J].体育文化导刊,2007(1).

[21]杨杰,周游.论竞技体育的观念及其异化[J].成都体育学院学报,2010(6).

[22]王渊.传播人文体育理念,打造高校体育品牌[J].市场论坛,2007(12).

[23]田麦久.试论我国竞技体育的科学发展与国际责任[J].武汉体育学院学报,2006(12).

[24]陈淑奇,范叶飞.体育科学发展观的提出及内涵探讨[J].首都师范学院学报,2006(1).

[25]刘邦华,周怀球.北京奥运会后中国竞技体育的发展方向[J].山东体育科技,2010,32(3).

[26]卢元镇.体育社会学[M].北京:高等教育出版社,2010.

[27]何振梁.奥林匹克运动的普遍价值与多元文化世界[J].体育文化导刊,2002(2).

[28]王祖爵.奥林匹克文化[M].北京:中国水利水电出版社,2005.

[29]黄涛.论民族传统体育文化的变迁、转型与未来走向[J].体育文化导刊,2006(16).

[30]汪全先,商汝松,李乃琼.中华民族传统体育文化发展中存在的问题分析[J].体育学刊,2013,20(3).

[31]李延超.民族体育文化生态:困境与发展[M].北京:人民出版社,2017.

[32]邓雷,魏金彪,陈清.体育文化研究[M].北京:中国商务出版社,2007.

[33]王岗,王铁新.民族传统体育发展的文化审视[M].北京:北京体育大学出版社,2005.

[34]肖坦军,张万忠,肖坦聪.中西方体育文化的差异和发展趋势[J].安徽文学(下半月),2007(2).

[35]李力研.奥林匹克精神与体育文化——一种东西文化比较的哲学

视角[J].天津体育学院学报,2002,17(2).

[36]宋义忠.浅析新时期我国体育管理体制改革的思考[J].决策与信息(下旬刊),2011(1).

[37]欧阳斌,张建中.体育文化学[M].北京:科学出版社,2015.